『仏教』文明の東方移動

——百済弥勒寺西塔の舎利荘厳——

新川登亀男 編

図１　弥勒寺西石塔の東側面（解体前）

（口絵図１～10は、韓国国立文化財研究所提供）

図2　弥勒寺西石塔一層目の心柱石

図 3　弥勒寺西石塔一層（心柱石解体の前）

（1）　　（2）

（3）　　（4）

図4 （1）－（4） 舎利荘厳具の層位別状態
（1）第1層位、（2）第2層位、（3）第3層位、（4）第4、5層位

図5　金製舎利奉安記（表）

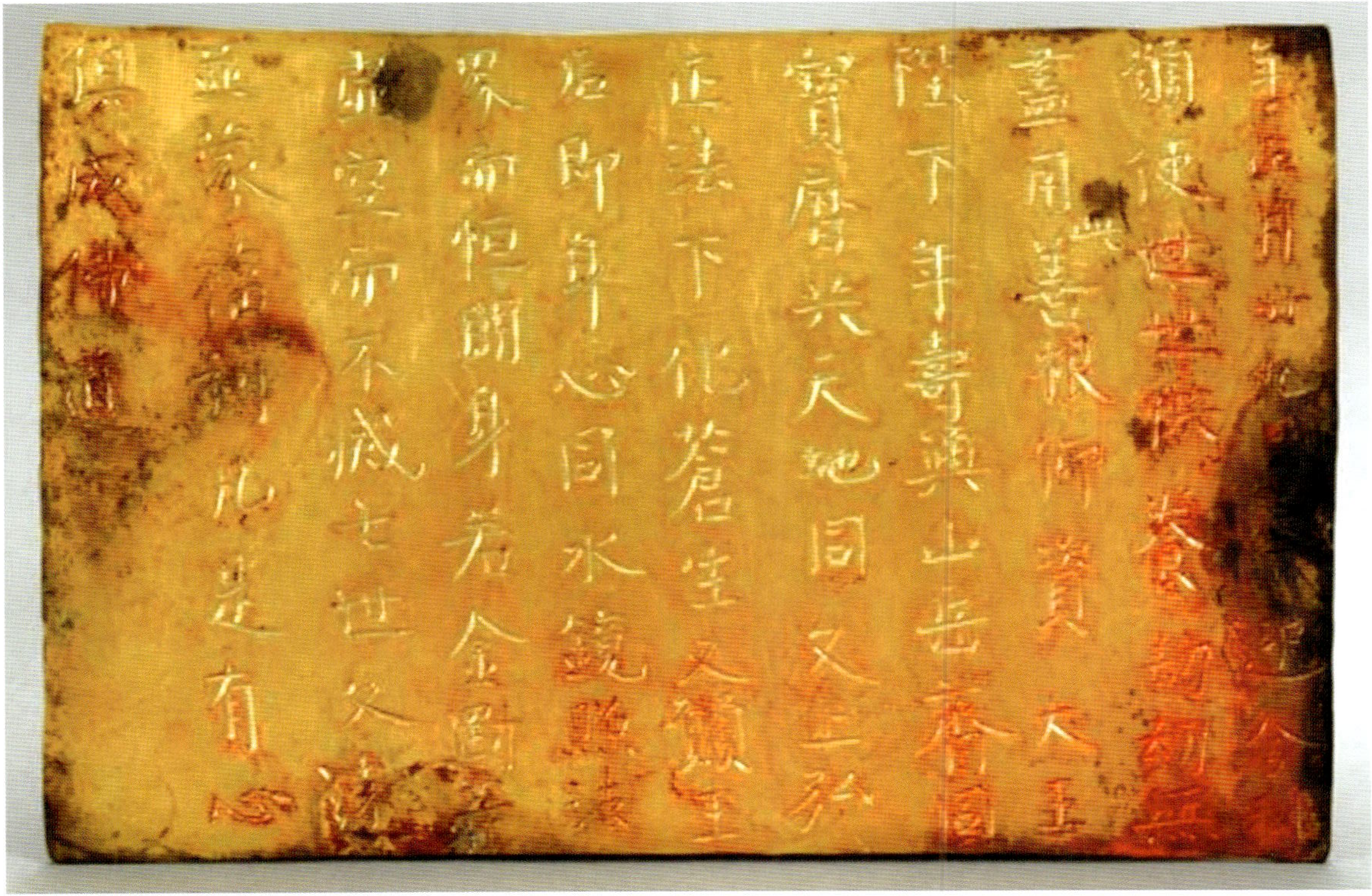

願使世世供養劫劫無
盡用此善根仰資大王
陛下年壽與山岳齊固
寶曆共天地同久上弘
正法下化蒼生又願王
后即身心同水鏡照法
界而恒明身若金剛
等虛空而不滅七世久
遠並蒙福利凡是有心
俱成佛道

図6　金製舎利奉安記（裏）

（1）

（2）

（3）

図7 （1）-（3） 金銅製舎利外壺
（1）全体
（2）分離状態
（3）内部、金製内壺の納入状況

（１）　　　　　（２）

図８（１）－（２）　金製舎利内壺　　（１）全体、（２）分離状態

図９　瑠璃製舎利瓶破片

（１）

（２）

（３）

（４）

図10（１）-（４） 金製小型板

はじめに

本書は、二〇一二年七月一四日に早稲田大学で開催された日韓合同シンポジウム「百済弥勒寺西塔の舎利奉安からみた『仏教』文明の東方移動」の成果にもとづいて、あらたに編まれたものである。

百済弥勒寺は、益山に建立された武王代の壮大な寺院であり、中院・東院・西院からなる三院形式の特異な伽藍として知られている。それぞれの院には塔と金堂があった。このうち、六層まで現存する西院石塔址の解体補修整備がすすむなか、二〇〇九年一月、一層目の心柱石の上面舎利孔から舎利容器・舎利荘厳具、そして舎利奉安記が発見された。舎利奉安記は、表裏にわたって一九三字が刻まれており、「己亥年」（六三九）に舎利を「奉迎」したことが述べられている。ここに、西院石塔の建立時期が確認されるとともに、その建立事情を知る手がかりを様々に得ることができた。また、舎利の安置をめぐる諸問題も具体的に明らかになってきた。

この成果は、もっぱら韓国の国立文化財研究所と、韓国の諸研究者によって導き出されたものである。さきのシンポジウムでは、本書の執筆者でもある韓国の裴秉宣・崔鉛植・周炅美の三氏によって、その成果の全貌と論点がはじめて日本に紹介され、それをめぐる日韓合同の問題提起や意見交換がなされた。

百済故地では、これ以前、扶余の陵山里寺址から「丁亥」年（五六七）銘の舎利龕が、ついで、王興寺址から「丁酉年」（五七七）銘の舎利函が発見されている。あわせて、寺院址の発掘調査により、舎利の安置方法とその変遷が解明されてきた。そして、このたびの弥勒寺石塔址の解体調査は、これまで積み上げられてきた韓国での調査研究の成果をさらに、また飛躍的に発展させるものとなった。それは、百済に限られることなく、倭（日本）や中国との関係にも及ぶことになる。

この弥勒寺西院石塔址の調査研究から得られる諸資料と、それをめぐる新知見は、「仏教」文明の東方移動を解明するための優良な礎である。あるいは、「仏教」文明が東方移動するということはどういうことなのかを、現在の私たちに教えてくれる稀有なテクストが弥勒寺址なのである。とりわけ、舎利の「奉迎」行為は、「仏教」の東流のあり方を具体的に指し示すものであるから、この弥勒寺を基点にして、どのような「仏教」文明の東方移動が見えてくるのかということになる。

このような問題意識を、ここで特筆したのには理由がある。それは、さきのシンポジウム自体が、平成二十三年度（二〇一一年度）採択の科学研究費補助金（基盤研究（A））による「文明移動としての『仏教』からみた東アジアの差異と共生の研究」（研究代表　新川登亀男）の一環であり、その研究趣旨と目的に叶う手がかりが、このたびの弥勒寺再発見にあると考えたからである。

もちろん、現在明らかになってきた弥勒寺の様相が、このたびの調査研究ですべて決着済みというわけではない。事態はむしろ逆であり、これまで気づくことのなかった多くの課題を私たちに授けてくれたというべきである。すなわち、これから、あらたにはじまるのであって、舎利の「奉迎」と呼ぶにふさわしい動的な営為をこの上なく具体的に物語る遺物と文字は、汲めども尽きない豊かな水源となるであろう。そして、それをどのような水源にするかは、これからの私たちにかかっているのであるが、その水源を汲むことによって、私たちがどのように成長するのかということにもなる。

本書は、そのような想いをこめて、刊行される。第一部「百済弥勒寺と舎利荘厳具の発見」では、まず裵秉宣論文「弥勒寺石塔の解体修理と舎利荘厳具の発掘」が、その経過と成果を具体的かつ網羅的に紹介し、注目すべき点を指摘する。当調査研究の主導者ならではの報告論文であり、これからの研究にとって欠かせない基本文献となるであろう。これについで、崔鈆植論文「弥勒寺創建の歴史的背景」は、新発見の舎利奉安記を活用しながら、『三国史記』『三国遺事』の編纂史料をあらたに解読し、なぜ益山が注目されたのかを解き明かすとともに、当初王興寺と称された弥勒寺の造営過程を論じている。今後、有力な説になるであろう。さらに、周炅美論文「弥勒寺址舎利荘厳具の美術史的意義」は、新発見の舎利壺や荘厳具に施された文様技法、舎利安置の方法などに注目し、その美術史的位置づけを、百済・新羅、中国南北朝・隋、そして倭の場合と比較しつつ論じている。視野の広い力作である。また、大橋一章論文「舎利安置の百済化」は、百済人が、中国六朝以来の舎利安置をどのように受容し、また、そこにいかなる工夫を加えていったのかを論じた上で、倭の飛鳥寺へと及ぶ。論者年来の「丸呑み」論からの展開が興味深い。

第二部「舎利奉安記を読む」では、瀬間正之論文「文字表現から観た『弥勒寺金製舎利奉安記』——典拠を中心に——」が、舎利奉安記の典拠を仏典類から博捜し、梁から隋・初唐に至る仏教文化を色濃く受けたものであることを指摘する。舎利奉安記をめぐる典拠論の集大成と言えるであろう。ついで、稲田奈津子論文「舎利奉安記と日本古代史料」は、聖武天皇勅書銅版・薬師寺東塔擦銘・光明皇后発願五月一日経そして墓誌などの日本古代史料を援用しながら、新発見の舎利奉安記の性格と読み方に迫る。比較史料論とでも呼べる魅力的な試みである。最後に、新川登亀男論文「『仏教』文明化の過程—身位呼称表記を中心にして—」は、新発見の舎利奉迎記（通称は舎利奉安記）と法隆寺金堂釈迦三尊像光背銘以下の日本側史料とにみえる身位呼称表記のあり方を問題視して、百済と倭・日本における「仏教」文明化の過程を比較検討する。「仏教」を文明としてとらえ直す可能性を提唱したものである。

このような諸論文からなる本書は、新資料にもとづく百済弥勒寺の造営に焦点をあて、それを基軸にして東アジアの「仏教」文明化を日韓合同で多方面からはじめて探究したものである。それは、弥勒寺址の解体補修整備によって得られた貴重な成果が韓国から日本へ発信され、それを日本で受け止めてさらにどのような回答を返すことができるのかという学術往還の生産的な端緒でもある。

しかし、このことは、研究者の範囲にとどまるものではなく、また、日韓の間に限定されるものでもなく、「仏教」を介在とした文明の問題として、これから考えていく道筋がひとつ提供されたものと考えている。本書が、そのためにいささかなりとも貢献できるところがあれば、これにまさる幸せはない。

二〇一三年三月

新川　登亀男

目 次

第二部　舎利奉安記を読む

第一部　百済弥勒寺と舎利荘厳具の発見

弥勒寺石塔の解体修理と舎利荘厳具の発掘

裵 秉 宣
（鄭 淳 一 訳）

【要約】

弥勒寺は百済武王代に益山に建立した最大の王室願刹であった。『三国遺事』には創建に関わる説話が記録されているが、それに従うと、武王とその王妃が龍華山の師子寺に向かう途中、池の中から弥勒三尊が現れ、そこに殿と塔・廊・廡をそれぞれ三箇所に建立したと伝えている。

一九八〇年から一九九六年までの発掘調査結果、弥勒寺は中院と東院・西院の三院形式で構成され、各院は塔・金堂を備えている独特な構造であることが明らかになった。

弥勒寺西院に残っている石塔は七世紀に建立されたものと推定されるため、わが国（訳者注：朝鮮半島地域）で最も古い石塔であると言え、またこれを通じて同時代の木造塔の姿を想像することができるという点でその価値は大きい。この石塔は本来九層であったと推定されるが、二〇世紀初頭までに半分以上が崩壊し、六層の一部までしか残っていなかった。そこで、一九一五年には、日本人らがそれ以上崩壊しないように、コンクリートを塗る形で補強を行なった。しかし、かなりの時間が経つことによって、石築部位に亀裂が発生し、また補強コンクリートも劣化し始めた。このような状態のままでは荷重に耐えることはできないという文化財委員会の判断のもと、一九九九年から国立文化財研究所が石塔の補修整備を担当することになった。

二〇〇一年より屋蓋台の解体をはじめ、二〇〇八年まで一層の屋蓋石以上の解体調査を完了した。二〇〇九年一月からは、一層塔身の状態が非常に危険であったため、解体調査を行ない続けた。調査は、発掘計画の樹立、収拾前調査、遺物収拾および応急保存処理、収拾後調査の順に行なわれた。収拾前調査では露出した遺物の形態や特徴、露出位置および保存状態などを詳細に記録し、層位別露出状況を詳しく実測して記録に残した。この資料を土台にして遺物を安全に収拾したが、外気にさらされることによって保存処理が必要と判断された遺物の場合は、現場で応急保存処理を実施した。収拾後調査では、遺物の目録を作成し、各遺物の数量や特徴について比較的詳細に調査した。この過程で舎利奉安記の判読および舎利外壺の X-ray 調査などが行なわれた。

層位別収拾遺物の奉安順序を検討してみた結果、一層の心柱石の真ん中にある方形舎利孔の底に瑠璃板を敷いた後、円形合子を載せ、その合間を瑠璃玉で埋めた上で銀製冠飾や金製小型板、装身具、刀子などの多様な供養品を順番に奉安したことがわかった。さらに、その上には、南側壁面に舎利奉安記をななめに立てておき、真ん中に三重の舎利容器（金銅製舎利外壺―金製舎利内壺―瑠璃製舎利瓶）を安置することで舎利荘厳具の奉安を完結させたことも確認できた。

弥勒寺石塔の舎利荘厳の発見により、まず、弥勒寺の創建が百済王后の発願で「大王陛下」の安寧や治世を祈願することを目的として行なわれたことが確認できた。次に、収拾された遺物を通じて当時百済仏教文化の位相や舎利奉安儀礼に関わる多様な議論が可能になった。金銅製舎利外壺―金製舎利内壺―瑠璃製舎利瓶でなされている三重の舎利容器の構成や、金丁（金製小型板）、冠飾、円形合子など、舎利奉安儀式で使用された供養品は、百済工芸の絶頂をなす遺物であり、特に百済の対外交流という側面でも非常に注目されるものである。最後には、弥勒寺址石塔の建立年代が明確になることによって、石塔の舎利荘厳を構成している遺物が他の百済遺跡から出土した遺物の編年基準として使えるようになったことが指摘できる。
弥勒寺址石塔の修理や舎利荘厳具の発掘から得られた最大の成果は、百済の歴史や仏教、そして寺院建築および仏教美術など、関連分野の研究に重要な基礎資料を提供したことであり、さらに百済の対外文物交流、武王代の政治的状況など、百済研究に新たな端緒を提供することによって多様な分野においての学術的論議を呼び起こした点であると言えよう。

一 百済弥勒寺

弥勒寺は、百済最大の王室願刹であり、三院並列式の独特な配置や、地下施設がある特異な建築構造、西院に残っている弥勒寺址石塔などで有名である。一九一〇年、藤島亥治郎が弥勒寺を調査した当時には「品」字型配置の一塔式伽藍として知られた。しかし、一九七四年から一九七五年まで円光大学校馬韓百済研究所が東院の塔址を発掘調査し、また一九八〇年から一九九四年にかけて国立文化財研究所が発掘調査を行なった結果、寺院全体の規模や伽藍の構造についての新しい事実が明らかになった。

弥勒寺の配置は塔と金堂を備えているそれぞれの院が中央、そして東・西に並列して立てられ、その北側に講堂や僧房が独立的に領域をなしている独特な構造である（図1）。これは、武王とその王妃が龍華山の師子寺に向かう途中、池の中から弥勒三尊が出現したことを契機として、殿と塔・廊・廡をそれぞれ三箇所に建立したとある『三国遺事』紀異・第二・武王条にみえている弥勒寺創建説話とほぼ符合することとして注目される(1)。

弥勒寺の最も大きな特徴である三院構成は、弥勒三会を象徴するものとして国内のみならず、東アジア全体でも類

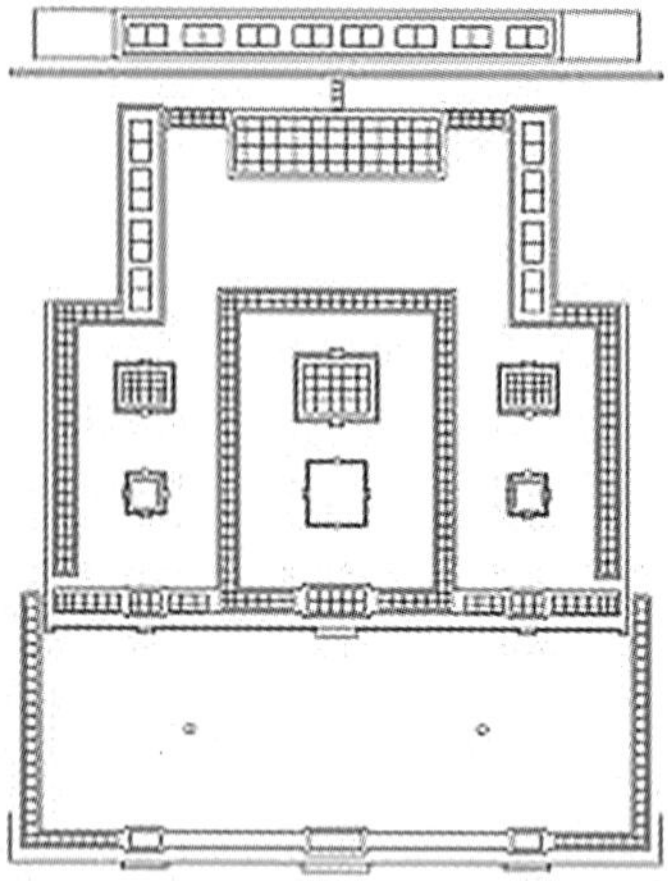

図１　弥勒寺址伽藍配置

図２　弥勒寺址石塔の東側面（解体前）

例のない独特な配置形式である。(2) また、六～七世紀を前後して、中国だけではなく百済や新羅、日本でも七層以上の塔を建築したという記録が登場することから、当時東アジア各国においては高層仏塔を有する大規模な伽藍が競い合うようにして造営されたことがわかる。

二　弥勒寺址石塔の解体修理

弥勒寺址西院に残っている弥勒寺址石塔（国宝第一一号）は、一部が崩壊した状態ではあるが、弥勒寺址においては百済当時のものとして上部構造まで残っている唯一の建築物であり、七世紀に造営されたということでわが国にある石塔の始原型として考えられてきた（図2）。一方、弥勒寺址石塔は木造建築をそのまま模倣した石塔であるという特徴を持っている。石塔一層四面の入口や、東西南北方向の十字型内部空間、そしてその中心に心柱石を置く構造は木塔の形式を引き継いだものと考えられる。また、基壇部では礎石や柱、面石と甲石などの部材を架構式で組み立てたとみられる。塔身部では柱のミンフリム（訳者注：柱の下部から上部にかけて徐々に細くした形状）、角においてのアンソリム（訳者注：内転び。柱を内側に僅かに傾けて立てる技法）、クィソスム（訳者注：隅延び。柱を少しずつ隅に向けて高くする技法）などの技法を適用した。これは木造建築の手法をそのまま受け継いだものであり、ここからは建立当時の技術的レベルが窺える。

ところで、弥勒寺址石塔は、石という材料的特性により、表現や構造の面では限界を持つしかなかった。特に外装材と内部の積心部材とを分けて構築したり、引張力に脆弱な石材で長い横部材を作ったりする点などは木造建築の方法である。この石塔は木造建築の技法で作られたため、構造的に脆弱になったのであり、さらに石塔の崩壊にまで至ったものと考えられる(3)。高麗時代に入って修造を行なったとも言われるが、その後、地震などの影響で相当破損したにも関わらず、特に補修することなく二〇世紀初頭まで放置されていた。当時、西側面はすでに一層上段部がほとんど崩れてしまい、また南側面や北側面も部分的にしか残っていない状態であった。東側面のみが六層まで一部の部材を維持していた（図2）。

一九一五年に日本人らがこの石塔の重要性を認識し、それ以上の破損を防ごうとした。その時、西側面を中心にコンクリートを打設する形で補強作業を行なったのであり、当時の状態が解体修理の直前まで続いたのである(4)（図3）。

一九九八年、弥勒寺址石塔の安全状態を診断した結果、構造的安全性が懸念され、一九九九年、文化財委員会は解体および補修整備を決定した。当時、百済石塔の全面的な解体というのは、はじめてであったため、解体に伴う調査研究の技術的かつ学術的な専門性が求められた。

それまでの弥勒寺址石塔に関する研究はほとんど石塔の外形を中心に行なわれてきたため、石塔の築造技法や部材の構成方式など、より深度のある研究には限界があったのも事実である。従って、弥勒寺址石塔の解体は、建築や保存科学分野を中心に基礎資料を蓄積し、学術研究に寄与することを念頭に置きつつ行なってきた側面もある。

二〇〇一年、六層屋蓋石の解体をはじめ、二〇〇二年には、六層から四層までの塔身を解体、また一九一五年の補強時に打設した一八五トンのコンクリートを完全に除去した。四層塔身の解体調査の途中、心柱石の位置から、円形の切り込みを施した部材が露出し、植民地時代に作成された図面と比較分析した結果、コンクリート補強時には部材の位置を変更したことがほぼない、という結論が得られた（図４）。解体作業が少しずつ進行するにつれ、ある程度の変位は確認されたものの、中心軸上から心柱石の部材が相次いで露出するという点では変わりがなかった。部材は上・下面のみを平らにしただけで、側面については手を入れた痕跡がほとんどなかった。

上部から三ヶ層の石塔内部には、積心材料として土や石が無秩序に埋められているなど、丁寧な築造技法を見つけることは難しかった。また、数度にわたり、改築が行なわれた事実が確認された。なお、二層の場合も、屋蓋石や屋蓋台などがある程度規則的な形態を備えている点を除いては、後代の改築痕跡を数箇所から見つけることができた。

特に二層の塔身中心から見つかった心柱石は破損が深刻な状態であった。周辺の積心石も乱れている状態であり、石が傾いている方向さえも部位によって異なっていることから、崩壊の影響を直接的に受けたところであることがわかった。(5)

二層の屋蓋台を解体している途中、心柱石付近から銘文が刻まれている蝋石製小壺片を含む遺物四点を収拾した(6)

9　弥勒寺石塔の解体修理と舎利荘厳具の発掘

図４　４層塔身石の位置から見つかった心柱石

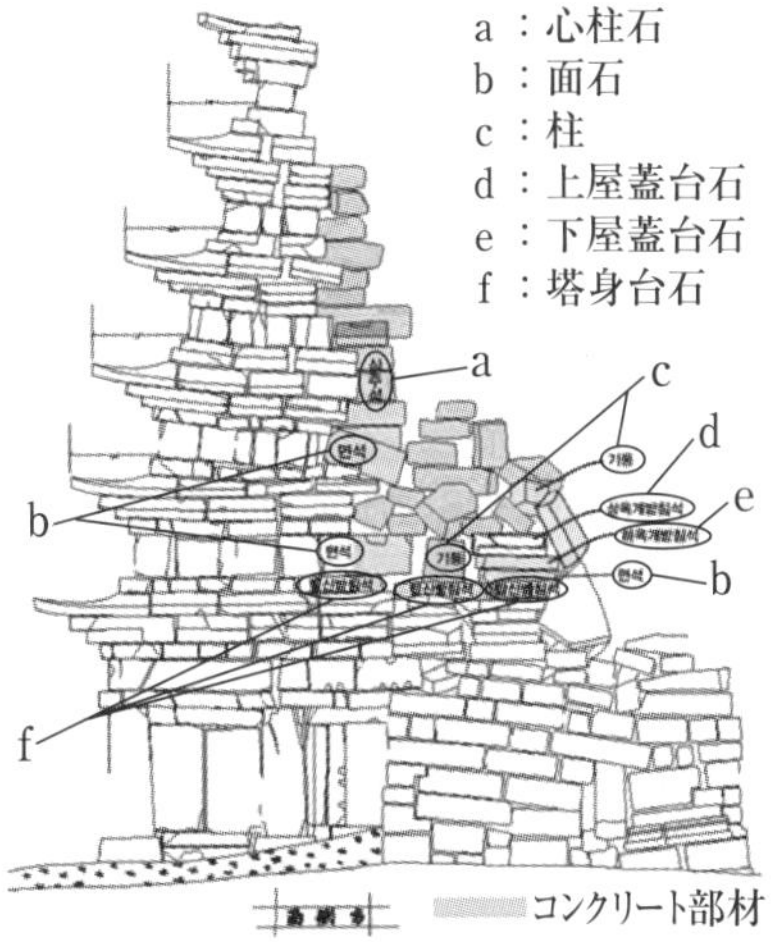

図３　弥勒寺址石塔補強前の実測図（1915年）

図６　「延祐四年」銘瓦片

図５　蝋石製小壺片

図８　石築解体後、姿を現した弥勒寺石塔の１層

図７　石築解体後、姿を現した石人像

（図5・6）。特に蝋石製小壺片は、統一新羅時代に製作されたものと判断され、石塔の改築を裏付ける痕跡と考えられる。(7)

二〇〇五年より石築の解体がはじまり、石築によって隠されていた石塔の西側面や、南側面および北側面の様子があらわれ始めた。二〇〇七年～二〇〇八年には、石築に対する本格的な解体調査が行なわれ、八角幢竿石の部材や数多くの建築部材が見つかり、さらに石塔の西南向きの角付近からは石人像が発見された（図7）。

石築解体が行なわれることによって露出した一層の西側面では主要部材が確認されたが、その構造的変位や破損状態の深刻さから崩壊当時の状況を推測することができた（図8）。構造的に安定した層位を見つけるための、一層の解体調査が不可避であった。それで一層の屋蓋石から徐々に下がりつつ、十字通路の天障石、そして内部積心や心柱の解体を行なった（図9）。心柱石の場合も変位が確認され、層位別に解体を行なった。

三　弥勒寺址石塔舎利荘厳の発見

木塔および塔址についての従来の研究を総合すると、六～七世紀を前後する時期においての舎利は心礎に奉安され、その心礎の位置が地下から半地下へ、そして地上へと次第に変化していったものと推定される。従来の研究では、百済の場合、扶餘・軍守里寺址、陵山里寺址、王興寺址の木塔址などが造営された六世紀半ばまでは心礎が地下に安置されたのであるが、益山・帝釈寺址や、慶州・皇龍寺址の木塔が造営された七世紀前半になると、地上式に固着化した、と説明している。(8)弥勒寺址石塔の場合、七世紀初めに建立され、さらに心礎石の位置も地上式初期に該当するため、解体調査を行なう前までは舎利が心礎の位置に奉安されているだろうと推定された。

図９　弥勒寺址石塔１層（心柱石解体の前）

図10　舎利荘厳具の発見

ところが、二〇〇九年一月一四日、一層内部の積心部材や心柱石を解体調査する過程で—具体的には一層の心柱石第二段を解体する時—舎利孔が発見された（図10）。すなわち、舎利荘厳は石塔一層の心柱石第一段上面に作られた舎利孔内に安置されていたのである。基壇面より上部にあたる心柱石第一段上面から舎利荘厳が発見されたのは全く予想していないことであった[9]。

心柱石第一段上面と第二段下面の間には灰が塗られていたため、舎利孔はほぼ完璧に密封されていた。露出当時、それぞれの遺物に毀損が少なく、位置の変更もない、ほぼ完全な状態で発見できたのは、灰により密封され、機密状態が維持されていたためと推定される。

一方、心柱石第一段上面には、方形に加工された舎利孔があり、各面の中央には墨線が鮮明に残っていることから舎利荘厳のための計画を推定することができた。舎利孔のサイズは、一面が二五〇ミリ前後であり、深さは二六〇ミリ程度として、その大きさが南朝尺一尺にあたる[10]。このことは当時の営造尺とも密接な関係があるものと考えられる。また、舎利孔が加工されている心柱石第一段は、各面の長さ九八〇ミリの正方形であり、高さは七五五ミリで、これはそれぞれ南朝尺四尺と三尺に該当する。さらに、心柱石の下に位置する心礎は一面の長さが一、五〇〇ミリ程度であり、これは南朝尺六尺にあたる。結局、舎利孔—心柱石—心礎は大まかに一尺：四尺：六尺の比例で造成されたものと言えよう。

現在、弥勒寺址に残っている遺構や石塔の営造尺に関する従来の研究では、営造尺として高麗尺（一尺≒三五四ミリ）や唐尺（一尺≒二九七ミリ）、南朝尺（一尺≒二五〇ミリ）などが言及されてきた[11]。舎利孔が舎利荘厳を奉安するための象徴的な施設であることを考慮すれば、その造成に単位尺度を適用したとみるのが妥当であり、これは皇龍寺木塔址の心礎などの他の事例からも証明されるのである。従って、弥勒寺址石塔の舎利孔に使用された南朝尺が弥勒寺址の石塔は勿論、さらに弥勒寺全体の建築においても営造尺として用いられた可能性が高い。

四　舎利荘厳具の発掘

最近、弥勒寺址石塔の解体調査のなかで発見された舎利荘厳具は、世間の耳目を集めるに値する驚くべきものである。少なくない百済関連研究者からも新たな地平を開く発見として評価された。弥勒寺址石塔補修整備事業団は、舎利孔が発見された後、石塔の解体調査を中止し、即時、舎利荘厳発掘チームを構成した。舎利荘厳発掘チームは、国立文化財研究所の建築文化財研究室、考古研究室、美術文化財研究室の研究官たちを主軸として調査計画を樹立した上、段階別に事前調査、遺物収拾および実測調査、保存処理、記録撮影などの役割を分担し、全体過程を体系的に進行させた。

前述したように、舎利荘厳具は密封された状態で維持されてきたため、金属や瑠璃などの無機質遺物の保存状態は比較的に良好であったが、刀子や織物類などのように、有機物が含まれた遺物は露出当時から毀損が激しい状態であった。それで、舎利孔の開封に伴う保存環境の変化で起こり得る遺物の被害を最小化するため、迅速な発掘調査を行なっ

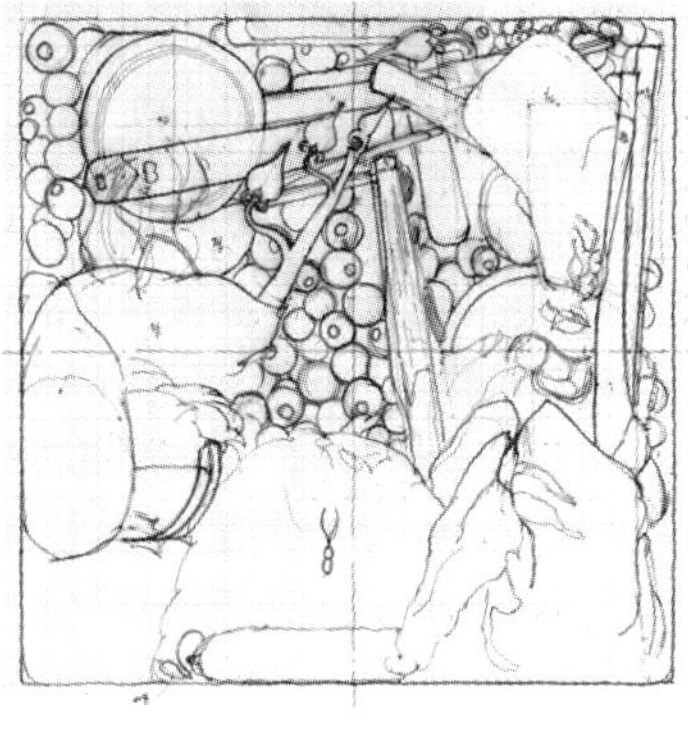

図12　実測野帳（第２層位）

図11　舎利荘厳具の３Dスキャン

た。遺物収拾後においての現場調査の結果に基づいて図面作成および原文判読・解釈を行なうことは勿論、写真分析を通じて遺物公開のための資料を整理した。(12)

（一）　収拾前調査

収拾前調査とは、舎利荘厳具の露出当時のみならず、各層位別に発掘を行なう時、収拾前に実施した現況調査を意味する。発掘調査は現場での判断のもと、あわせて五つの層位に分けて行なった。この調査では各層位別遺物の種類や位置、保存状態などを確認した上、その内容を詳細に記載した調査カード、および露出現況を図面化した実測野帳を作成した（図12）。現況実測は手実測で行なったが、重要なもの、あるいは複雑で測り難い層位においては手実測よりは三次元形状情報記録（3D scan）技法を利用した（図11）。このような収拾前調査の過程は写真と動画の形ですべて保管している。

（二）　遺物収拾および保存処理

前で言及した通り、あわせて五つの層位に区分して発掘調査を行なったのであるが、各層位別に収拾前調査が完了した後は、遺物を収拾しつ

図13　金銅製舎利外壺の収拾

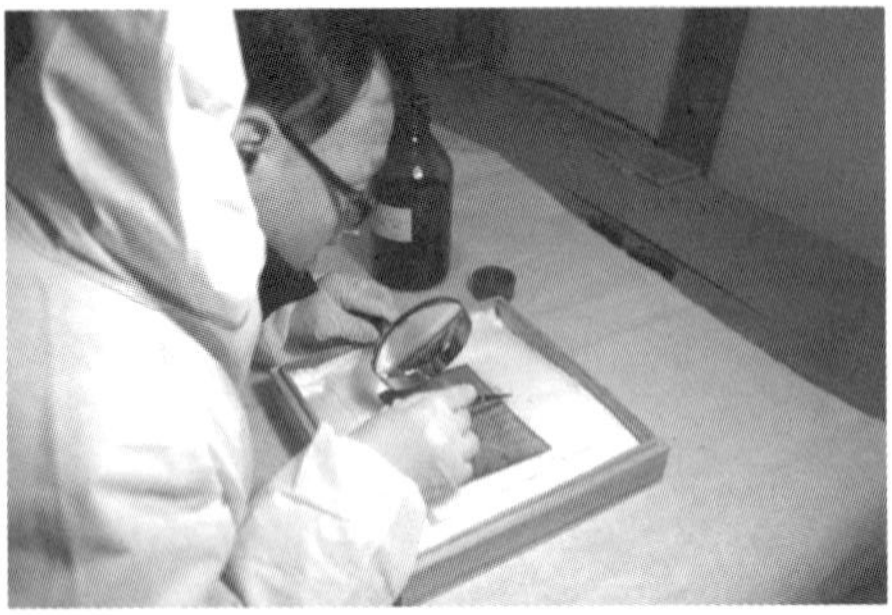

図14　金製舎利奉安記の応急保存処理

つ緊急保存処理を並行実施した。まず、位置を基準にして収拾順番を決定し、遺物の種類にあわせて道具、保管箱および薬品などを準備した。遺物同士での干渉有無（訳者注：互いに接しているかどうか）を確認した上、他の遺物の位置に変動を起こさないように最大限慎重に収拾を行なった。収拾後、遺物の保存状態に従い、遺物ごとに緊急保存処理を実施した。遺物はその材質によって保存状態が異なったが、金製舎利壺、銀製冠飾などの金属遺物の場合は、保存状態が比較的に良好であった。それに対して木材、織物遺物は腐食が激しくて収拾にあたり相当な困難さを感じざるを得なかった。これらの遺物は緊急保存処理を行なった後、箱に保管した。保存状態が良くない遺物は収拾後調査を実施せず、比較的に保存処理環境の良い国立文化財研究所の保存科学センターに運び、そこで調査を行なうことにした。

第一層位（図15）は、舎利孔が露出した状態にあたる。この層位では金銅製舎利外壺が舎利孔の中央に置かれており、金製舎利奉安記がやや傾いている形で舎利孔の南側の壁面に立てられていた。金銅製舎利外壺と舎利奉安記との干渉有無を確認した後、金銅製舎利外壺を一番先に収拾したが、舎利外壺の下には玉が全体的に置かれていることが肉眼で観察された（図13）。金製舎利奉安記の下からは多様な遺物が確認されたが、それが第二層位に該当する。金製舎利奉安記の場合は、収拾前調査を通じて、字を刻んだ上、朱砂を塗ったことが確認できたが、

図15　第１層位の遺物露出状態

図16　第２層位の遺物露出状態

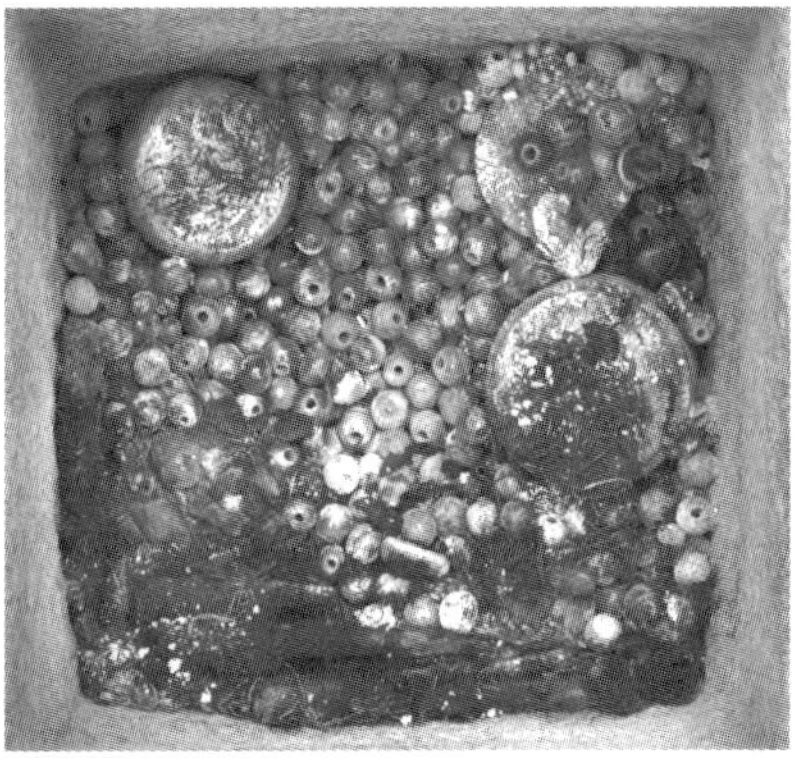

図17　第３層位の遺物露出状態

図18　第４、５層位の遺物露出状態

収拾過程のなかで裏面にも陰刻した文字が確認され、原文の判読および解釈のために表面に対する応急保存処理を行なった（図14）。なお、舎利孔の西側の壁面に並んで刀子が置かれていることが確認された。舎利外壺の北側は織物類に覆われ、円形合子が一部見えてはいたが、その下に何があるのかは確認しづらかった。

第二層位（図16）の遺物は、金製小型板をはじめ、銀製冠飾、刀子、玉、織物類などで、舎利奉安儀礼に使われた供養品と推定されるものがほとんどである。金製小型板には、銘文が刻まれており、その形態からみて、当

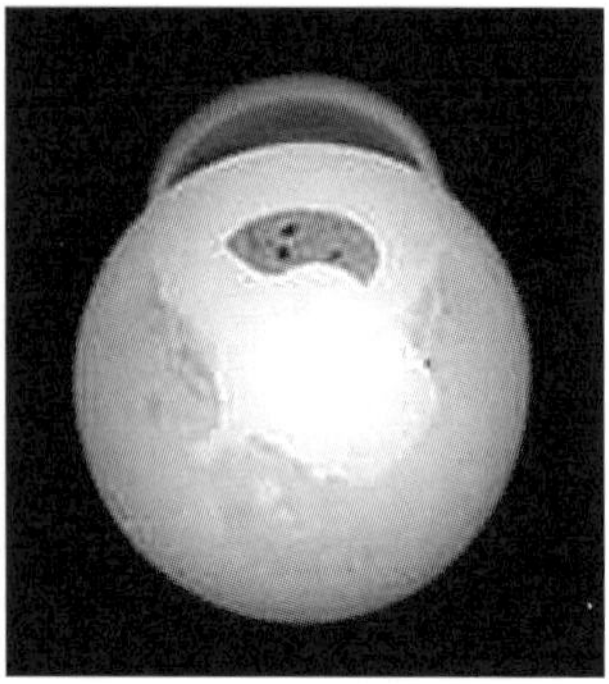

図19　舎利壺内部のX-ray調査

図20　金製舎利奉安記の原文判読

時貨幣の機能を果たした金鋌（金丁）と推定された。同じ層位からは円形合子一点をも収拾した。

第三層位（図17）は、玉が主をなしており、舎利孔の壁面に沿って円形合子が置かれていることが確認された。これは本来中央にある金製舎利外壺の周辺に丸く配置されていたものと推定された。玉の収拾が終わると、第四層位（図18）に該当する円形合子が底面まで姿を現したが、東側の壁面に沿って三点が、西側の壁面沿いに二点が配列されていた。円形合子のうち一点は上下に重なっている状態であったため、結果的には延べ六点が収拾されたことになる。円形合子の下には第五層位（図18）をなす瑠璃板が敷かれていた。瑠璃板は割れている状態で、南西側に安置された円形合子の位置を中心に幾つかのかけらとなっていた。瑠璃板をかけらごとに収拾し、その位置にあわせて遺物箱に保管した。

（三）収拾後調査

遺物を収拾した後、実測野帳や撮影した写真を土台にして層位別に実測図面を作成し、遺物の露出位置や層位別現況を比較分析した。収拾後調査は、金銅製舎利外壺や舎利奉安記を中心に行なった。金銅製舎利外壺は、収拾前調査を通じて壺の下部と上部とが分離できる構造であることを肉眼で確認したが、現場では遺物保存のために舎利壺の上下を分離・開封することはしなかった。但し、蓋を開けて内部の現況のみを確認した。収拾後には、分析チームに依頼し、X-ray撮影を実施したが、その過程で金銅製舎利外壺の内部に舎利内壺があることを確認した（図19）。

一方、金製舎利奉安記は、厚さ一・三ミリの金板の両面に文字を刻んだ後、表面に朱砂を塗った状態であった。表面には九字ずつ一一行が記されており、裏面にもまた一一行が刻まれているが、第一行目は一〇字、最後の二行はそれぞれ八字、四字が記載されており、あわせて一九三字の文字が確認できた。舎利奉安記の表面・裏面は、保存状態が良好であったため、幾つかの文字を除いては判読が可能であった（図20）。判読が難しい文字の場合は電子顕微鏡を通じてより正確に字の形状を把握しようと努力した。

五　収拾遺物の説明

（一）　金銅製舎利外壺と金製舎利内壺、瑠璃製舎利瓶

金銅製舎利外壺（図21・図22）は、舎利荘厳具を発見した当時、一番上面の中央に位置していた[13]。金銅製舎利外壺は、高さ一三センチ、肩幅七・七センチのサイズで、平らな口縁部の上に宝珠形のつまみが付いている蓋があり、長いくび、丸い肩をした胴体を持っている。

この舎利外壺は、全体的にみて、碗のような胴体の下部、首が付いている胴体の上部、そして蓋、以上の三つの部分がそれぞれ鋳造されたものと判断される。胴体の表面には、魚子紋、蓮弁紋、火炎宝珠、連珠紋などの多様な紋様

図21　金銅製の舎利外壺

図22　金銅製の舎利外壺（詳細）

が施されている。特に注目されるのは、首のところに突き出ている隆起線や、胴体全体に一定の間隔を置いて施した二つの陰刻線である。これらは轆轤成形による製作過程上で作られたものと推定される。

収拾後のX-ray調査結果、金銅製舎利外壺の内部に舎利瓶が入っていることが分かった。開封して調査を行なうと、舎利外壺の内部から高さ五・九センチ、肩幅二・六センチの金製舎利内壺とともに多量の玉や香の類にみえる粉末、そして舎利一顆が収拾された(14)。

金製舎利内壺は金板を鍛造する形で製作した（図23）。宝珠形のつまみがついている蓋や、長い首、丸い肩の胴体を持つ外形、胴体部が上下に分離される構造などが金銅製舎利外壺と非常に類似しているが、但し蓋と胴体の上部とが一体となっているところは異なる。金銅製舎利外壺とは違って内壺の胴体表面には陰刻線が多少不規則に施されているが、これは轆轤を使わずに、手作業で紋様を施したためで

図23　金製舎利内壺

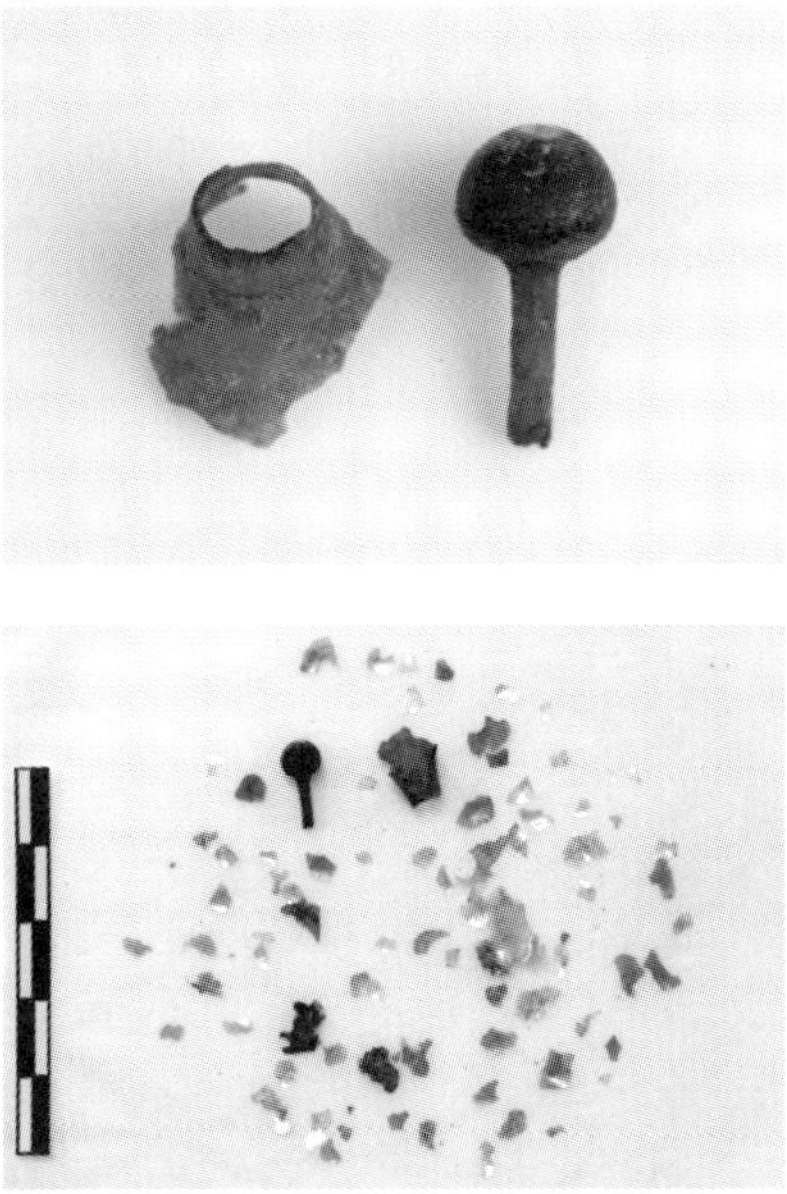
図24　瑠璃製舎利瓶

あると考えられる(15)。

金銅製舎利外壺および金製舎利内壺の器形は、中国式器形が伝来し、百済に定着する過程で安定した形式に発展したものとみられる。南北朝時代に水瓶として多く使われた長頸瓶との関連性も言及されているが、金を材料にして舎利壺を製作するのは、百済ならではの特徴とみるのが一般的な見解である(16)。一方、魚子紋や連珠紋の使用、胴体および首部分に配列された蓮弁紋、上下の接合部に施された巻草紋などは、百済金属工芸の様式をよく示す貴重な資料として評価される。

一方、舎利内壺の調査において瑠璃製の舎利瓶が確認されたが、口縁部と蓋以外は形態を判断することができないほど、薄くて小さい数十個の破片として残存している（図24）。こげ茶色を帯びている舎利瓶は、口縁部の厚さが約〇・三ミリ、口径は四ミリであり、胴体のかけらは〇・一ミリ程度の非常に薄いものと判明した。この舎利瓶の存在が確認されることによって、弥勒寺址石塔の舎利は、金銅製舎利外壺―金製舎利内壺―瑠璃製舎利瓶の三重構造の容器内に奉安されていたことが明らかになった。

（二）　金製舎利奉安記

金製舎利奉安記（図25〜図28）は、横一五五ミリ、縦一〇五ミリ、厚さ一・三ミリの金板[17]である。その裏表に一九三字の奉安記が刻まれており、表には朱砂が塗られていた。[18]舎利奉安記は収拾後調査の段階で原文判読や解釈を通じて内容を把握することができたが、これは、百済王后が伽藍を創建し己亥年（六三九）に塔を造成することによって王室の安寧を祈願する、という内容の発願文であると判断される。原文の解釈は次の如くである。

ひそかに思うに、法王が世に出現なさり、根機に随いて赴感なさり、衆生に応じて身を現したことは、まるで水中の月のようであった。それで王宮にお生まれになり、娑羅双樹の下で涅槃を示され、八斛の舎利を残され、三千大天世界に利益となるようになさった。遂に五色に光っている舎利を以って七度回らしめて、その神通変化は不可思議であった。

わが百済王后は佐平沙乇積徳の娘であられ、長い歳月［曠劫］に善因をお植えになったので、今生に優れた果報［勝報］を受けお生まれになった。（王后は）万民を撫で育てられ、三宝の棟梁となられたので、恭しく浄財を喜捨し伽藍を立てられ、己亥年の正月二十九日に舎利を奉迎なさった。

願わくは、歳々にわたって行なう供養が永遠に［劫劫］尽きることなく、この善根を以って仰ぎて資糧となり、大王陛下の寿命は山岳のように堅固で、治世［宝暦］は天地とともに永久で、上には正法を広め、下には蒼生を教化されますように。また願わくは、王后ご自身の心は水鏡のように法界を常に明るくお照らしになり、身は金剛のように虚空と等しく滅せず、七世永遠に一緒に福・利を蒙り、すべての衆生がともに仏道を成しますように[19]。

この銘文は、塔に舎利を奉安した絶対年代が記されており、また発願の主体や弥勒寺建立の性格など多くの歴史的事実を伝えていることから、弥勒思想をはじめとする百済の仏教思想、武王代の政治社会的状況などを推定するにあたって、非常に良い参考となる遺物である[20]。

舎利奉安記の内容は大きく三つに分けられる。まず、仏の一生と舎利の神異について称えた上、ついで、百済王后が財産を喜捨して伽藍を立て、舎利を奉迎する具体的な時期を明かし、最後には、大王陛下と王后との安寧を祈願し

図25　金製舎利奉安記（表）

図26　金製舎利奉安記（表）の詳細

図27　金製舎利奉安記（裏）

図28　金製舎利奉安記（裏）の詳細

ている。

法王の生滅と舎利の神異に関する部分は、この遺物の公開以後、弥勒寺の造営背景と関わり、多くの議論を呼び起こしている。武王と王妃とが龍華山・師子寺に行く途中、池の中から弥勒三尊が出現し、これを契機として弥勒寺を創建、さらに殿・塔・廊・廡を立てる際に、弥勒三会を意味するよう、三箇所に建立したとする説話は、これまで百済の弥勒信仰と関連付けて解釈されてきた[21]。ところで、この舎利奉安記では明確に法王、すなわち釈迦について言及しており、さらに舎利奉安記の後半部には「奉迎舎利」という表現が見えていることから、弥勒寺址石塔に奉安した舎利は釈迦の真身舎利であることが明白になる。

舎利奉安記に言及された釈迦についての内容からみて、弥勒寺の三院構成を、王室の弥勒信仰と沙乇氏を中心とする貴族の法華信仰とが結合した形態であるとする見解もある[22]。

次に重要な内容として指摘できるのは、まさに発願者として百済王后が言及されている点である。「王后」という呼称は、後に出ている「大王陛下」とともに当時においての百済の位相を示すものと考えられる。この王后は、善花公主と同一人物なのかどうかを巡り、絶え間のない論難を生んでいるところではあるが、王の夫人である王后が発願者であるとする内容は、『三国遺事』の記録と相当部分一致していると言える。弥勒寺址石塔の舎利奉安記では、王后が発願者であると同時に財産を喜捨した最高の施主者であると伝えており、また「佐平沙乇積徳女」という出身身分も明確に記録している。ここからみると、当時の貴族のうち、最も大きな勢力が沙乇氏であったことがわかる。沙乇王后が知られることにより、武王代を前後とする百済貴族勢力の執権と興亡に関する多様な学説が提示されつつあるのは大きな意味を持つ。

これまで、弥勒寺址石塔は七世紀初めにあたる弥勒寺創建時に造営されたものと考えられてきたが、塔に舎利を奉安した年代が「己亥」すなわち西暦六三九年（武王四〇）と記録されているため、舎利奉安記の発見以後からは、中

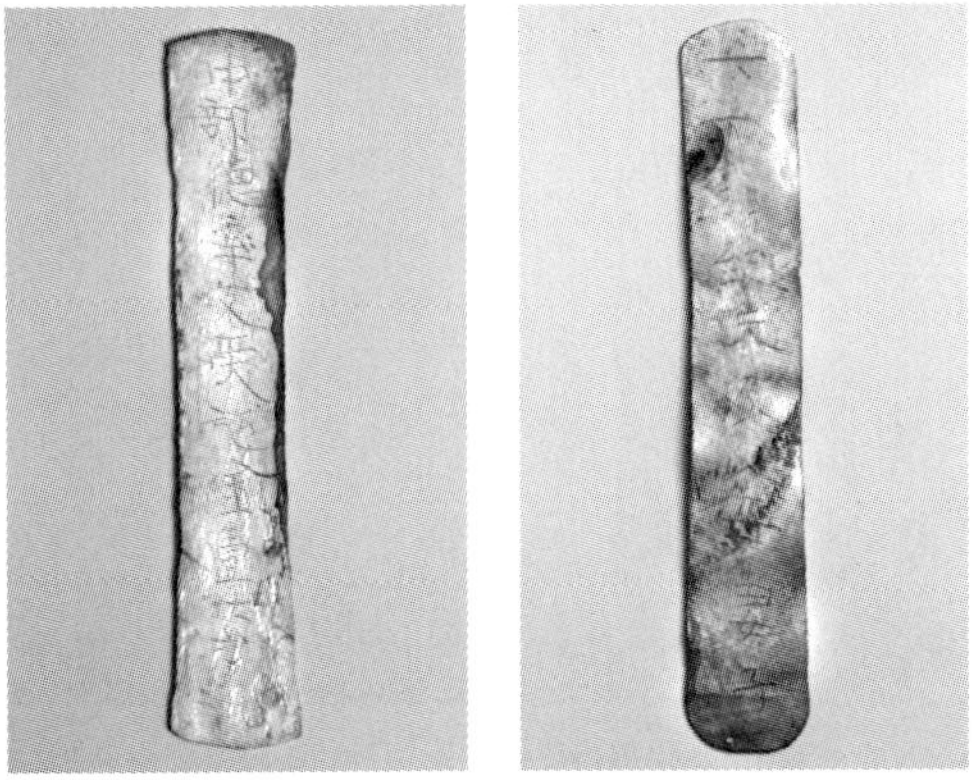

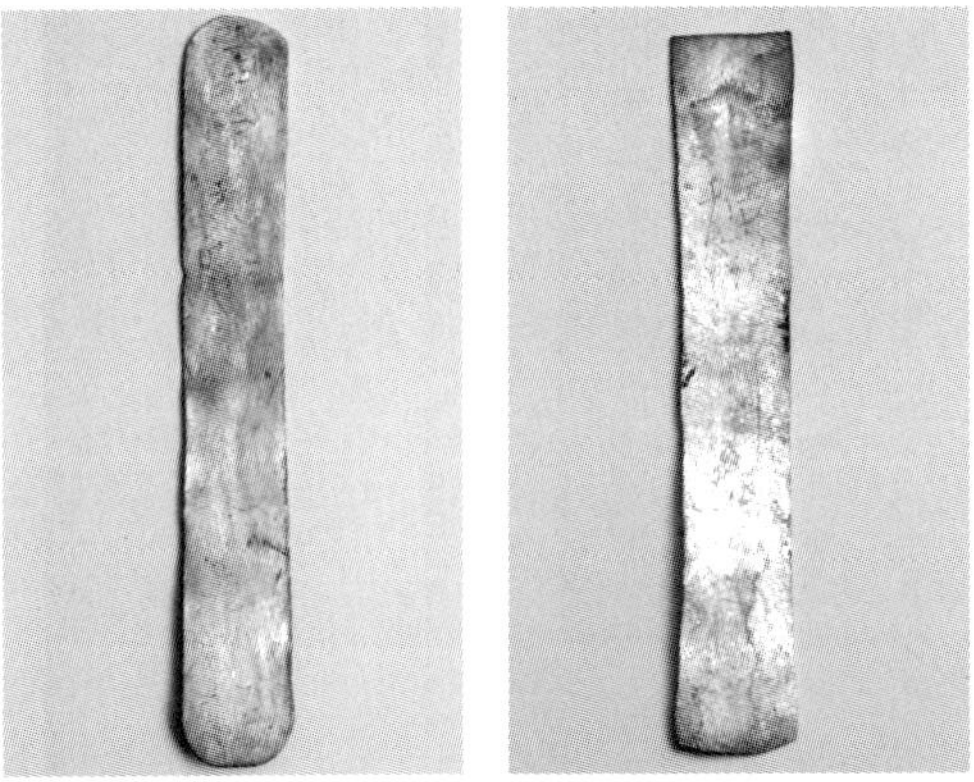

上⇒　図29　金製小型板（１）（２）
下⇒　図30　金製小型板（３）（４）

院と東・西院の造営時期の差異についての様々な主張が提起されている状況である。[23]

以上からわかるように、舎利奉安記に記された内容は、弥勒寺や弥勒寺址石塔の造営時期を推定することを可能にしてくれるという面で意義が大きく、ともに奉安された遺物の編年を提供してくれることからも極めて重要であると

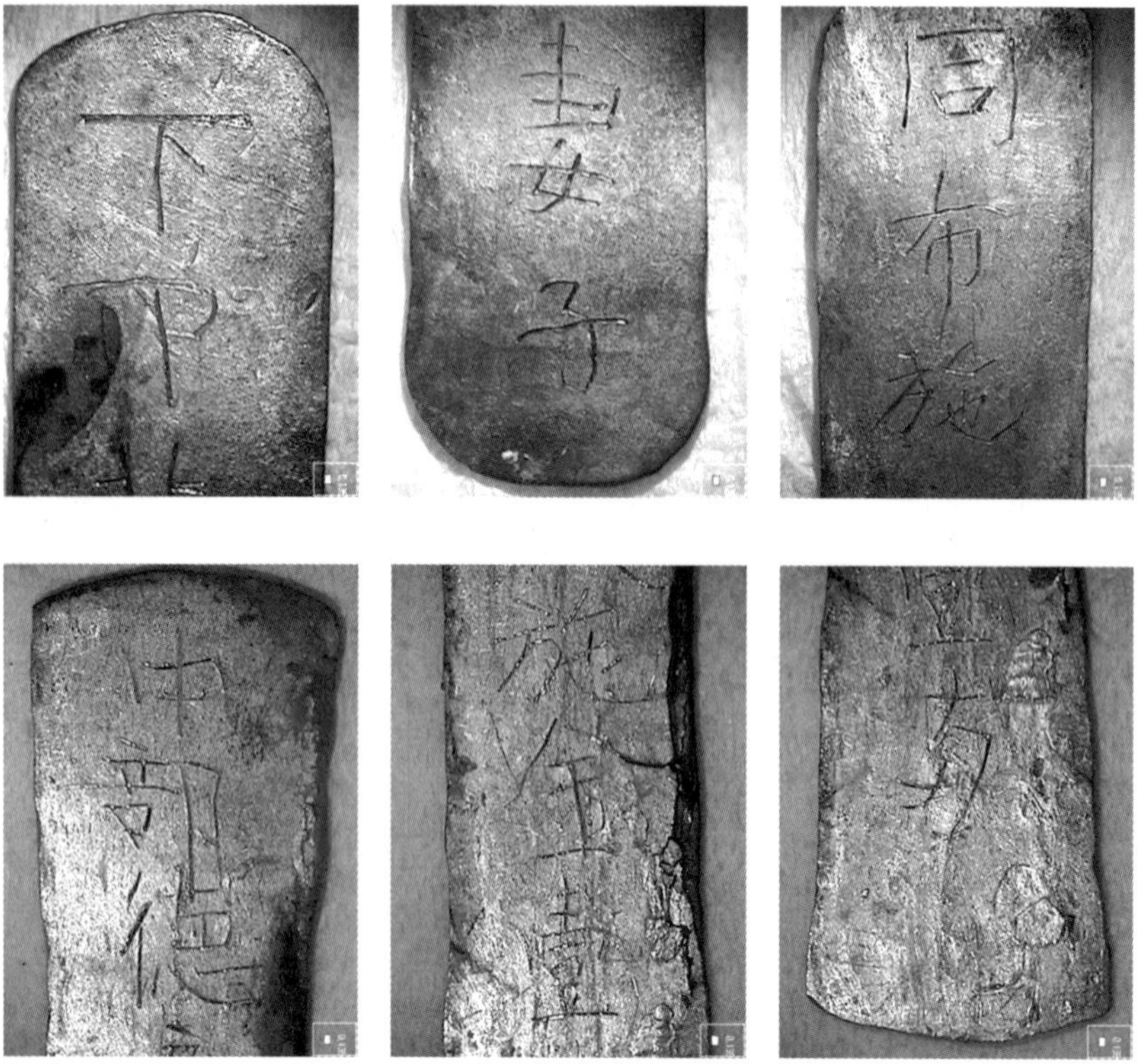

図31　金製小型板の詳細

言えよう[24]。

（三）　金製小型板

金製小型板（図29～図31）は、延べ一七点が収拾されたが、百済時代においての貨幣の機能を担当した金鋌（金丁）と推定される。一部には銘文が刻まれている。ここからは「中部徳率支施金一両」「下卩非致夫及父母妻子（表面）同布施（裏面）」のような字句が確認され、舎利奉安儀礼を行なう際に供養したものと考えられる。特に「下部」「中部」「徳率」のような行政体制や官等名が言及され、中央の官職にある執権勢力らが益山地方までやって来て、王后が主導する石塔の舎利奉安儀式に参加した様子が窺われる。

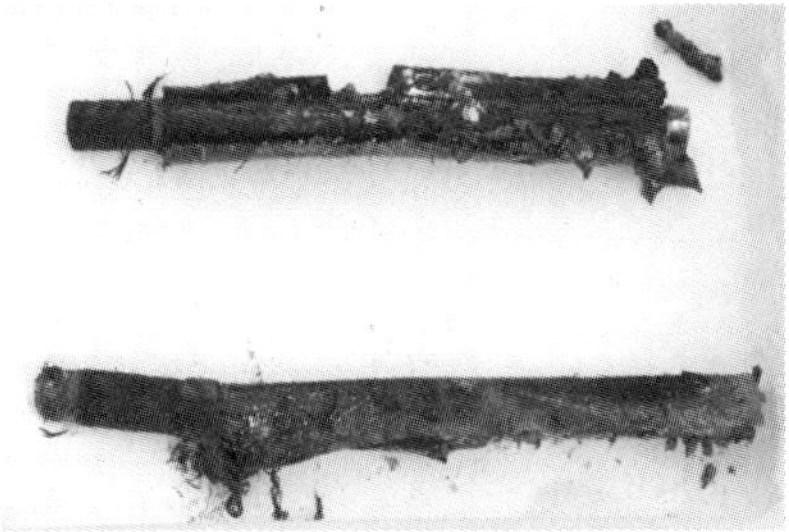

図32　刀子

図33　刀子の詳細

（四）　銀製冠飾

今回、出土した銀製冠飾は、銀板が対称をなすように製作され、中心の茎の左右を唐草紋や、つぼみの模様で飾られている。二点のうち、一点は一段で、残りの一点は二段で飾られている。一段装飾の銀製冠飾からは、中心茎の端にあるつぼみ部分を修理した痕跡が確認できるが、内側に薄い金板を積み重ねて、銀製釘二つで固定したことがわかる(25)。

銀製冠飾は、扶餘陵山里寺址や王興寺址の木塔址からは出土しておらず、主に古墳から出土している。枝飾りの数量、あるいは冠飾製作に使用された銀成分の量が、所有者の格、すなわち官等の差異を物語る要素として把握されており、つぼみ飾りの形態については時代的な変化と推定する見解が出されている(26)。

（五）　刀子

刀子（図32・図33）は、延べ七点が収拾されたが、二点は露出したまま、西側の壁面に近いところに置かれていた反面、五点は織物に包まれた状態で北側の壁面に近いところに置かれていた。織物とともに腐食したせいか、保存状態は良くなかった。これらの胴体は木材で作られ、両方の端は金製キャップをかぶせて仕上げをし、特にこのうち、一点は取っ手の端に輪状のものを付けて、それに植物紋様を華麗に

図34　円形合子

図35　円形合子と玉

施した（図33）。このような刀子が奉安された事例は珍しいことで、これを当時の奉安儀礼に参加した主導勢力の性格を代弁してくれるものとして把握する見解も存在する。すなわち、刀の副葬を通じて、沙乇氏勢力は新羅との関係において平和よりは戦争を追求するという立場を表明したとし、武王代の後半期に入ってから対新羅戦がなお積極的に推進された事実もそのことを裏付けるもの、とみている見解なのである。(27)

（六）円形合子

円形合子（図34・図35）は、延べ六点を収拾したが、その大きさや形態がそれぞれ異なるもので、一点は第二層位と第三層位との中間レベルに位置しており、残りの五点は、すべて第四層位に位置している。壁面周囲に置かれていることから、これらは中央への舎利壺の安置を意識し、その周辺に配列したものとみられる。収拾後調査では、蓋を開封したり、内容物を確認することはしなかった。

これら円形合子については、側面に横線紋様がある平たい円筒型合一点を最も古い形式とみて、南北朝時代の青銅器や、芬皇寺石塔の舎利荘厳具との類似性を指摘する研究がある。さらに盝頂形の円形合子三点については、隋・仁寿四年（六〇四）に奉安された神徳寺址の舎利荘厳具

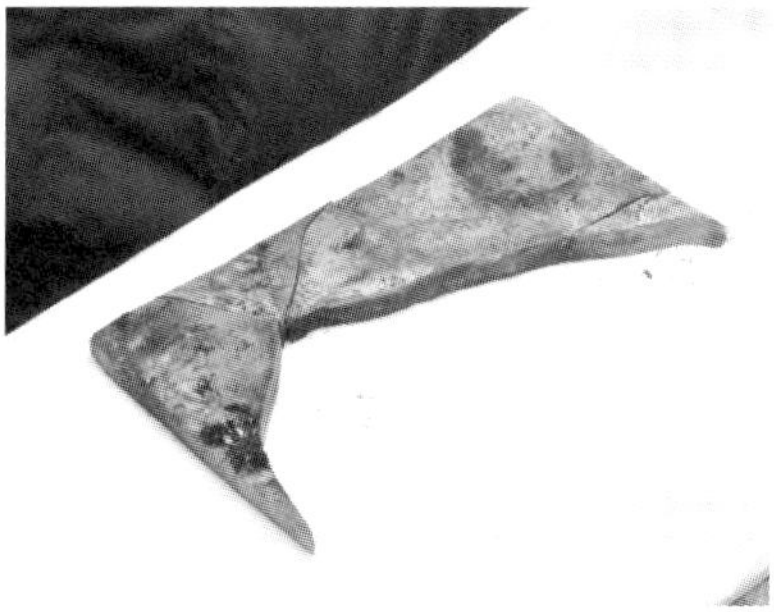

図37　瑠璃板（一部）

図36　玉

などからも確認できるように、少なくとも唐代までは普遍的な形式であったとする。(28)

（七）　瑠璃玉と瑠璃板

瑠璃玉（図35・図36）は奉安遺物数のほとんどを占めている。直径は一〇～三〇ミリ程度である。ほとんどは穴が開いているが、紐で結び付けられているものは確認できていないため、遺物の合間を埋める役割をも果たしたものと推定される。このような玉類は、武寧王陵をはじめ、陵山里寺址、軍守里寺址、王興寺址などからも出土し、最も普遍的な供養品であったものとみられる。一方、真珠玉が紐で結び付けられた状態のまま、円形合子の上から収拾されたが、これはインド、あるいは東南アジア地域からの輸入品で作った装身具であり、主に王室で使用されたものと推定される。今回、収拾された真珠玉の原産地を明らかにすることができれば、百済の対外交流の範囲および貿易の内容を把握することも可能になるだろうと思われる。(29)

瑠璃板は、一辺の長さ二三〇ミリ、厚さ一〇ミリ程度であり、最初から舎利孔の底を仕上げるために作ったものとみられる。北東側に置かれた円形合子の下から、割れ目が大きくできた状態のまま収拾された。割れた断面が青色を帯びていることから鉛成分の瑠璃であると考えられる。これは韓国で実際に発見された瑠

【表】遺物目録

区分	遺物名	サイズ（cm）	数量	備考
金製	金銅製舎利外壺	7.7×13	一括	外壺、内壺、瑠璃瓶（かけら）
	金製舎利内壺	3.1×5.6		
	金製舎利奉安記	15.3×10.3×0.13	1	己亥年（639）
	金製鑷子	0.8×5	1	
	金製小型板	1.5×8.3×0.1 前後	18	施主者の銘文
	金塊	1.4×2.9 前後	3	
	金製輪	φ1.5	1	
	金製小型玉	φ0.4	19	
銀製	銀製冠飾	3.7×13.4，4×13.2	2	
	銀製銙帯装飾	2×13.8，2.1×3.9	2	銙帯装飾、銙板
	銀塊		1	
青銅	青銅合子	4.6×8.3 前後	6	円形
	青銅輪	φ2.1	1	
瑠璃	瑠璃板	23×23×0.8	1	
	小型瑠璃玉	φ0.2～φ0.4	28	
	瑠璃玉	φ1～φ1.8	559	
その他	刀子	2.2×18 前後	7	
	琥珀	2.2×1.9，2.1×1.2	2	
	真珠玉	φ0.5～φ0.8	29	
	織物	—	2	
計			19種 684点	

璃製品のうち、最も古いものである可能性が高い。瑠璃製舎利瓶とともに当時においての瑠璃製造技術および導入経路についての研究資料として注目される。

六　舎利荘厳具の奉安順序および儀礼

弥勒寺址石塔舎利荘厳具の発掘過程で収拾された遺物の目録は【表】の如くである。収拾された遺物を位階や重要度に従って区分すると、大きく四つに分けられる。一つ目は、最も重要視される遺物として舎利およびそれを入れる容器があげられる。二つ目は、舎利奉安に関わる記録である。三つ目は、王室や貴族たちが喜捨した供養品である。四つ目は、その他の荘厳具である。

これら舎利荘厳具を構成する遺物らは、重要度に従い、置かれる層位と空間的位置が変わるため、層位別に発掘された順番を逆追跡すると、当時の舎利奉安儀礼を大まかに推定することが可能になるだろう。

まず、舎利孔の一番下には、位階の低い遺物が置かれ、ほとんどの空間が埋まるようになる。弥勒寺址石塔では、舎利孔の底に瑠璃板が敷かれ、その上には円形合子(30)のような様々な荘厳具が舎利容器の置かれたところの周辺に丸く配列され、その合間と円形合子の上部面まで瑠璃玉で満たされた。次に、王室や貴族たちが、舎利奉安儀式の行なわれる場所にて喜捨した、若干重要度が高い供養品が置かれた。弥勒寺址石塔の場合、瑠璃玉で満たされた層位の上に銀製冠飾や金製小型板、銙帯装飾、金塊などの様々な供養品が上げられており、織物に包まれた刀子一点は西側の壁面に、残りの五点は北側の壁面に並んで置かれた。

さらに、その上には舎利奉安の経緯を記した金製舎利奉安記が南側の壁面にななめに立てられたが、これは王妃や貴族たちが北側に立ち、奉安記の記載内容をよく見ることができるように配置したものと推定される。最後に、舎利孔の一番上部の真ん中に舎利容器が奉安されることによって舎利荘厳具の配置が終わるようになるのである。

ところで、注目すべきは百済人らが舎利容器が置かれる位置を、舎利孔の外部に墨線で表示したという点であり、その位置を層位別に維持し続けるために朱砂で点を打って表示した事実である。この点は、舎利容器の直下部に位置するが、舎利奉安記の表面に塗った朱砂が流れ落ちた痕跡とは距離が相当離れていることから、各層位の中心点を表示するため、意図的に設置した中心点であると判断される。

七　石塔基壇部の発掘調査

弥勒寺址石塔の一層部分を完全に解体した後、基壇部の発掘調査を行なった（図38）。基壇内部（図39）を礎盤石半ばの高さまで発掘し、さらに北側面の場合は東から西に横断する探索用トレンチを掘り、全般的な土層構造を調査した（図40）。この調査を通じて石塔を建立するための築基部の全体範囲や礎石下部の構造、そして基壇土層の構築技法などを詳細に解明することができた。

石塔の基礎部は、台地造成層を地表から東側は約二三〇センチ、西側は約二一〇センチ程度の深さまで掘り出して砂質粘土に割石を混合（土石混築）した形で造成した（図41）。堀壙線は、下層基壇址台石の外側（東側一八四センチ、西側九七センチ）に位置することが確認された。従って、石塔下層基壇の幅は約一二・五メートル、築基部の全体範囲は一五・三メートル程度であることがわかった。

石塔土層は礎盤石を基準に中間の高さ以下までは割石を混合して幾重にも積み上げた基礎部と同一の形式であり、木の棒を用いた地固めの痕跡がはっきりと残っていた。礎盤石の中間より上面までは割石が混合されていない砂質粘土の版築層が内部全体に見え、上部と下部の土層構造に相当な差異があることが確認できた。

石塔基壇部の発掘調査時、西側のトレンチから現れた築基部の地固め層の堀壙線は、下層基壇面石より西のほうの九七センチ地点から約六七度の傾斜で掘り下げて行き、トレンチの底面まで繋がっていた反面、東側のトレンチの場合、下層基壇址台石より東側に約一九〇センチ地点から約五五度の傾斜でトレンチの底面まで繋がり、西側の堀壙線より緩慢に現れた。また、二〇〇〇年の発掘調査から確認された南側の築基部の堀壙線は、下層基壇面石から五〇センチ地点で現れた。すなわち、弥勒寺址石塔の築基部の堀壙線は、西側と南側とに比べて東側の築基部が相対的に緩慢な傾斜をなしていると言えよう。しかし、これら基壇を掘り下げる傾斜が異なると言っても版築底部は、下層基壇の址台石の位置から垂直線を降ろした時、ほぼ差異がみられない点が特徴である(31)。従って、基壇の築土範囲は本来、下層基壇程度の大きさで計画が立てられ、台地を造成し、基壇土を再び掘り出す過程で基壇築土のための土の運び出しと作業人力の移動が行なわれ、結局再び掘り出した基壇土の範囲は変わることになったものと考えられる。このように築基部の分析結果は建築技術史的にきわめて重要な事実である。

なお、石塔内部の十字型空間の底石を解体する過程で鎮壇具と推定される遺物が出土した。主に南側の通路にある底石の下部から散発的に出土したが、これは弥勒寺址発掘調査当時に出土した遺物と類似しているものと確認された。さらに、西側のトレンチから出土した百済時代の蓮花紋軒丸瓦一点などは、創建当時の遺物として弥勒寺址石塔の築基部造成時、土の中に混じって流入したものと判断される（図42～図44）。

図38　基壇部の平面（礎石層位）

図39　基壇内部の構造（礎盤石層位）

図40　西側の探索トレンチ

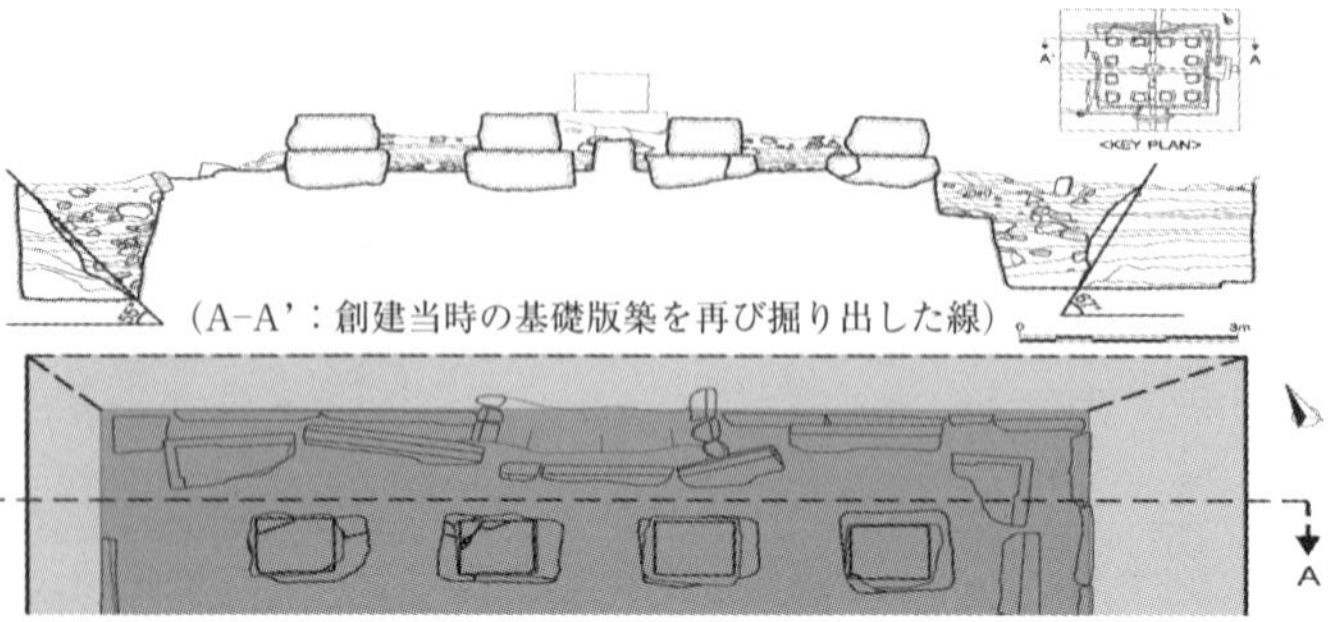

図41　弥勒寺址石塔の築基部の東西断面

図42　蓮花紋軒丸瓦

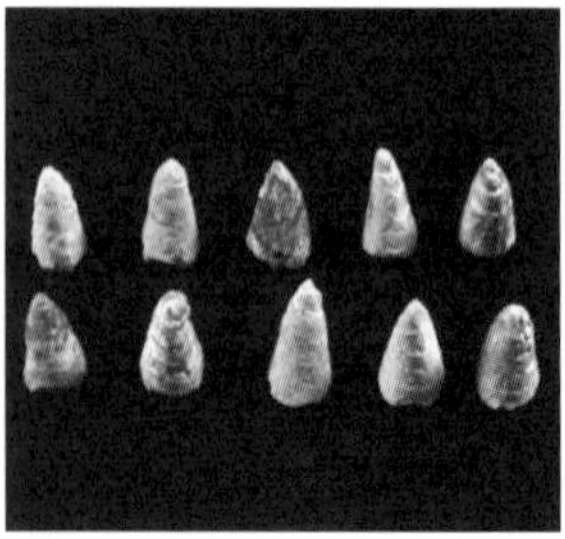

図43　土製螺髪

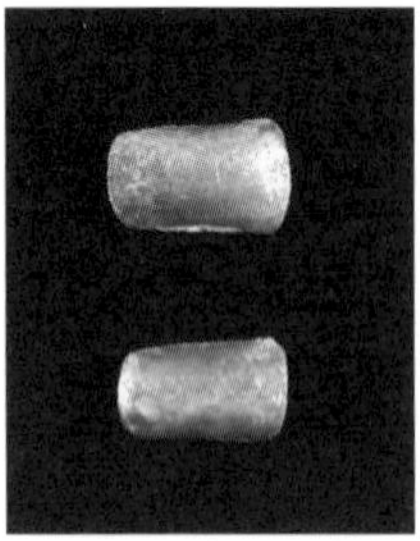

図44　銀製爪

八　おわりに

弥勒寺址石塔の心柱石から発見された舎利荘厳具は、その保存状態がほぼ完璧で、層位別に奉安された遺物が一括収拾され、当時の奉安儀礼を再現することが可能になった点で、一四〇〇年前に造成したタイムカプセルと言っても過言ではない。というわけで、武寧王陵の発掘、陵山里寺址の金銅大香炉の発掘と並び、百済地域における最大の考古学的成果の一つであると評価される[32]。

弥勒寺址石塔舎利荘厳具発掘の一番目の成果としては弥勒寺の創建目的と主体が明確になったことがあげられる。舎利奉安記に見えているように、発願者である沙乇氏の王后が武王の健康や王室の安寧のために弥勒寺を建立し、舎利を奉安するために弥勒寺址石塔を造営したという事実が明らかになることによって、これまで未完のまま残されていた武王代の百済史をなお実証的に研究することも可能になったものと考えられる。二番目の成果は、百済の文化的位相が確認できたことである。金銅製舎利外壺—金製舎利内壺—瑠璃製舎利瓶の三重構造の舎利容器を通じて百済の独特な舎利奉安方式が窺える。特に金製小型板、冠飾、装身具、原型合子、刀子など一括収拾された遺物は、まさに当時の舎利奉安儀式で使用された供養品であり、このような遺物の調査研究を通じて百済工芸の特質が確認でき、さらに中国や東南アジアとの対外交流の一側面をみることも可能になった。最後には、弥勒寺址石塔の建立年代が明確になったという点や、発掘された舎利荘厳具が他の百済遺跡から出土した遺物を編年する基準となった点が重要な成果としてあげられる。

弥勒寺址石塔の舎利荘厳具発掘は、百済の歴史や文化に対する新たな端緒を提供してくれる。例えば、近年発掘された陵山里寺址、王興寺址の木塔址などから発見された舎利荘厳と関連して、百済の建築や舎利荘厳の変遷過程を考える際にも、画期的な資料として活用できる。舎利荘厳具の発見以後、学界で活発に行なわれている伽藍造営の主体と時期的差異の問題、弥勒寺造成当時においての百済仏教信仰と儀礼などについての議論は、弥勒寺遺構および遺物に対するより深みのある調査研究を必要とする。今後とも、弥勒寺に関する考古学的、建築学的調査研究のみならず、関連分野間の学際的な研究を通じて七世紀百済の燦爛たる仏教文化の姿を明らかにしていきたい。

註

（1）「乃法像弥勒三会［尊］殿塔廊廡各三所創之、額曰弥勒寺（国史云王興寺）」（一然著・権相老訳解『三国遺事』東西文化社、二〇〇七年）

（2）中国の敦煌石窟のうち盛唐から晩唐まで造成された第八五窟、第一四八窟、第二三一窟の弥勒経変相図は弥勒寺建立時期より多少遅いが、三院構成という点と所依経典が弥勒経である点から弥勒寺配置との関連性が注目される。（裵秉宣「弥勒寺の配置と建築遺構を通じてみた百済の造営技術」『百済仏教文化の宝庫、弥勒寺』学術シンポジウム論文集、二〇一〇年、三二四〜三二六頁）

（3）実際、現在一層の下引防石の部材はすべて壇部が破損している。

（4）一九一五年の弥勒寺址石塔の補修工事は、主に西側面の崩壊部分にコンクリートを打設し、補強する作業であった。しかし、それ以外も西側面下部の部材を収拾し、石築を積み直し、崩壊の恐れがある東側面の塔身部に間柱石を挿入し、一層の十字通路の天頂部分に鉄製ビームを設置し補強するなど、石塔を解体しない範囲内での補強工事が行なわれた。

（5）二層の東側面の下屋蓋台のなかには、幾つかの小さい石材を組み合わせて一つの部材のように表現したものもあった。北東側の角の塔身面石は上層部の面石よりも厚さが薄いものと確認された。

（6）蝋石製小壺二片、高麗時代銘文瓦一片、常平通宝一点が収拾された。高麗時代の銘文瓦には「延祐四年」とあるが、それは一三一七年（高麗忠粛王四）にあたる。

（7）小壺片には銘文がある。「大伯士奉聖」とともに「新」「入」などの文字も確認された。「大伯士」「伯士」は統一新羅時代に官匠に限られて使用した「博士」という名称が徐々に社会一般へと拡大するにつれ、中央官舎の工匠だけでなく地方の工匠にも拡大適用された匠人の名称であると解釈されている（朴南守『新羅手工業史』新書院、一九九六年、二四四〜二四五頁、三〇七〜三〇八頁）。

（8）鄭子永「百済の心礎および舎利奉安」『文化財』第四一巻第一号、二〇〇八年、一一〇頁。

（9）舎利奉安記により、明らかになった弥勒寺址石塔の建立年代である六三九年は、皇龍寺木塔が建立された六四五年より先立つものである。建立年代が遅い皇龍寺木塔は地上式心礎であり、その上面に舎利孔があるのに対して、弥勒寺址石塔の場合は、心柱石の中間に該当する位置なのである。

（10）舎利孔の上に厚さ一センチの板ガラスが敷かれていて、遺物が安置できる平らな底面の役割を果たしている。この厚さを除けば、深さも二五〇ミリになり、南朝尺一尺にあたる。

（11）弥勒寺址の尺度について、張慶浩「百済寺刹建築に関する研究」（弘益大学博士学位論文、一九八八年）は、営造尺として高麗尺と唐尺の使用を提示し、そのうち高麗尺の使用が若干優勢したと結論づけた。朴東珉「七世紀以前における古代伽藍の営造尺推定」（ソウル大学碩士学位論文、二〇〇七年）は、伽藍配置には漢尺が営造尺として使用され、それぞれの建物には南朝尺が営造尺となっただろうと推定した。

（12）舎利荘厳具発掘チームは次のように構成された。
企画および進行：裵秉宣（国立文化財研究所建築文化財室長）
発掘および遺物調査：崔孟植（考古研究室長）、李蘭英（美術文化財研究室学芸研究官、現・国立民俗博物館）
遺物収拾および応急保存処理：李奎植（保存科学研究室長）外四名
実測調査：南時鎭（建築文化財研究室施設事務官、現・桂林文化財研究院、趙恩慶・金賢龍（建築文化財研究室学芸研究士）外九名
記録および撮影：徐憲康（写真作家）外二名

（13）金銅製舎利壺は、収拾当時は金製と推定し、X-ray調査を通じて内壺の存在まで確認したが、収拾後、X-ray螢光分析器で実施した成分分析の結果、外壺は金銅製、内壺は金製と確認した。

（14）弥勒寺址石塔の金製舎利壺は、形態においては王興寺址木塔址の銀製舎利壺と類似しており、紋様や技法の側面では王宮里五重石塔から収拾された舎利外函のこれと比較できる。よって、王宮里五重石塔舎利荘厳の編年に対する再論の余地を呼び起こした。

（15）李松蘭「弥勒寺址金製舎利壺の製作技法と紋様分析」（大発見舎利荘厳—弥勒寺の再照明、ユネスコ世界文化遺産登載のための学術大会、二〇〇九年四月）、一九二頁。

（16）李松蘭、前掲論文。周炅美「百済の舎利信仰と弥勒寺址出土の舎利荘厳具」（大発見舎利荘厳—弥勒寺の再照明、ユネスコ世界文化遺産登載のための学術大会、二〇〇九年四月）にも言及されている。

（17）金板は分析チームの成分調査結果、金九〇パーセント・銀一〇パーセントと確認された。

(18)　朱砂は分析チームの成分調査結果、硫化水銀（HgS）と確認された。

(19)　原文の解釈は金相賢（東国大学教授）によるもの。国立文化財研究所からの解釈依頼を受けて以降、金氏は金相賢「百済武王の王后と弥勒寺の創建―『三国遺事』武王条の史料批判を中心に―」（韓国思想史学会学術発表会、二〇〇九年三月）、金相賢「弥勒寺西塔舎利奉安記の基礎的検討」（大発見舎利荘厳―弥勒寺の再照明、ユネスコ世界文化遺産登載のための学術大会、二〇〇九年四月）を通じて修正解釈文を発表した。ここでは彼の修正解釈文を紹介する。

(20)　趙景徹「百済益山弥勒寺創建の信仰的背景―弥勒と法華を中心に―」（韓国思想史学会学術発表会、二〇〇九年三月）、金相賢「百済武王の王后と弥勒寺の創建―『三国遺事』武王条の史料批判を中心に―」（韓国思想史学会学術発表会、二〇〇九年三月）、李鎔賢「弥勒寺塔の建立と沙宅氏―舎利奉安記を手がかりにして―」（韓国思想史学会学術発表会、二〇〇九年三月）などがある。

(21)　古代国家においての弥勒信仰は、その裏面にある転輪聖王思想と結びつき、国王の統治権威を高めることに寄与したが、このような背景のもと、広範囲に受容されたとみられる。（趙景徹前掲論文）

(22)　趙景徹前掲論文。

(23)　金相賢「弥勒寺西塔舎利奉安記の基礎的検討」（大発見舎利荘厳―弥勒寺の再照明、ユネスコ世界文化遺産登載のための学術大会、二〇〇九年四月、一四五～一四六頁）によると、盧重国は、弥勒寺から出土した己亥銘瓦に注目し、中院の金堂地域から発見された己亥年印章瓦を一番遅い時期にみて、六二九年（武王三〇）を寺刹創建の完成段階と推測したことがあるが、舎利奉安記の発見以後は、中院が一番先に造成され、東院と西院が以後に完成した可能性を提起している。

(24)　これ以外も舎利奉安記の文章構成、書体などについて研究が行なわれている（孫煥一「百済弥勒寺址西院石塔金製奉安記と金丁銘文の書体」新羅史学会・国民大学韓国学研究所共同学術大会、二〇〇九年三月および権永愛「百済弥勒寺址石塔出土金製奉安記の書体研究」韓国思想史学会学術発表会、二〇〇九年三月など）。

(25)　百済の銀製冠飾のなかには、最上部のつぼみ型飾り部分が欠けている事例が多い（李漢祥「弥勒寺址西塔出土銀製冠飾に対する検討」新羅史学会・国民大学韓国学研究所共同学術大会、二〇〇九年三月、五七頁）。

(26) 李漢祥「弥勒寺址西塔出土銀製冠飾に対する検討」(新羅史学会・国民大学韓国学研究所共同学術大会、二〇〇九年三月)。
(27) 李壽泰「百済武王代の対新羅関係」(大発見舎利荘厳―弥勒寺の再照明、ユネスコ世界文化遺産登載のための学術大会、二〇〇九年四月)、七七頁。
(28) 周炅美「百済の舎利信仰と弥勒寺址出土の舎利荘厳具」(大発見舎利荘厳―弥勒寺の再照明、ユネスコ世界文化遺産登載のための学術大会、二〇〇九年四月)、一七七頁。
(29) 周炅美前掲論文、一七六頁。
(30) 円形合子の場合、調査結果、内部に有機物があることが確認された。円形合子が王室や貴族らが喜捨した供養品であるのかはまだわからない。しかし、層位上からみて、「その他」に区分することが可能であると考えている。
(31) 裵秉宣「皇龍寺九重木塔研究」(『皇龍寺復元研究フォーラム』国立文化財研究所、二〇一二年二月)、九七～九九頁。
(32) 弥勒寺址舎利荘厳具が発見されて以後、公開された資料のみでは限界があるにもかかわらず、その重要性により、学術発表会や研究論文発表が活発になされた。現在まで、韓国思想史学会学術発表会(二〇〇九年三月一四日)、新羅史学会・国民大学韓国学研究所共同学術大会(二〇〇九年三月二一日)、大発見舎利荘厳―弥勒寺の再照明、ユネスコ世界文化遺産登載のための学術大会(二〇〇九年四月二四日～二五日)、国立文化財研究所学術シンポジウム・百済仏教文化の宝庫―弥勒寺(二〇一〇年五月二七日～二八日)などが開催された。

【参考文献】
権永愛「百済弥勒寺址石塔出土金製奉安記の書体研究」(韓国思想史学会学術発表会、二〇〇九年三月)
金相賢「百済武王の王后と弥勒寺の創建―『三国遺事』武王条の史料批判を中心に―」(韓国思想史学会学術発表会、二〇〇九年三月)
金相賢「弥勒寺西塔舎利奉安記の基礎的検討」(大発見舎利荘厳―弥勒寺の再照明、ユネスコ世界文化遺産登載のための学術大会、二〇〇九年四月)

金壽泰「百済武王代の対新羅関係」（大発見舎利荘厳―弥勒寺の再照明、ユネスコ世界文化遺産登載のための学術大会、二〇〇九年四月）
朴東珉「七世紀以前における古代伽藍の営造尺推定」（ソウル大学碩士学位論文、二〇〇七年）
孫煥一「百済弥勒寺址西院石塔金製奉安記と金丁銘文の書体」（新羅史学会・国民大学韓国学研究所共同学術大会、二〇〇九年三月）
李松蘭「弥勒寺址金製舎利壺の製作技法と紋様分析」（大発見舎利荘厳―弥勒寺の再照明、ユネスコ世界文化遺産登載のための学術大会、二〇〇九年四月）
李鎔賢「弥勒寺塔の建立と沙宅氏―舎利奉安記を手がかりにして―」（韓国思想史学会学術発表会、二〇〇九年三月）
李漢祥「弥勒寺址西塔出土銀製冠飾に対する検討」（新羅史学会・国民大学韓国学研究所共同学術大会、二〇〇九年三月）
張慶浩「百済寺刹建築に関する研究」（弘益大学博士学位論文、一九八八年）
鄭子永「百済の心礎および舎利奉安」（『文化財』第四一巻第一号、二〇〇八年）
趙景徹「百済益山弥勒寺創建の信仰的背景―弥勒と法華を中心に―」（韓国思想史学会学術発表会、二〇〇九年三月）
周炅美「百済の舎利信仰と弥勒寺址出土の舎利荘厳具」（大発見舎利荘厳―弥勒寺の再照明、ユネスコ世界文化遺産登載のための学術大会、二〇〇九年四月）
朴南守『新羅手工業史』（新書院、一九九六年）
一然著・權相老訳解『三国遺事』（東西文化社、二〇〇七年）
文化財庁・国立文化財研究所・全羅北道『弥勒寺址石塔の舎利荘厳』（二〇〇九年一月）
文化財管理局文化財研究所『弥勒寺遺跡発掘調査報告書Ⅰ』（一九八九年）
裵秉宣「弥勒寺の配置と建築遺構を通じてみた百済の造営技術」（『百済仏教文化の宝庫、弥勒寺』学術シンポジウム論文集、二〇一〇年）
裵秉宣「皇龍寺九重木塔研究」（『皇龍寺復元研究フォーラム』国立文化財研究所、二〇一二年二月）

弥勒寺創建の歴史的背景

崔　鉛　植
（橋本　繁　訳）

はじめに

益山の弥勒寺は、百済後期仏教を代表する寺院であり、百済のみならず韓国仏教史上で最大の規模を誇る。規模の面だけでなく、思想的、技術的側面からも、中院、東院、西院から構成された三院伽藍様式や、百済式石塔の創案などのように、それまでになかった革新的姿が多数現れている。しかしながら、こうした大規模かつ革新的な寺院が、いつ、どのような背景で、誰によって建立されたのか、明確でない。弥勒寺に関する記録がほとんど残っておらず、唯一伝わる『三国遺事』の記録も伝説的性格が強く、具体的事実を把握するのが困難なためである。幸い、近年発見された西院石塔の舎利奉安記の内容を通じて、武王（在位六〇〇〜六四一年）代に王室の主導下に建立されたことが明らかになったが、寺院全体の建立過程と建立背景については、依然として解明されていない部分が少なくない。特に、当時を代表する最大規模の寺院が、都である泗沘（現在の扶余）から遠く離れた益山地域に建立された背景は、十分に説明されていない。

益山は、弥勒寺以外にも王宮や王陵の遺跡が存在するなど王都的な姿をもっている。このため従来、学界では、益山遷都説をはじめ、別宮（離宮）、別部、神都などの多様な見解が提示されてきた。そして、その背景として、益山古来の政治・文化的基盤、地政学的重要性、土着勢力の位相などが論じられてきた。こうした見解は、すべて一定の説得力をもっている。だが、益山が王都的性格をもつようになった時期およびその具体的な契機などについては、満足すべき説明を提示できていない。現在までに確認された益山の百済時代の遺跡は、大部分が王室と密接な関わりをもつものである。王宮や王陵は、王室と直接関連するものであり、弥勒寺や帝釈寺なども、王室の発願により創建された。その反面、王室と直接関連がない遺跡、すなわち防御施設や都市遺跡などは貧弱である。こうしたことから益山は、王室と密接な関連をもつ地域であったと考えられ、したがって、益山が王都的性格をもつようになる背景も、まずは、王室との特別な関係から探さねばならないだろう。

本稿では、こうした観点から、弥勒寺の創建背景を、当時の百済王室と益山地域の特別な関係に焦点をおいて検討したい。また、西院石塔の舎利奉安記にみられる大王と王后についての記述を基に、当時の王室構成員の位相と役割についても検討したい。

一　弥勒寺と『三国史記』の王興寺の関係

弥勒寺の建立について言及している唯一の資料は、広く知られた『三国遺事』の武王に対する記録である。その内容は次の通りである。

A．第三十武王、名璋。母寡居、築室於京師南池邊。池龍交通而生。小名薯童。器量難測、常掘薯蕷、賣爲活業。國人因以爲名。聞新羅眞平王第三公主善花（一作善化）美艶無雙、剃髮來京師。以薯蕷餉閭里群童、群童親附之。乃作謠、誘群童而唱之云、善化公主主隱他密只嫁良置古薯童房乙夜矣卯乙抱遣去如。童謠滿京、達於宮禁。百官極諫、竄流公主於遠方。將行、王后以純金一斗贈行、公主將至竄所、薯童出拜途中、將欲侍衛而行、公主雖不識其從来、偶爾信悅、因此隨行、潛通焉。然後知薯童名、乃信童謠之驗。同至百濟。出王后所贈金、將謀計活。薯童大笑曰、此何物也。主曰、此是黃金、可致百年之富。薯童曰、吾自小掘薯之地、委積如泥土。主聞大驚曰、此是天下至寶、君今知金之所在、則此寶輸送父母宮殿何如。薯童曰可。於是聚金、積如丘陵。詣龍華山師子寺知命法師所、問輸金之計。師曰、吾以神力可輸、將金来矣。主作書、并金置於師子前。師以神力、一夜輸置新羅宮中。眞平王異神變、尊敬尤甚、常馳書問安否。薯童得人心即王位。一日王與夫人、欲幸師子寺、至龍華山下大池邊。彌勒三尊出現池中。留駕致敬。夫人謂王曰、須創大伽藍於此地、固所願也。王許之。詣知命所、問塡池事。以神力一夜頹山塡也爲平地。乃法像彌勒三會、殿塔廊廡各三所創之。額曰彌勒寺（國史云、王興寺）眞平王遣百工助之。至今存其寺。（三國史云、是法王之子。而此傳之獨女之子。未詳（1））

もちろんこの記事は、卑しい身分の若者が謀によって高い身分の女性と結婚し、自らが本来持っていた宝物を後から発見して、自らの能力に合った正当な身分を占めるという典型的な説話であり、記事内容をそのまま歴史的事実とは受け入れ難い（2）。しかし、様々な説話的な要素を取り除いて核心的な内容だけをみてみると、武王が王妃と共に龍華山の麓で弥勒三尊を奉安する大規模寺院を建立したという事実を抽出することができる。これは、歴史的事実を物語ると考えることもできよう。実際に、最近発見された弥勒寺西院石塔の舎利奉安記には、弥勒寺の建立に武王の王妃が参与していることが記されている。これは、『三国遺事』の記録が歴史的事実を反映していることを立証するものといえよう。すなわち、弥勒寺建立に関する『三国遺事』の記事は、武王代に王室の発願によって建立されたという歴史的事実に、様々な説話的要素が加わった記録といえよう。

しかし、このように弥勒寺が武王代に王室の発願によって建立されたことを確認しても、それだけでは弥勒寺がどのような目的と背景で建立されたのかについては、依然として不確実な点が少なくない。なぜ王室は都から遠く離れた益山地域にこうした大規模寺院を創建したのか、寺院建立の具体的時期はいつからいつまでなのか、舎利奉安記に確認される王妃以外に武王を始め王室構成員はどの程度参与したのか、などの問題が依然として解決できないでいるのである。ところで、これと関連して、上で引用した『三国遺事』の記事末尾に、弥勒寺を国史すなわち『三国史記』では王興寺と呼んでいると言及している点が注目される。王興寺は、『三国史記』によると、武王の父王である法王二年（六〇〇）正月に建立され始め、武王三五年（六三四）に完工した寺院である[3]。もし、この王興寺が弥勒寺であるとするなら、弥勒寺は法王代に建立され始めて武王代に完成した百済後期の代表的な王室寺院とみることができる。

『三国遺事』が法王と武王により建立された王興寺を益山の弥勒寺と同一視していることは、法王に対する次の記事にも見られる。

B．明年庚申［六〇〇］、度僧三十人。創王興寺於時都泗沘城（今扶餘）、始立裁而升遐。武王繼統、父基子構、歴數紀而畢成。其寺亦名彌勒寺。附山臨水、花木秀麗、四時之美具焉。王毎命舟、沿河入寺、賞其形勝壯麗（與古記所載小異。武王是貧母與池龍通交而所生。小名薯蕷。即位後諡號武王。初與王妃草創也）[4]

『三国史記』と同様に、王興寺が法王二年に建立され始め、その息子である武王により完成されたとした後、その寺院の別の名前として弥勒寺を挙げている。ここで言及された弥勒寺が益山の弥勒寺を指すことは、記事末尾の細注で武王が王妃とともにその寺を開創したという古記を引用していることから分かる。この古記は、内容上、先に引用したAの記事を指し、そこに出てくる寺院はまさに益山の弥勒寺である。

このように『三国遺事』では、弥勒寺を法王と武王代に創建された王興寺と同一視する記録を二度も提示している。これによるならば、『三国史記』で言及された王興寺の建立記事を、弥勒寺の建立記事と理解することもできるだろう。[5] しかし、このように『三国史記』にみられる王興寺を弥勒寺と同一視するには、いくつかの問題点がある。Bで法王が「当時の都である泗沘城に王興寺を建立した」としており、実際に当時百済の都であった扶余に王興寺址が確認されているためである。[6] また、『三国史記』と『三国遺事』は、いずれも王興寺が水辺にあり国王が船に乗って参拝したとしているが、[7] 地理的位置からすると、白馬江のほとりに位置する扶余の王興寺址の場合はこうした説明にとてもよく符合する一方、益山の弥勒寺址は船に乗って通ったとは考え難い。

こうした状況を考慮すると、『三国史記』で言及される王興寺と益山の弥勒寺を同一視することは難しいとも思われる。最近、上の記事を再解釈して、『三国史記』の言う王興寺がまさに益山の弥勒寺を指すという見解が提示された。[8] 扶余の王興寺址で発見された舎利函に五七七年に寺院を建立したという銘文があることからすると、[9]『三国史記』で武王三九年に完成したとされている王興寺を扶余の王興寺とすることはできず、法王が「当時の都である泗沘に王興寺を創建した（創王興寺於時都泗沘城）」という『三国遺事』の記録は、「王興寺を創建した（創王興寺）」と「当時の都は泗沘であった（於時都泗沘城）」を別個の文章として分けて考えなければならないというのである。特に、後者と関連して、わざわざ当時の都が泗沘であったことを明らかにしているのは、その後、都が益山に移っていったことを間接的に示すものと述べている。そして、益山の弥勒寺の地理的位置と関連しても、弥勒寺の南側で池の址が発見されたため、寺院が水辺にあるという表現と矛盾せず、古代の益山地域は水路交通がよく発達しており、弥勒寺から船で不便なく往来することができたと述べている[10]。したがって、『三国史記』で言及された王興寺は、武王後半期に完成した百済最大寺院たる弥勒寺とみなければならないとする。

こうした見解に対しては、すぐに反論が提起された[11]。弥勒寺址西院の石塔で発見された舎利奉安記には、伽藍の建立時期が六三九年と記されており、六三四年に完成したという『三国史記』の王興寺と時期的に一致しないため、二つの寺院を同じ寺院とはみなしがたいとするのである。また、益山の弥勒寺の場合、船に乗って参拝することは可能であるとはいえ、国王が王興寺に行くときに、まず泗沘すなわち扶余の白馬江のほとりの岩で拝んだという『三国遺事』の記録[12]からすると、王興寺は扶余から遠く離れた益山にある寺院ではあり得ないと思われる。こうした立場からは、五七七年当時に建立された寺院は小規模の寺院であって、法王代に至って本格的に寺院が重創されはじめ、武王代に最終的に完成したと理解している[13]。

このように、『三国史記』で六三四年に完成したと言及している王興寺については、益山の弥勒寺とみる見解と、扶余の王興寺とみる見解がある。二つの寺院にたいする発掘成果を考慮すると、益山の弥勒寺である可能性が高いと思われる。扶余の王興寺の場合、塔址で発見された舎利函の銘文に五七七年、すなわち威徳王二四年に建立されたものと記されており[14]、法王から武王代に建立されたという『三国史記』の記録と一致しないためである。王興寺址の金堂址と木塔址に関する土層調査結果によると、二つの建物は、同じ盛土台地の上にほとんど同時期に建立されたか、金堂が木塔より若干早く建立されたという[15]。したがって、五七七年に小規模寺院が建立されて、法王代以降に大規模に重創されたという見解は受入れがたい。扶余の王興寺は、舎利函の銘文に記された通り、五七七年ころには金堂と木塔など伽藍中心部の大部分が建立されたとみなければならないだろう。

扶余の王興寺と異なり、益山の弥勒寺は、『三国遺事』と舎利奉安記を通じて武王代に完成したことが確認されるが、建立時期の側面から『三国史記』に言及された王興寺である可能性が高い。考古学的に益山地域で発見された印刻瓦（または文字瓦）は、五九〇年代から七世紀半ばに比定され、そのうち弥勒寺址では六二〇年代に比定できる印刻瓦が多数出土した[16]。この時期は、『三国史記』でいう王興寺の建立年代（六〇〇～六三四年）と一致する。舎利奉安記には、西院の石塔が六三九年に建立されたとあり、『三国史記』に六三四年に完成したと記されている王興寺とすることはできないとされるかもしれないが、中院、西院、東院など三院で構成された弥勒寺の構成を考えると、二つの年代が矛盾するとは必ずしもいえない。各院の完成年代がそれぞれ記されることもあるからである。

実際に弥勒寺址の発掘調査によると、中院の回廊が造営された後に西院石塔の敷地造成と基壇の築造がなされており[17]、二つの石塔の部材に対する比較を通じて、西院の石塔が東院の石塔より先に造られたことが確認された[18]。また、伽藍配置において、中門─木塔─金堂─講堂が一つの中心軸をなしている中院とは異なって、西院と東院の場合には、中門─塔─金堂とその北側の僧坊の中心軸が一致していない。これは、中院の建物群と北側の僧坊が先に建立されてから、西院と東院が順次建立されたためと推定されている[19]。こうしたことからすると、弥勒寺は、まず中院が完成した後に、西院と東院が順次建立されたと考えられる。したがって、『三国史記』に記された六三四年の寺院完成は、中院の完成を指すものであり、舎利奉安記に記された六三九年は、該当の舎利奉安記が入っていた西院およびその石塔の建立と関連する年代と思われる。この場合、東院は、六四〇年以降に完成した可能性が高い。

弥勒寺の規模が百済寺院のうち最大であることも、この寺院が『三国史記』に言及された王興寺である可能性を高める。王興寺は、武王が父王（法王）の意思を継承して治世のほとんどを使って建立した寺院であり、その建立時期が史書に記された唯一の寺院である。三五年という建立期間と、王室の積極的な後援などを考慮すると、当代の最大、最高の寺院といえよう。七世紀に建立された寺院としてこれに合致する寺院としては、弥勒寺以外には考えがたい。

こうしたいくつかの点を考慮すると、『三国史記』に記された武王代の王興寺は、弥勒寺とするのが妥当であろう。先にみたように、『三国遺事』で二度にわたり弥勒寺を王興寺と同一の寺院としていることも、そうした認識の所産と考えられる。武王が建立した大規模寺院である弥勒寺と王興寺を別個の寺院と考えることは困難であっただろう。

これと関連して、『三国遺事』で法王が王興寺を泗沘城に建立したとするBの内容は、再検討する必要がある。Bの記事が含まれている『三国遺事』の「法王禁殺」条は出典が提示されていない。『三国遺事』で出典が提示されていない場合は、編纂者が直接見聞したり自らが知っている事実を記したものである。したがって、Bの内容が含まれた「法王禁殺」は、特定の資料に依拠したものではなく『三国遺事』の編纂者がそれまでの資料を土台に自ら整理したものと考えられる。内容からすると、『三国遺事』法王禁殺条は、『三国史記』百済本紀を基にしているとみられる。両者の内容は次の通りである。

C.『三国遺事』興法第三・法王禁殺条

「百濟第二十九法王、諱宣或云孝順。開皇十九年己未即位。是年冬、下詔禁殺生、放民家所養鷹鸇之類、禁漁獵之具、一切禁止。明年庚申、度僧三十人。創王興寺於時都泗沘城（今扶餘）、始立栽而升遐。武王繼統、父基子構、歴數紀而畢成。其寺亦名彌勒寺。附山臨水、花木秀麗、四時之美具焉。王毎命舟、沿河入寺、賞其形勝壯麗（與古記所載小異。武王是貧母與池龍通交而所生。小名薯蕷。即位後謚號武王。初與王妃草創也）」

D.『三国史記』巻二七・百済本紀第五

「法王、諱宣（或云孝順）、惠王之長子。惠王薨、子宣繼位（隋書以宣爲昌王之子）。冬十二月、下令禁殺生、收民家所養鷹鷂、放之、漁獵之具焚之。二年春正月、創王興寺、度僧三十人。大旱、王幸漆岳寺、祈雨。夏五月薨。上謚曰法。武王、諱璋、法王之子。風儀英偉、志氣豪傑。法王即位翌年薨、子嗣位。三十五年春二月、王興寺成。其寺臨水、彩飾壯麗。王毎乘舟、入寺行香。」

二つの資料を比較してみると、『三国遺事』が『三国史記』の内容を基にしながら、一部の内容を変更したことが分かる。単純な表現上の差を越えて、内容に大きな変化があるのは、「於時都泗沘城」と「其寺亦名弥勒寺」の部分である。ところで、この二つの部分は、『三国史記』にはなく『三国遺事』にのみみられる内容であり、『三国遺事』の編纂者が追加したものである。これは、『三国遺事』の編纂者が基本的に『三国史記』の内容を基にしながら、そこに自らが持つ王興寺に対する知識を追加して法王禁殺条を整理したことを意味するものである。彼が持っていた知識、すなわち追加した内容は、まさに王興寺が法王当時の百済の都である泗沘城にあって、その寺が弥勒寺と同じ寺であるというものであった。ところで、この二つの追加された内容は、別の具体的資料に依拠したものとは考えられない。『三国遺事』では一般的に、資料間に相異がある場合、特に『三国史記』の内容と違いがある時には、該当資料について具体的に言及するが、ここではそうした様子が見られないためである。したがって、追加された内容は、特別な資料的根拠をもつものではなく、『三国遺事』編纂者の個人的意見である可能性が高い。

実際に、当時『三国遺事』編纂者がもっていた様々な情報を考慮すると、法王が泗沘城に王興寺を創建し、それがまさに弥勒寺のことであるという認識をもつことは、自然なことであったといえる。まず、前者すなわち「於時都泗沘城」と関連しては、高麗時代に王興寺という名の寺は、扶余にのみ存在していたという事実に注目する必要がある。

現在の扶余の王興寺址と益山の弥勒寺址から、それぞれ「王興寺」と「弥勒寺」という文字が刻まれた瓦が発見されている。これは、高麗時代にこれらの寺がそれぞれ王興寺と弥勒寺と呼ばれていたことを示す。高麗時代には、王興寺という名の寺は扶余にのみ存在し、そこが百済の後期の都であったため、『三国遺事』の編纂者は、法王が創建した王興寺がまさに扶余の王興寺であると考えざるをえなかったであろう。一方、後者すなわち「其寺亦名弥勒寺」に関しては、『三国遺事』編纂者が武王に関して参照した二つの資料がいずれも大規模寺院の創建について語っているという事実に注目する必要がある。『三国遺事』の編纂者は、武王が父王の意思を継いで王興寺という大規模寺院を完成したという『三国史記』と、王妃の発願に応じて弥勒寺という大規模寺院を創建したという『古記』の二つの話を合理的に調整するために、二つの寺院が同一寺院の異なる名前であると判断したようである。これは、それなりに合理的な判断であるといえる[20]。『三国遺事』が編纂された一三世紀後半には、扶余の王興寺と益山の弥勒寺どちらも本来の姿を失って小規模で存続していた状況であるため、創建当時の具体的な情報が十分に伝わっていたとは考えにくい。さらに、昔の百済地域は、『三国遺事』編纂者の活動範囲外であったため、この地域について具体的で正確な情報は把握し難い状況であった[21]。

二　法王の弥勒寺（＝王興寺）創建の意図

前章では、法王によって建立され始めて武王代に完成した王興寺が、益山の弥勒寺であるということを検証した。すなわち、益山の弥勒寺の本来の名は王興寺であって、法王により創建が始まったのである。弥勒寺の創建が法王によって始められたとするなら、弥勒寺の建立目的や建立背景なども、法王との関連性を念頭に置いて検討されなければばならないだろう。法王は、なぜ、弥勒寺のような大規模寺院を益山地域に建立しようとしたのであろうか。

法王が建立しようとした王興寺は、名前からすると王室の発展を願う王室願刹の性格を持っていたと考えられる。益山地域に王室の願刹を建立しようとしたということは、法王代の王室が益山地域と密接な関連を結んでいたことを意味するものである。しかしながら、現在の文献史料上には、法王代の王室と益山地域の特別な関係が確認されていない。百済に関する記録のうち益山が登場するのは、武王代以降である。先にみた武王の弥勒寺創建説話と、武王の益山遷都の事実を伝える『観世音応験記』の記録などである。(22) これによって百済王室と益山の関係は、主に武王代に焦点を当てて議論されてきた。しかしながら、法王が益山地域に王室願刹を建立しようとしたとするならば、益山と王室の関係は武王以前の法王代にまで遡らなければならないだろう。

法王と益山地域の関係を考える際に注目されるのが、益山の王宮里宮城遺跡である。この遺跡は、以前は、百済滅亡以後、統一新羅時代の遺跡と考えられてきたが、最近の発掘調査を通じて百済後期に建立、運営されたことが確認された。(23) 遺跡の建立時期が遡ったことで、遺跡の性格も、統一新羅初期の報徳国の宮城ではなく、百済後期の宮城と理解されるようになった。ただ、その具体的性格については、『観世音応験記』の内容に依拠して武王代に益山に遷都したときの宮城であるという見解(24)と、遺跡の防御機能が弱く周辺に官庁の建物が確認されていないという点を根拠に、国王が常住する宮城ではなく、一時的に留まる別宮（離宮）であるか、首都の一部機能を担当した場所という見解(25)に分かれている。ところで、これらの見解は、どちらも宮城遺跡の建設と運営を武王と関連づけて理解する共通点をもっている。『観世音応験記』の武王代遷都記録や『三国遺事』にみられる武王の弥勒寺創建記録などに影響を受けてのものである。しかし、宮城遺跡の建立と運営は、武王以前に遡る可能性がある。

最近、宮城遺跡内部で出土した中国製の青磁蓮花罇片を根拠に、宮城が六世紀の第3四半期から遠くない時期に初築された可能性が高いという見解が提起された。[26] 該当器種は、中国で六世紀半ばに限って制作、流通しており、百済でも五六七年ころに建立された扶余・陵寺の創建以前の堆積層で同じ器種の破片が発掘されたことからすると、王宮里宮城遺跡の青磁蓮花罇片も同じ時期に廃棄されたとみられるというのである。しかし、こうした意見に対しては、青磁蓮花罇片以外に六世紀後半と推定できる確実な遺物が確認されていないことから、宮城の建立を六世紀第3四半期とするには無理があるという意見も出されている。[27] ところで、王宮里遺跡で出土した印刻瓦のうち、「丁巳」銘が五九七年に制作されたと考えられていることを考慮すると、[28] 六世紀の第3四半期とするのは難しいとしても、遅くとも五九〇年代半ばには宮城遺跡の建立が始まったと考えられよう。印刻瓦が使用される以前に、敷地造成のために削土と盛土、宮牆と内部の築台修築にすでに少なからざる時間が必要とされるためである。このように、最近の考古学的成果によると、王宮里宮城遺跡は、早ければ六世紀の第3四半期、遅くとも五九〇年代半ばには建立され始めた。この時期は、威徳王代（五五四～五九八年）の後半期または最後期に当たる。

このように威徳王代後半期または最後期に建立され始めた宮城遺跡の性格を、これまでのように武王との関係の中で理解することは難しい。当時、武王はまだ国王に即位していなかったのはもちろん、王位継承権者の地位も確保できずにいたためである。しかし、だからといって、宮城遺跡を当時の国王である威徳王と関連して理解することも難しい。威徳王は、五二四年に生まれており、[29] 宮城が本格的に建立される五九〇年代には七〇代の老年であった。老年の国王が、人生の最後の時期に、新たな王宮の建立に没頭したとは考え難い。さらに、彼の執権期は、父王である聖王代にはじまった泗沘都城の建立が積極的に推進された時期であった。新たな都城建設が推進された時期に、そこから遠く離れた益山地域に別の王宮を作ったとは考えがたい。そうであれば、宮城遺跡の建立主体は誰であったのだろうか。当時、百済王室の構成員からみると、威徳王の弟であり王位継承権者であった王子恵（恵王）とその息子の宣

（法王）を除いては考えがたい。

王子恵は、聖王の二番目の息子であり、威徳王の弟であった。聖王が新羅との戦争で戦死した翌年である五五五年に、日本に渡って父王の戦死を知らせる使節の役割を担当したことからすると、[30]兄である威徳王との年齢差はそれほどではなかったと思われ、五三〇年以前に生まれた可能性が高い。したがって、五九八年に威徳王が死亡した時には、七〇歳前後であったと推定される。相当な高齢にも関わらず彼が王位に昇ることができたのは、その時点で王位を継承できる威徳王の息子がおらず、彼が威徳王のもっとも近い血族であったためであろう。先にみたように、威徳王は死んだ息子のために扶余に寺院を創建して舎利を奉安しているが、その死んだ息子が威徳王の唯一の息子であった可能性が高い。威徳王末年である五九七年に百済の王子・阿佐が日本に派遣されているが、[31]当時七〇歳を越える威徳王の年齢を考慮すると、阿佐は威徳王の息子であったとは考えられない。王位継承権を持つ王子が、父王が七〇を超えた高齢という状況で外国に派遣されるとは想像し難いためである。阿佐は威徳王の息子ではなく、前王である聖王の息子である可能性が高いと思われる。[32]阿佐が日本に派遣された五九七年は、威徳王が死んで恵王が即位する前の年であり、すでに王権継承の方向が定められていた時期であった。阿佐の日本派遣は、次の王位継承者として王子恵が決定した状態で、王子恵の潜在的競争者になりうる他の王弟を百済から排除したものとみるのが合理的であろう。

弟である王子恵が威徳王の王位を継承したことからすると、五七七年頃に死んだ王子が威徳王の王位を継承できる唯一の息子であったとみられる。したがって、その息子が死んだ五七〇年代後半以降、すなわち威徳王代後半期には、王子恵が国王の最も近い血族であり、王位継承の可能性がもっとも高い人物であった。ところで、威徳王代後半期は、まさに王宮里宮城が建立され始めた時期であった。当時の王子恵の地位と、王宮に準じる王宮里宮城遺跡の規模を考えると、王子恵は王宮里宮城の建立主体として最も適合する人物であると思われる。王宮と似た規模を持ちながらも、王宮から遠く離れた場所に位置している王宮里宮城は、王室内の有力な王位継承権者であるが国王の息子ではない王子恵の居住空間として、とても適切な場所であった。あわせて王宮里宮城が、規模や施設は王宮と匹敵しながらも、防衛機能や官庁施設などが備わっていないことも、国王の居住空間ではなく、次期王位継承権者である王弟の邸宅とみると合理的に理解されるだろう。

王宮里宮城の建立主体が王子恵であるなら、彼の息子である宣すなわち法王も、自然に王宮里宮城と密接な関係を結んでいただろう。父親である王子恵とともに、ここで生活した可能性が高い。また、彼がここで生活したならば、彼の息子である璋すなわち武王も、幼い頃にここで生活しただろう。一方で、王子恵が王宮里宮城を建立してそこで生活したということから、彼が益山地域に対する支配力を持っていたとみられる。百済が王族達に対する分封の伝統を持っていたことを考慮するなら、益山およびその周辺地域は、王子恵に分封された地域と考えられる。こうした点からすると、益山は、恵王から法王、武王に連なる百済末期の王室にとって、物質的、精神的基盤となる地域であったといえる。武王が益山で生まれて幼い頃を過ごしたという伝承は、こうした状況を反映するものと考えられる。

法王と彼の家族がこのように益山地域と密接な関係を結んでいたとするなら、彼が王位に昇ると王室の願刹である王興寺を益山地域に建立しようとしたことも容易に理解される。自分たちと密接な関連がある地域に王室の安寧を祈願する寺院を建立することは、自然なことであるためである。同時に、益山地域に大規模な寺院を建立することは、自分たちの基盤である益山地域の地位を強化する機能も果たしたであろう。それまでの地域基盤である益山は、王位に昇った後にも依然として重要であったと考えられる。ここに都である扶余に劣らない大規模寺院を建設することは、益山の地位を強化すると同時に、そこを基盤とする王室の権威を高めることのできる重要な方法であっただろう。

一方で、法王が創建しようとした王興寺は、父王である恵王の冥福を祈るための寺院の性格も帯びていたと考えられる。当時、扶余には、父王と亡くなった息子のために威徳王の建立した寺院が存在していた。仏教を通して国家体制を整備して王室の権威を高めようとした百済社会において、死んだ国王と王室構成員のために寺院を造って冥福を祈り神聖化することは、当然な姿であるといえる。特に、恵王は、新たな王室系譜の始祖になる人物であり、彼を継承した法王とその後の王室にとっては、特別に尊崇しなければならない人物であった。こうした点から、法王の即位の翌年に建立され始めた王興寺は、父王である恵王の冥福を祈る寺院とみて無理がないだろう(33)。

このように法王は、新たに登場した王室の始祖を追慕すると同時に、その新たな王室の安寧を祈願するために王室の基盤である益山地域に大規模寺院の建立を推進した。王興寺は、そうした寺院の性格に符合する名であったといえる。

三　武王代の弥勒寺（＝王興寺）完成と王后の役割

法王は王興寺（＝弥勒寺）の創建を始めたが、完成は見ることができなかった。法王が寺院建立を宣言してから四ヶ月で死亡したため、実際の王興寺の造営は、王位を継承した武王によって進められた。『三国史記』は、武王三五年（六三四）に王興寺が完成したとするが、西院石塔で発見された舎利奉安記によると、六三九年にも建立工事は継続していた。先に述べたように、六三四年の完工は、中院の完成を意味すると思われる。中院完工以後も、西院と東院の造営が継続した。王興寺すなわち弥勒寺の造営は、武王代（六〇一～六四一年）の全時期にかけて進められたといえる。

武王代に完成した王興寺（＝弥勒寺）は、規模の面からそれまでの百済の全ての寺院を凌駕しただけでなく、形式においても完全に新しいものだった。金堂と塔が三つある三院の形態で、西院と東院にはそれまでなかった石塔を初めて建てた。百済第一の寺院として完成したのである。ところで、こうした武王代に完成した王興寺（＝弥勒寺）の姿が、寺院創建を始めた法王の意図をそのまま反映したものであるかは不明である。四〇年余りにわたる長期間の工事期間を考慮すると、最初に法王が建立しようとしたのは百済後期の一般的寺院形式であったが、工事が進められる過程で本来の計画より寺院の規模が拡大されて、最終的に三院伽藍と石塔などの新たな形式が導入された可能性も少なくないと思われる。もし、そうであるなら、弥勒寺という別名も、こうした寺院の拡大、変化過程で付けられた可能性がある。

武王代には、王興寺（＝弥勒寺）だけでなく、王宮里宮城や帝釈寺など益山地域の他の大規模な建物の建立工事も進められた。威徳王代に建立が始められた王宮里宮城は、武王代にその規模がさらに拡大された。多くの建物が追加で建立されて、後園の造営も本格化した。宮城の後に大規模工房も設置されて運営された。あわせて、王宮里宮城の近くに帝釈寺も建立された。帝釈寺は、弥勒寺には及ばないが、東西回廊の間の距離が約一〇〇メートル、中門から講堂までの距離が約一四〇メートルで、百済後期の寺院の中では最も大きい規模の寺院の一つである。このように武王代には、益山地域でいくつもの大規模工事を同時に進めていた。これは、武王が益山地域を特別に重視したことを意味するものである。益山は武王が幼年期と青年期を過ごした地域であり[34]、益山地域に対する彼の愛着と関心は、父王である法王以上であっただろう。

武王代の工事を通じて、益山には百済を代表する最大規模の建物群が多数造営された。しかし、先に言及したように、防御施設や官庁などの施設は貧弱である。王宮里の宮城の垣根は、城壁とは言い難い規模であり[35]、扶余のように王宮を直接防禦する背後の山城や都市全体を囲む羅城なども築造されなかった。官庁施設や大規模住宅地も確認されていない。こうした点からすると、武王代の益山は、政治、軍事的中心地ではなく、精神、文化的中心地であったと考えられる。特に、当時最大規模の寺院を二箇所も創建して、そこにそれぞれ弥勒寺と帝釈寺という象徴的な名前を付けたことは、益山地域を神聖な地域としようという意図を示している。周知のとおり、弥勒は未来の仏であり、帝釈は現実世界の主宰者であるため、帝釈寺と弥勒寺が存在する益山は、現在はもちろん未来においても世界の中心になるのである。[36]

武王代に益山が神聖地域として重視されて王興寺（＝弥勒寺）建立も完了したが、王興寺（＝弥勒寺）の最終造営を主導した人物は、武王本人ではなく王妃の沙乇王后であったと思われる。最近、西院石塔の解体過程で発見された舎利奉安記に、武王の役割はみられず、王后の役割が強調されているためである。舎利奉安記の内容を文脈によって区分して翻訳してみると、次の通りである。

（原文）

Ⅰ ①竊以、法王出世、隨機赴感、應物現身、如水中月
②是以、託生王宮、示滅雙樹、遺形八斛、利益三千
③遂使光耀五色、行遶七遍、神通變化、不可思議

Ⅱ ④我百濟王后佐平沙乇積德女、種善因於曠劫、受勝報於今生、撫育萬民、棟梁三寶
⑤故能謹捨淨財、造立伽藍、以己亥年正月廿九日、奉迎舍利
⑥願使世世供養、劫劫無盡

Ⅲ ⑦用此善根、仰資、大王陛下、年壽與山岳齊固、寶歷共天地同久、上弘正法、下化蒼生

⑧又願王后即身、心同水鏡、照法界而恒明、身若金剛、等虚空而不滅
⑨七世久遠、並蒙福利、凡是有心、倶成佛道

（翻訳）

Ⅰ
①竊かに思うに、法王（＝仏）が世に現れる時には（衆生の）根機に合わせて（彼らの）願いに合わせ、対象に応じて身を現すことは、まるで月が水に映ったようなものである。
②そのため、王宮で生まれて双樹の下で涅槃に（入るときまで衆生を教化）されて、八斛の舎利を残して三千世界に利益を下さった。
③さらに（舎利などによって）五色の光を放ち（空中で）七度回る奇跡を起こされ、（仏の）神通変化は量りがたい。

Ⅱ
④我が百済の王后であられる佐平沙乇積徳の娘は、長い年月の間、良い因縁を積まれた結果、今生で良い応報を受けられて、万民を撫育して三宝の棟梁になられる地位におられる。
⑤ここに謹んで浄罪を喜捨して伽藍を建てられて、己亥年正月廿九日に舎利を迎え奉って、
⑥（衆生が）世世に（舎利を）供養して遠い未来にも終わりなく持続することを発願なさった。

Ⅲ
⑦こうした善根により、大王陛下が山岳のように無窮の寿命を享受され、天地のように永遠に王位におられて、上は正法を広く広めて、下には蒼生を教化されるのに助けとなることを（発願された）。
⑧また、王后はすぐに［即身］心は水や鏡のように（澄み）、永遠に明るく法界を遍く照らして、体は金剛のように（堅固で）虚空のように不滅であることと、
⑨七世の父母と遠い過去の親族が全て福利を得て、全ての心がある存在がみな仏道を成すことを発願された。

上に提示したように、舎利奉安記の内容は、大きく三段落で構成されている。最初の段落（Ⅰ）は、法王すなわち仏の功徳に対する描写である。①では仏がどのような存在であるかについて述べている。すなわち仏は、衆生各自の根機と要求に合わせて教えを施し、それは様々な川の中に映った月のように多様に現れると述べている。②では、仏の衆生教化の具体的姿について述べている。仏の衆生教化の一生を出生と入滅で代表して提示した後、死後にも衆生のために舎利を残したと述べている。③では、仏が残した舎利の功徳について述べている。

次の第二段落（Ⅱ）は、百済王后に対する描写である。④では王后がどんな存在であるか述べている。すなわち、佐平沙乇積徳の娘である王后は、過去のいくつもの生涯に善業を積んで今生に王后というよい果報を得ることとなったと述べている。⑤では、王后の具体的功徳について述べている。百姓をよく助け、三宝すなわち仏教を後援し、さらに浄財を喜捨して寺院を建て、仏の舎利をそこに奉安する功徳を積んだことを述べている。⑥では、その奉安した舎利が、永遠に衆生によって供養を受けることを望むという王后の発願を述べている。

最後の第三段落（Ⅲ）は、舎利の供養によって成就されることを望む事柄について述べている。⑦は大王陛下に対する発願であり、大王陛下が健康に過ごされ長く王位にいて、仏教の教えを広く拡げて百姓を教化することを願っている。⑧は、王后本人に対する発願で、即身つまり今の体、現生[37]に心は悟りを得て、体は金剛身を得ることを祈願している。⑨では、王后の七世父母すなわち過去の七回の生での父母とその他の遠い過去生での親族の福を祈り、全ての有情衆生の成仏を祈っている。

このように舎利奉安記の構成は、仏に対する描写（Ⅰ）、王后に対する描写（Ⅱ）、王后の誓願（Ⅲ）で構成されているが、全体的に王后が大きく強調されていることが感じられる。（Ⅱ）の王后に対する叙述は、（Ⅰ）の仏に対する叙述と内容上対句を成しているだけでなく、王后は、仏や残した舎利を継承する存在と描写されている。また、誓願の段落（Ⅲ）では、王后が現生に法界を明るく照らす心と、金剛のような不滅の体を得ることを発願しているが、これは、王后が今生のうちに悟りを得て仏と同じ存在になることを祈願するものである。法界を明るく照らすことは、仏の悟りに対する描写であり、(38)金剛身は仏の体を指す。(39)仏像や塔などの建立を発願する内容に、建立主体がすぐに悟りを得て仏になることを祈願することはあまりみられない。大部分は、現世での長寿と栄華、来世での浄土往生と龍華会上への参与などを祈願することに留まっている。舎利奉安記での王后に対する描写は、非常に特別であるといえる。

このように、舎利奉安記において王后は、とても特別な存在として描写されている。王后は、仏の後継者であり仏と同質の存在として描かれている。これに比べて、大王の存在は、大きく扱われていない。誓願では、大王に対して「山岳のような無窮の寿命を享受して、天地のように永遠に王位を享受する（年寿与山岳斉固、宝暦共天地同久）」「上は正法を広め、下は蒼生を教化する（上弘正法、下化蒼生）」ことを祈願してはいるが、寺院建立と舎利奉安での大王の役割は、全く言及されていない。大王は高貴な存在として言及されているとはいえ、主体的功徳の実行者ではなく、王后の功徳によって発生する良い結果を受ける受動的存在として描かれているのである。

舎利奉安記で王后が主人公として描写されているのとは異なり、大王の存在感がないことは、実際の寺院建立と舎利奉安における二人の役割を反映するものといえる。王后は寺院建立と舎利奉安を主導したために主人公として描かれる反面、大王はこれといった役割を果たさなかったために副次的で形式的に描写されたのであろう。そうであれば、舎利奉安記が出土した西院の場合、建立主体は王后であって、大王すなわち武王はこれといった役割をしなかったとみられる。ところで、先にみたとおり、益山の王興寺（＝弥勒寺）は、武王の父王である法王によって創建され始め、恵王系王室の願刹の役割を帯びていた。こうした寺院の性格を考慮すると、建立の主体は、当時の国王である武王でなければならないだろう。それにも関わらず舎利奉安記では、武王の役割は全く語られていない。武王が西院の建立に参与しなかった何らかの理由があったのではないかと思われる。これと関連して、武王三〇年代以降に百済の国王の役割は、武王ではなく義慈が担当している姿が注目される。

F．三年、三月庚申朔、百濟王義慈入王子豊章為質(40)

G．（貞觀十二年）十二月辛酉，百濟王遣其太子隆來朝(41)

右のFとGは、六三一年と六三七年に日本と唐に王子を派遣した事実に対する記録である。二つの事実は、どちらも『三国史記』など国内史料にはみられず、相手国の史料にのみみられる(42)。Fは、日本の舒明天皇三年すなわち六三一年（武王三二）に百済王義慈が王子豊璋を日本に質子として送ったという内容であるが、当時、百済の国王は義慈ではなかった。Gは、唐太宗の貞観一二年すなわち六三七年（武王三八）に百済王が太子隆を唐に朝会させたという内容であるが、隆すなわち扶余隆は、当時の国王たる武王の息子ではなく、義慈の息子であった。「其の太子」としているので、この時の百済王は武王ではなく義慈を指すことになる。Fについては、義慈王即位後の事実が誤って記録されたという見解もあるが(43)、Gでも同じような状況がみられることからして、年代が誤って記録されたとは考えがたい。同じ文献ではなく日本と中国二つの国の異なる文献に同じような状況が現れていることからみて、歴史的事実と考えるのが妥当であろう。

上の史料のように、六三〇年代の日本と中国の史料に百済王として現れる人物が、武王ではなくその息子の義慈であるという事実は、当時、百済で武王の地位に異常があったことを示すものと思われる。公的には武王が在位しているものの、国王の実質的権限は、息子義慈が行使する状況ではなかったかと思われるのである。Ｆは、実際にそうした状況があったことを示す史料と解釈される。王子豊璋については、義慈王の息子とみる見解が多いが(44)、以後、豊璋が義慈王の息子であるという記録がみられないことと、彼が弟王子、古王子などと呼ばれることから、武王の息子と考えられる(45)。そうであったならば、彼が日本に質子として派遣された翌年（武王三三）正月に義慈が太子に冊封される事実が注目される(46)。当時、日本と百済の間に王子を質子として派遣するほどの特別な状況がみられないという点から、豊璋の質子派遣は、義慈が王位後継者として確定したことと関連すると思われる。王位後継者に確定した義慈の潜在的競争者であり、実権掌握の障害になりうる武王の他の王子を、日本に質子として送ったと考えられる。この時の質子は、日本側に何らかの対価を要求するという意味ではなく、継続して日本に置いて帰国させないという意味に解釈される。前章で検討した威徳王末年に弟である王子恵の王位継承が確定した後、他の弟である阿佐を日本に派遣したことと同じ状況と理解できる。義慈が太子として冊封されるのは六三二年（武王三三）であるが、その前年に豊璋を日本に送った主体が義慈と考えられることからすると、既に六三一年段階で義慈が父王に代わって実権を掌握していたと思われる。武王は五七〇年頃に生まれたと考えられるので、六三一年には六〇歳前後であった。さほど高齢とはいえないが、病気などで国事をみることのできない状況にあったのではないだろうか。

このように、遅くとも豊璋が日本に派遣される六三一年頃には、武王は王位にはあったものの、実際に王権を行使することはできなかった。舎利奉安記に武王の存在があまりみられないことは、こうした状況を反映したものと考えなければならないだろう。ところで、このように武王が実質的に王権を行使できない状況であったならば、当時、王后は王室内で格別な位置にいたとみられる。王后として国王の代理を引き受けることができると同時に、実権を行使している太子義慈の母后として王室内の最高位にいるためである。こうした状況で沙乇王后は、国政全般に相当な影響力を行使しえたであろう(47)。舎利奉安記で王后の功徳を賛嘆して仏の後継者的存在として強調していることは、こうした王后の地位を反映するものといえる。

一方、六三一年以降、武王が実質的に王権を行使しがたい状況であったことを考慮すると、その後、益山の王興寺(＝弥勒寺)の建立は、王后が中心になって進められたと考えられる。特に、中院の完成以後、遅れて着工された西院と東院の建立は、全面的に王后により主導された可能性が高い。この場合、弥勒寺を石塔を持つ三院伽藍という特別な寺院として完成した主体は―そうした構想が寺院建立当初から計画されたものであるか、中院の完成以降に追加されたものであるか分からないが―、他でもない沙乇王后になるだろう。『三国遺事』をはじめ後代の伝承において、弥勒寺建立の発願者として武王の王妃が強調されるのは、こうした状況の反映とみられる。

おわりに

これまで益山の弥勒寺創建の歴史的背景について検討してきた。百済最大の寺院である弥勒寺が、いつ誰によって創建されたのかを伝える具体的資料は伝わっていない。ただ、『三国遺事』では、弥勒寺と王興寺創建について述べて、二つの寺院を同じものとしている。寺院の規模や建立主体、建立時期などからみると、合理的な判断であると評価される。実際に最近の発掘結果によると、弥勒寺の造営時期は『三国史記』に記された王興寺の造営時期とほとんど一致している。現在、もとの百済地域に残っている寺院のうち、王室主導の下で四〇年余りの工事の末に完成した王興寺に適合する寺院としては、弥勒寺以外には考えがたい。

法王が都から遠く離れた益山に弥勒寺を創建した背景と関連しては、王興寺創建以前に法王が益山に居住した可能性が注目される。弥勒寺と同じ益山地域にある王宮里宮城遺跡は、法王の父王である王子恵（恵王）により建立された可能性が高い。最近の発掘成果によると、この遺跡は、六世紀後半から末に建立され始めたものとされている。当時の王室構成員の状況からみると、最も有力な建立主体は、国王の弟であり最も強力な王位継承候補であった王子恵である。王宮級の規模と施設をもっていると同時に、防御施設と行政業務機能の備っていない益山の宮城遺跡は、王位継承候補者ではあるが王の子ではない王子恵の地位を反映するものといえよう。法王は、恵王の息子として益山の宮城で生活して、そうした因縁によって益山地域に王室の発展を祈願する大規模寺院を創建しようとしたと思われる。

法王の息子として幼い頃を益山で過ごした武王は、父王の遺志を継承して王興寺、すなわち弥勒寺を完成しただけでなく、益山の宮城を拡大して帝釈寺を建設するなど、益山地域の地位強化に努めた。武王代に益山は、来世の仏たる弥勒と、現実世界の主宰者たる帝釈を象徴する二つの大規模寺院が存在する神聖地域と位置づけられるようになった。しかし、武王三一年頃から武王に代わって太子義慈が国政を主導する状況になると、弥勒寺建立の最終過程も武王の代わりに王后により主導された。王后は西院と東院の建立を主導し、彼女の功徳は弥勒寺西院石塔の舎利奉安記で仏の継承者として賛嘆されている。後代の伝承で武王の王妃が弥勒寺創建を発願したとされるのは、弥勒寺を最終的に完成させた王后の姿が反映されたものと考えられよう。

このように法王と武王代の王室の発願により建立された弥勒寺であるが、その栄華は長く続かなかった。完成後しばらくして百済が滅亡したため、これ以降、王室の願刹ではなくなり、地方の一般寺院へと地位が変化した。巨大な規模に比べ、歴史にこれといった痕跡を残せなかったのは、こうした急激な地位の変化に起因したものであった。一方で、百済が滅亡するよりも前に、弥勒寺が位置した益山地域に対する百済王室の関心は以前に比べて低くなっていた。義慈王代には、益山の宮城は寺院になってそれ以上運営されず[48]、国王の関心は、都泗沘の太子宮造営に集中した[49]。父王と異なり益山地域との因縁が深くなかった義慈王代の王室において、益山の重要性は大きく減少したためであろう。この過程で弥勒寺も、当初の王興寺という名を失って、弥勒寺とのみ呼ばれるようになったのではないかと思われる。

註

（1）『三国遺事』紀異第二・武王条。
（2）辛鍾遠「舎利奉安記を通してみた『三国遺事』武王条の理解」（辛鍾遠ほか『益山弥勒寺と百済』一志社、二〇一一年）六一～七八頁に、この説話を土台に弥勒寺建立の史実を追求したこれまでの見解およびそれに対する批判がよく整理されている。
（3）『三国史記』巻二七・百済本紀第五「法王、諱宣（或云孝順）、恵王之長子。恵王薨、子宣繼位。（隋書以宣爲昌王之子）（中略）二年春正月、創王興寺、度僧三十人」。「武王、諱璋、法王之子。風儀英偉、志氣豪傑。法王即位翌年薨、子嗣位。（中略）三十五年春二月、王興寺成。其寺臨水、彩飾壮麗。王毎乗舟、入寺行香。」
（4）『三国遺事』興法第三・法王禁殺条。
（5）洪思俊「弥勒寺址考」（『馬韓・百済文化』創刊号、一九七五年）では、『三国史記』の王興寺関連記事のうち、法王二年の王興寺創建記事は扶余の王興寺の創建、武王三五年の王興寺完成記事は益山の弥勒寺の創建を指すものとしている。
（6）寺址からは、高麗時代のものではあるが、「王興」銘瓦が発見された。
（7）『三国史記』巻二七・百済本紀第五「（武王）三十五年［六三四］春二月、王興寺成。其寺臨水、彩飾壮麗。王毎乗舟、入寺行香」、『三国遺事』興法第三・法王禁殺条「其寺（＝王興寺。筆者）亦名彌勒寺。附山臨水、花木秀麗、四時之美具焉。

王毎命舟、沿河入寺、賞其形勝壯麗」。

（8）崔完奎「古代益山と王宮城」（『益山王宮里遺蹟発掘二〇年成果と意義』扶余文化財研究所、二〇〇九年）、崔完奎「百済武王代「益山遷都」の再解釈」（『益山歴史文化地区世界遺産登載推進国際学術会議発表資料集』円光大馬韓百済文化研究所、二〇一一年）。

（9）「丁酉年二月／十五日百済／王昌爲亡王／子立刹本舍／利二枚瘞時／神化爲三」

（10）こうした意見は、百済の時代には弥勒寺の前に水路が通っており、その水路を通じて弥勒寺から益山の王宮はもちろん泗沘城までも移動できたとした金三龍の見解に依拠したものである（金三龍「地政学的な側面から見た益山」『益山の先史と古代文化』円光大馬韓百済文化研究所、二〇〇三年）。

（11）趙景徹「百済王興寺の創建過程と弥勒寺」（『史叢』七〇、二〇一〇年）。

（12）『三国遺事』紀異・南夫余　前百済条「又泗沘崖又有一石、坐十餘人。百濟王欲幸王興寺禮佛、先於此石望拜佛。其石自煖、因名㷝石」。

（13）李道学「王興寺舎利器銘文分析を通してみた百済威徳王代の政治と仏教」（『韓国史研究』一四二、二〇〇八年）、梁起錫「百済王興寺址の創建と変遷」（『百済文化』四一、二〇〇九年）、金周成「百済武王の政局運営」（『大発見舎利荘厳弥勒寺の再照明』百済学会・円光大馬韓百済文化研究所、二〇〇九年）なども五七七年に建立された王興寺が、法王と武王代に重創ないし整備されたと理解している。一方、趙景徹は、王興寺という名は王子の冥福を祈るための寺院としては適当でなく、法王代以降に大規模に重創されて付けられた名であろうと述べている（趙景徹「百済王興寺の創建過程と弥勒寺」前掲誌、一二および一八頁）。

（14）前掲註9の銘文参照。

（15）文玉賢「木塔と金堂の造営順序と意味」（『王興寺Ⅲ　木塔址金堂址発掘調査報告書』国立扶余文化財研究所、二〇〇九年）一四四～一四五頁。

（16）李タウン「印刻瓦を通してみた益山の瓦に対する研究」（『古文化』七〇、二〇〇七年）、盧基煥「弥勒寺址出土百済印刻瓦

研究」（全北大大学院碩士学位論文、二〇〇八年）。
(17) 国立扶余文化財研究所『弥勒寺址西塔周辺発掘調査報告書』（二〇〇一年）二八～三〇頁。
(18) 一層からは二つの塔どちらも礎石と隅柱石、面石を別の石で作っているが、二層以上の場合、東院の石塔は隅柱石と面石を別の石で作らずに塔身に隅柱を模刻する形式を取っている（国立扶余文化財研究所『益山弥勒寺址東塔址基壇および下部調査報告書』一九九二年、五九頁）。
(19) 李炳鎬「植民地期における扶余地域の寺址調査に対する再検討」（『奈良美術研究』一一、二〇一一年）一五八～一五九頁。
(20) 『三国遺事』の編纂者が類似した事件のお互い異なる伝承をそれなりに調和して理解しようと努力する姿は、興法篇の「阿道基羅 原宗興法」条で新羅仏教の初伝に対する様々な伝承を紹介した後にそれぞれの伝承に登場する人物が実際には同一人物を異なって呼んだものとみなければならないと述べていることにもよく現れている（崔鉛植「高麗時代僧伝の敍述様相検討―『殊異伝』『海東高僧伝』『三国遺事』の阿道と円光伝記比較」『韓国思想史学』二八、二〇〇七年、一七〇～一七二頁）。
(21) 『三国遺事』には現地を踏査した姿が多く見られるが、百済地域を踏査した痕跡はほとんど見られない。
(22) 『観世音応験記』附録「百濟武廣王、遷都枳慕蜜地、新營精舍。以貞觀十三年、歳次己亥冬十一月、天大雷雨、遂災帝釋精舍佛堂七級浮圖、乃至廊房一皆焼盡。塔下礎石中、有種種七寶、亦有佛舍利、睬水精瓶。又以銅作紙、寫金剛波若經、貯以木漆函。發礎石開視、悉皆焼盡。唯佛舍利瓶與波若經漆函如故。水精瓶 外徹見、盖亦不動、而舍利悉無、不知所出。將瓶以歸大王、大王請法師、發即懺悔、開瓶視之。佛舍利六箇 在處 瓶、自外視之、六箇悉見。於是、大王及諸宮人、倍加敬信、發即供養、更造寺貯焉」（牧田諦亮『六朝古逸観世音応験記の研究』平楽寺書店、一九七〇年、六〇頁）。
(23) 金容民「益山王宮城発掘成果とその性格」（『馬韓・百済文化』一七、二〇〇五年）二九～三〇頁、田庸昊「王宮里遺跡の最近の発掘成果―空間区画および活用方式を中心に」（『益山王宮里遺蹟の調査成果と意義』益山王宮里遺跡調査二〇周年記念国際学術大会資料集、国立扶余文化財研究所、二〇〇九年）三二一～三二三頁。
(24) 王宮里遺跡を益山遷都以降の王宮とみる見解は、王宮里遺跡発掘以前にすでに提起されていたが（金三龍「百済の益山遷都とその文化的性格」『馬韓・百済文化』二、一九七七年）、王宮里遺跡発掘以降、ふたたび新たに主張されている（李道学

「百済武王代益山遷都説の再検討」『慶州史学』二〇〇三年、崔完奎「古代益山と王宮城」『益山王宮里遺蹟発掘二〇年成果と意義』国立扶余文化財研究所、二〇〇九年、崔完奎「百済武王代「益山遷都」の再解釈」前掲資料集）。

(25)　盧重国「三国遺事武王条の再検討」（『韓国伝統文化研究』二、一九八六年）、金周成「百済武王の寺刹建立と権力強化」（『韓国古代史研究』六、一九九二年）、兪元載「百済武王の益山経営」（『百済文化』二五、一九九六年）、羅鍾宇「百済史上における益山の位置」（『百済文化』二六、一九九七年）、金寿泰「百済の遷都」（『韓国古代史研究』三六、二〇〇四年）、朴淳発「泗沘都城と益山王宮城」（『馬韓・百済文化』一七、二〇〇五年）などが代表的である。

(26)　朴淳発「泗沘都城と益山王宮城」（前掲誌）一一一～一一五頁。

(27)　李炳鎬「遺跡からみた百済武王とその時代」（『特別展百済武王』国立扶余博物館、二〇一一年）一七一頁。

(28)　李タウン「印刻瓦を通してみた益山の瓦に対する研究」（前掲誌）九四～九五頁。

(29)　『日本書紀』巻一九・欽明天皇一四年冬十月庚寅朔己酉条参照。

(30)　『日本書紀』巻一九・欽明天皇一六年春二月、同一七年春正月条参照。

(31)　『日本書紀』巻二二・推古天皇「五年夏四月丁丑朔、百濟王遣王子阿佐朝貢」。

(32)　日本の伝承で聖王の三番目の息子と伝わる琳聖太子と阿佐は入国年代などの面で似ており、同一人物を指す可能性が高いと思われる。

(33)　趙景徹は、聖王以降、百済王が父王の三年喪の期間に先王の冥福を祈る寺院を創建する伝統があったとして、法王の王興寺創建は父王である恵王の冥福を祈るためのものとみている。ただ、彼は法王が創建した王興寺は、新たな寺院ではなく威徳王が息子のために創建した扶余のそれまでの寺院を拡張したものとしている（趙景徹「百済王興寺の創建過程と弥勒寺」前掲誌、一一三～一一九頁）。

(34)　武王の孫である扶余隆の出生年（六一五）を考慮すると、武王は五七〇年頃に生まれて、祖父である恵王が王位に昇る五九八年には三〇歳前後であったと思われる。

(35)　朴淳発「益山王宮里遺蹟宮墻と神籠石山城の起源」（『百済研究』五二、二〇一〇年）、李明鎬「益山王宮城の垈地造成と城壁築造方式に対する研究」(『益山王宮里遺蹟』国立扶余文化財研究所、二〇一〇年)。

(36) 弥勒寺と帝釈寺がもつ宗教的意味と、武王が益山地域を神聖地域化しようとした意図については、趙景徹「百済武王代神都建設と弥勒寺・帝釈寺創建」(『百済文化』三九、二〇〇八年)参照。

(37) 舎利奉安記の「(王后)即身」については「大王陛下」の陛下に対応する尊称語の可能性(金相鉉「弥勒寺西塔舎利奉安記の基礎的検討」『大発見舎利荘厳弥勒寺の再照明』前掲、一四三頁)、「即身成仏」の意味(趙景徹「百済益山弥勒寺創建の信仰的背景」『韓国思想史学』三二、二〇〇九年、一〇頁)、すなわち、または自らなどの副詞語(辛鍾遠「舎利奉安記を通してみた『三国遺事』武王条の理解」前掲書、五五頁)など多様な解釈が提示されている。「今(現在)の体」という意味で解釈するのが妥当ではないかと思われる。

(38) 仏が法界を照らして完全に知っている知恵を備えた存在であり、修行者が悟りを得れば法界を完全に把握できるようになるということは様々な仏典で述べられる内容である。代表的な例は次の通りである。「此世界海下方。次有世界海。名蓮華妙香勝藏。中有佛刹。名寶師子光。佛號明照法界」(『大方広仏華厳経』(佛馱跋陀羅譯)巻三・盧舎那佛品第二之二・大正藏第九冊四〇七a)「曼殊室利。彼菩薩乘善男子等。漸次修學此三摩地。亦復如是。乃至得此三摩地時。便獲無邊功徳勝利。曼殊室利。譬如日輪普放光明作大饒益。如是若得一相莊嚴三摩地時。普照法界亦能了達一切法門。爲諸有情作大饒益。功徳勝利不可思議」(『大般若波羅蜜多経』巻五七五・第七曼殊室利分之二、大正藏第七冊九七二b)。

(39) 仏の体が金剛と同じであるということは多くの仏典で述べられている。代表的な例は次の通りである。「善男子、如來身者、是常住身、不可壞身、金剛之身、非雜食身、即是法身」(『大槃涅槃経』巻三・金剛身品、大正藏第一二冊六二二c)。

(40) 『日本書紀』巻二三・舒明天皇。

(41) 『旧唐書』巻三・太宗本紀下。

(42) 六三七年一二月に唐に使臣を送って貢物を捧げた事実は、『三国史記』に記されている。『三国史記』巻二七・武王「(三十八年)冬十二月、遣使入唐獻鐵甲雕斧。太宗優勞之、賜錦袍幷彩帛三千段」。

(43) 池内宏「百済滅亡後の動乱及唐・羅・日三国の関係」(『満鮮史研究』上世二、吉川弘文館、一九六〇年)。

(44) 李基白「百済王位継承考」(『歴史学報』一一、一九五九年)、西本昌弘「豊璋と翹岐―大化改新前夜の倭国と百済」(『ヒストリア』一〇七、一九八五年)など。
(45) 金寿泰「百済義慈王代の太子冊封」(『百済研究』二三、一九九二年)一四七～一五一頁。
(46)『三国史記』巻二七・百済本紀第五・武王「三十三年春正月、封元子義慈爲太子」。
(47) 義慈王即位初期に国主母が死亡して百済国内に大きな政治的混乱が発生したという『日本書紀』の記録も当時、義慈王の母后、すなわち沙王后の王室内の地位を反映するものと理解される。
(48) 宮城に建てられた寺院は大官寺と呼ばれたとみられるが、六六一年にその存在が確認されている(『三国史記』巻五・新羅本紀五・太宗武烈王「(八年)六月、大官寺井水爲血、金馬郡地流血廣五歩」)。一方、最近、ここの五層石塔から発見された舎利荘厳具の様式についての検討を通じて、この石塔が弥勒寺西院石塔の舎利器と年代差があまりない六五〇年以前に建立されたとする見解も提示されている(韓政鎬「益山王宮里五層石塔舎利荘厳具の編年再検討」『仏教美術史学』三、二〇〇五年、韓政鎬「益山王宮里　五層石塔と舎利荘厳具」『新羅史学報』一六、二〇〇九年)。
(49)『三国史記』巻二八・百済本紀六・義慈王「十五年春二月、修太子宮、極侈麗、立望海亭於王宮南」。

弥勒寺址舎利荘厳具の美術史的意義

周　炅　美
（金　志　虎　訳）

はじめに

百済時代の代表的な寺院址である益山の弥勒寺址には、もともと中央に木塔が一基、その左右に石塔が一基ずつそびえていた。その中で唯一現存する西石塔は、二〇〇二年から解体と補修工事が行なわれており、二〇〇九年一月十四日に一層目の心柱石の内部から百済武王代の仏舎利荘厳具が出土した(1)（図1）。

図１　弥勒寺址石塔一層目の心柱石
（写真：韓国国立文化財研究所）

舎利荘厳具とともに発見された金製の舎利奉安記によって、発願者は百済武王の王后である沙宅積徳の娘であり、舎利荘厳具は六三九年正月二十九日に奉安されたことが確認できた(2)。この舎利奉安記は舎利荘厳具を奉安した背景がわかる新しい歴史資料で、従来の百済史や、仏教美術史研究に大きな波紋を投じた。

舎利荘厳具の発掘以降、韓国ではこの舎利荘厳具に対する学術大会が数次に及んで開催され、多くの研究論文も発表された(3)。

しかし、舎利荘厳具に対する保存処理や調査が未完了であるため、発掘調査報告書の刊行後に本格的な議論を期待する。

ただ、今までの公式的な発表資料だけをみても弥勒寺の舎利荘厳具は百済だけでなく、韓国古代の美術、文化、歴史の研究に新しいページを開いた重要な遺物であり、古代東アジアの美術史研究の分野においても除外することができない重要な作品と評価できよう。

そこで本稿では、今までの資料を総合し、この舎利荘厳具の美術史的意義について概括的に考察したい。この舎利荘厳具は、石塔が造立されてから今まで一度も毀損されていない百済唯一の絶対編年資料であり、当時の仏教美術、および社会、文化を理解する上できわめて貴重な資料である。ここでは、弥勒寺址出土の舎利荘厳具の構成や、配置方式、主要器皿の様式などについて基本的な特徴をみていきたい。また、舎利荘厳具が七世紀前半の東アジアの仏教美術史において稀な紀年銘のある発掘資料であることを考慮し、同時代の中国や日本の仏教美術との関係の中でこの舎利荘厳具が持つ美術史的な意義についても考察したい。(4)

一　弥勒寺址の舎利荘厳具の構成と配置方式

弥勒寺址の西石塔の舎利荘厳具が発見された場所は、一層目中央の心柱石の上面に設けられた舎利孔の内部であった（図2）。舎利孔の大きさは、一辺の長さが二五センチ、深さは二七センチである。舎利孔の最低面には厚さ〇・八センチの方形瑠璃板を敷き、その上には青銅の円形合子が六個あって舎利孔の角に配置されていた。合子と合子との間には瑠璃珠をぎっしり詰めた後、南側には銀製冠飾と金製小形板を、北側には織物で包んだ五本の小刀を敷き、西側には二本の刀子を置いた。その上も織物片と瑠璃珠で埋まっており、最上には金製舎利奉安記と金銅製舎利外壺が奉安されていた。金銅製舎利外壺は舎利孔の真ん中に置かれ、舎利奉安記は南側の壁面に傾けた状態でみつかった(5)。

金銅製舎利外壺（以下、金銅壺という）は、宝珠形の蓋がついた広口壺で、表面には文様がぎっしり陰刻される。この金銅壺は蓋と頸部、胴体部が別々であり、頸部と胴体部は小さい釘でとめられていた（図14）。接続部分を外した結果、外壺の内部は瑠璃珠で埋められており、その中に金製の舎利内壺（以下、金壺という）が奉安されていた(6)（図3）。金壺は金銅壺に類似する形であり、表面にも文様が陰刻される。金銅壺は高さが一三センチで、一方の金壺の高さは五・六センチである（図11）。金壺も金銅壺と同じく内部に瑠璃珠が詰められており、その中から褐色の瑠璃瓶が見

図２　弥勒寺址舎利荘厳具の奉安状態
(写真：韓国国立文化財研究所)

図３　金銅壺の内部、金壺の奉安状態
(写真：韓国国立文化財研究所)

図４　弥勒寺址石塔出土瑠璃瓶の破片
（写真：韓国国立文化財研究所）

つかった。(7)

この瑠璃瓶は完全に破損した状態で発見されたため、原形を把握することは難しい。残存している部分は蓋と口縁部だけである（図４）。口縁部の厚さは約〇・三ミリで、口径は四ミリであるため、小瓶であったと思われる。(8) この瑠璃瓶は舎利容器のいちばん内側にあったもので、その中には舎利が奉安されていたと推測される。金壺の中に入っていた遺物の中で、この瑠璃製の舎利瓶に入れられる大きさのものは一つしか見つからなかった。したがって、巨大な石塔に奉安した舎利は一顆だけであった。

以上のように弥勒寺址の舎利容器は、舎利を直接奉安した瑠璃瓶、金壺、金銅壺の三重の入れ子状の構成であった。また、舎利容器が奉安された方形の石造舎利孔が石函の機能を果たしていたことを考慮すると、弥勒寺址石塔の舎利容器は瑠璃瓶、金壺、金銅壺、石函の四重の入れ子状の構成であったといえよう。

こうした構成と配置は、弥勒寺創建より以前の五七七年に百済の威徳王が発願した王興寺の木塔址の出土品と比べると、いくつか異なる点がみられる。(9)

まず、弥勒寺址の舎利荘厳具は百済で初めて舎利容器として瑠璃瓶が使用された。王興寺址の舎利荘厳具は、金瓶、銀壺、青銅製円形合子の三重の入れ子状の構成であるが、瑠璃瓶は使われていない（図12）。つまり、弥勒寺址の瑠璃瓶は今まで知られた韓国最古の瑠璃製の舎利瓶なのである。

つぎに、舎利奉安位置と舎利孔の形態の変化である。弥勒寺址の石塔は木塔ではないため、舎利奉安の位置が変更された可能性が高い。木塔から石塔へ代わる時期に位置する弥勒寺址石塔の舎利容器の奉安場所は王興寺址の木塔とは異なるのである。

王興寺址の舎利奉安場所は塔の下部の置かれた心礎の下部に舎利装置石に設けられた長方形の舎利孔の内部である。舎利孔は上面が盝頂形で長方形の花崗岩製の蓋で覆われており[10]、その内部からは舎利容器だけがみつかった。王興寺木塔址の長方形の舎利孔は舎利装置石の中央から南側にずれたところにあり（図5）、舎利装置石の上面は方形に近いが、下面は自然石のままになっているため、きれいに整形されたとは考えられない[11]。

舎利供養具は、舎利孔周辺と舎利装置石の南側に撒かれた状態で出土した[12]。つまり、舎利孔は舎利容器だけを奉安するための空間であって、供養具はその外側に埋納された。このように舎利孔の上に装身具をはじめとする供養具を埋納することは、中国南朝の梁武帝が五三八年に立てた南京の長干寺塔の舎利荘厳儀礼から始まったと推定される。梁武帝は長干寺で釈迦の舎利と爪髪を埋納した双塔を建てたが、当時の舎利供養会に参加した人々は金銀の腕輪などの宝物を埋納したと伝わる[13]。当時の舎利荘厳具と関連する遺跡は現存しないが、記録にみられるように舎利荘厳儀礼に参加した王侯貴族たちが身に着けていた装身具と宝珠を舎利奉安場所の周辺に埋納することは、以降の百済や新羅でも継続的にみられる[14]。

弥勒寺址の舎利容器の奉安場所は塔基壇の上部の心柱石に変わり、舎利孔は心柱石の真ん中に設けられた。また、心柱石は柱状で、露出しているために正方形の石函のように表面がきれいに整形された状態であった（図6）。つまり、弥勒寺址の舎利孔は、より正方形の石函に近い形態のものに設けられていた。また弥勒寺址では、供養具のすべてが舎利孔内から見つかっており、供養具が舎利孔の外側に撒かれていた王興寺址とは異なる様子であった。すなわち、弥勒寺址の舎利孔は形態だけでなく、機能の面からも舎利荘厳具の外函の役割を担っていたと考えられる。

図５　王興寺址木塔心礎の舎利装置石と舎利孔（写真：韓国国立文化財研究所）

図６　弥勒寺址石塔の心柱石と舎利孔（写真：筆者）

　一方、弥勒寺址の石塔からは、王興寺址と同様に基壇部の南側の地下から供養具をはじめとする遺物が出土しているが、この基壇部出土の遺物については今後の議論が必要であろう(15)。特に、王興寺址からは発見されなかった土製螺髪や銀製爪などを基壇部に埋納したことは、王興寺での儀礼とは異なる新たな仏舎利埋納儀礼が行なわれたことがうかがえる重要な資料である。百済や新羅の仏舎利荘厳にもっとも大きな影響を与えた梁武帝の長干寺塔の供養関連記録によると、梁武帝は長干寺から舎利とともに釈迦の爪と髪、つまり仏爪髪を発掘しており、これらを再び新しく建てた塔内に埋納したと伝わっている(16)。塔内に螺髪が埋納されることは、時代が下ると韓国や中国の塔からも稀にみられるが、未だその起源と儀礼については不明である。したがって、弥勒寺址石塔の基壇部の出土品は、こうした仏舎利埋納儀礼の変化とともに新しい現象がみられる重要な資料として注目したい。

　供養品の埋納に因んだ仏舎利供養儀礼は塔の建立過程で行なわれることから、塔の構造、および舎利信仰の変化とともに変化したものと考えられる。弥勒寺では舎利奉安場所の位置が塔基壇の上部へ変化しており、基壇部よりは舎利が奉安された舎利孔内にほとんどの供養具を奉安し、新しい埋納品として爪と髪の存在が確認された点が特徴である。

弥勒寺址の舎利荘厳具の中で、舎利を直接埋納した容器は瑠璃瓶、金壺、金銅壺の三種に過ぎない。一方、石造外函の機能も持っている舎利孔の中から出土した遺物は舎利のために捧げられた供養品がほとんどである。この供養具は装身具類が多いため、当時の仏教儀礼だけでなく、貴族層の日常生活の文化をうかがう重要な手がかりになる。

こうした供養具の中でも、舎利孔の周囲を囲むような状態で配置された六個の青銅製円形合子に注目したい（図7）。この円形合子は蓋の周縁部の処理が直角、盝頂形、丸くなっているものなど、その形態は少しずつ異なる。最近の保存処理の結果、合子の中から見つかった遺物は金製珠、金製装身具、勾玉、瑠璃珠、珠玉、琥珀、香粉、織物類などである[17]（図8）。これらは当時の装身具や貴重品として扱われたもので、円形合子が舎利容器ではなく、舎利のために捧げられた供養品を納めたものであることが確認できた。

図7　青銅製円形合子の六点
（写真：筆者）

図8　青銅製円形合子の内部出土遺物
（写真：韓国国立文化財研究所）

その他の主要な供養品としては、百済時代の典型的な銀製冠飾が二点、金製鑷、銘文が刻まれた金製小形板、銀製銙帯など（図9）があり、おそらくこれらは当時の供養者が使用していたものを供養品として安置したものと推測される[18]。織物に包まれた小さい鉄製刀子も七点が見つかり、その中には木製の鞘と金製の装飾があるものもあった[19]。

弥勒寺址舎利孔の発掘初期の資料には、舎利孔内から見つかった遺物が全部で十九種六百八十三点であると発表されたが[20]、保存処理

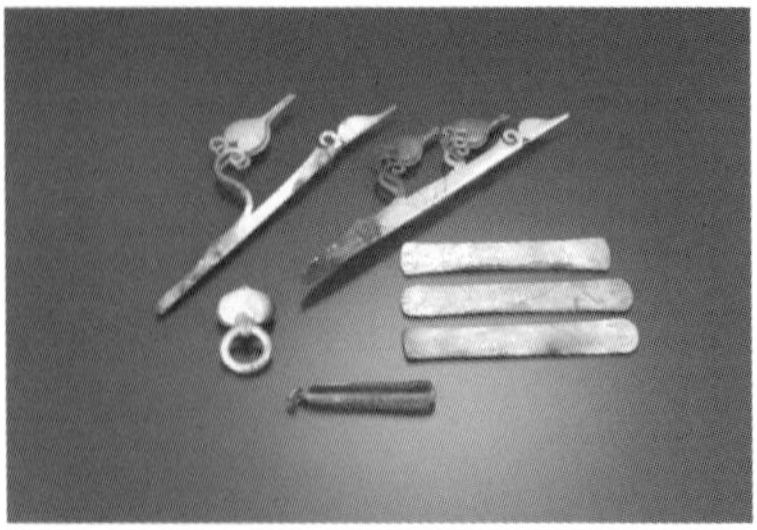

図９　金属製の供養具
（写真：韓国国立文化財研究所）

図10　珠類（写真：韓国国立文化財研究所）

の途中で金銅壺や金壺、青銅合子から多量の遺物が見つかったため、遺物の統計は保存処理が完了すると変わるであろう。

舎利孔から出土した遺物の中で最多数は六百余点にも及ぶ珠類である。こうした珠は舎利を直接奉安した金壺、金銅壺、そして、舎利孔と供養具である青銅合子の内部にぎっしり詰められていた。王興寺址では舎利孔内から珠がほとんど見つからないが、弥勒寺址では珠がほとんど舎利孔内から出土した。弥勒寺址から見つかった珠は金製、琥珀製、瑠璃製、真珠製など、多様な素材があったが、瑠璃珠がもっとも多い[21]（図10）。瑠璃珠の場合も色は青色、緑色、黄色、赤褐色など多彩であった。その中でもっとも多い色は青色と緑色である。

一方、古代韓半島では真珠の出土例が稀であるが、弥勒寺址の舎利荘厳具からは多くの真珠が出土した。現在、この真珠や、瑠璃珠の一部は漠然として東南アジア産であると推定されるが、未だこれらの珠の産地は明らかになっていない。おそらくこうした珠は当時の装身具や数珠のような仏教儀礼用品であったと思われるが、正確な用途は不明である。

舎利孔内の荘厳具の配置を整理すると、舎利孔の真ん中の最上位には瑠璃瓶、金壺、金銅壺の三重の入れ子状に構成された舎利容器を置き、その隣に舎利奉安記を配置した。舎利容器と奉安記の下には舎利壺を囲むように各種の供養品を納めた合子を配置し、空いた空間には珠と織物を納めた。このように宝珠を詰めて舎利を奉安する宝珠充填形式は、弥勒寺址だけに確認される独特な仏舎利の荘厳方式である。一方、弥勒寺址の舎利孔に奉安された供養品のほとんどは当時の貴族が身に着けていた装身具とこれらを納めた合子で、仏舎利埋納の儀礼に参席した貴族が儀礼の際に直接奉安したものと推測される。

弥勒寺址の石塔の舎利孔に奉安された遺物は、舎利を直接納めた舎利容器と供養具に分けられ、埋納された状態を考慮した出土当時の発掘を通じて当時の仏舎利埋納儀礼がどのように進行したか確認ができる。東アジアでは弥勒寺ほど注意深く、七世紀前半の仏舎利荘厳具を発掘した例がないため、弥勒寺址の舎利荘厳具の発掘は百済、および古代の韓半島だけでなく、同時代の東アジア仏教や美術の文化を理解する際にきわめて重要な資料である。

二　弥勒寺址の舎利荘厳具の器形と制作技法

弥勒寺址の舎利荘厳具は、材質別に大きく金属製、瑠璃製、その他という三つに分けられる。金属製は、金製、銀製、銅合金製、鉄製などに細分される。用途別にみると、器類、装身具類、その他などに分けられる。器類は舎利容器として使われた壺、瓶、供養品を納めた円形合子などがあり、装身具類としては冠飾、銙帯、耳飾り、鑷、珠類などがある。(22) ここでは、もっとも重要な金銅壺と金壺を中心にその器形と制作技法上の特徴をみていきたい。

舎利孔の中央に奉安された金銅壺と金壺は、基本的に宝珠形の取っ手が付いた広口壺形式（図11）で、両者は類似する器形である。しかし、以前の王興寺址では外側の青銅合子と内側の銀壺、さらにその内側の金壺はそれぞれ形態が異なっていた（図12）。弥勒寺址の舎利容器の形式は王興寺の木塔址出土の銀壺の形式を継承したものである。王

図11　金銅壺、金壺、出土珠類、金銅製・金製舎利、宝珠（写真：韓国国立文化財研究所）

図12　扶余王興寺址木塔址出土の舎利荘厳具（写真：韓国国立文化財研究所）

興寺址の銀壺は弥勒寺址の出土品に比べると、若干太く、底面に小さい高台が付いている。また、蓋の上面の蓮華文以外には文様が施されていないところが異なるが、弥勒寺址の舎利容器の主要器形である宝珠形の取っ手が付いた広口壺形式の先例であることが重要である。こうした形式の金属器はきわめて珍しく、舎利容器として使用された例も百済だけである。王興寺址の銀壺の形態は古代中国の河北省地域で流行した漢代青銅器の広口壺形式ではもっとも古い起源が求められる。[23] しかし、こうした形式は時代が下りながら、青銅器だけでなく、陶磁器でも制作され始めており、特に百済と密接な関係を持っていた中国南朝地域の陶磁器にしばしばみられる。中国浙江省杭州出土の東晋時代の徳清窯の黒釉蓋壺や、百済出土の越州窯の青磁の半球壺などにみられる容器は、王興寺址や弥勒寺址出土の舎利容器の形態を思わせるものである[24]（図13）。しかしながら、南朝の陶磁器は大きさや材質、蓋の形態、容器の比率などが百済の舎利容器と若干異なり、いまだ類似した形式の金属製の器形が南朝からは確認されていない状況である。したがって、百済の独特な金属製の舎利壺の形式は、陶磁器の形式を通して百済へ伝えられた新しい器形が金属製に変化する際にあらわれた、百済だけの固有な形式であったと考えられる。

弥勒寺址の金銅壺と金壺は、蓋を除いた胴体を一鋳で作った王興寺の銀壺とは違って、頸部と胴部に分離できる形で制作されたことが特徴である（図14・15）。金銅壺は鋳造で、金壺は鍛造で制作されており、材質別に制作技法を分けていた。金銅壺は胴部の口縁にL字型の溝が二か所あって、ここに頸部を合わせるようになっている。出土時にこの部分は釘で固定されていた。金銅壺の蓋は別に制作し、蓋と取っ手が一鋳でできている。一方、金壺は金銅壺と同じく頸部と胴部を別々に制作しているが、蓋は別鋳ではなく、頸部と一鋳であることに違いがある。また、金壺の頸部の下には縁があって胴部にはめ込むようになっている。金銅壺と金壺の制作技法は材質によって鋳造と鍛造に分けられるが、胴体の中央部を分離して制作することは同じである。こうした胴体の中央で分離できる分離制作方式は容器内に他の舎利容器を安全に奉安するために特別に考案された百済独自方式として注目される[25]。

図13　中国浙江省杭州老和山出土の黒釉蓋壺、浙江省博物館所蔵（写真：筆者）

蓋の上面だけに蓮華文を刻み、若干太めの王興寺址の銀壺とは違って、弥勒寺址の金壺と金銅壺は胴体部が洗練された曲線を描きながら安定した比率を形成しており、容器表面の全体に様々な文様を各種の彫金技法で装飾している。七世紀前半の百済美術が国際色あふれる洗練された華麗な様式へと変化、発展したことがうかがえる。

図14　金銅壺の分離状態（写真：韓国国立文化財研究所）

図15　金壺の分離状態（写真：韓国国立文化財研究所）

両舎利壺の表面装飾に使用された彫金技法の中でもっとも重要なのは魚子文技法の活用である。弥勒寺址の出土品は、魚子文技法がみられる三国時代の金工品の中で絶対年代と出土地が確認された唯一の例である。鏨を使って小さい円を続けて刻む魚子文技法は、西域と中国を通して伝来されたもので、百済では新羅や高句麗に比べて比較的早い段階から使用していたとみられる[26]。実際に弥勒寺址の舎利容器に使用された魚子文はきわめて発達した様相がみられ、表現方式によって大きく二つに分かれる。

一つ目は、連珠環文や連珠文帯を表現するために魚子文を一列に規則的に刻む方式である。金銅壺では蓋と胴体の文様の区画部分や、連弁文周囲に魚子文を使って連珠文帯を表現した。こうした連珠文帯は装飾的な効果を高める文様の区画方式である。金壺では頸部分に魚子文を用いて連珠環文帯を表現した（図16）。連珠環文は、中国では北斉時代から隋代までの仏教石窟や、墳墓の装飾文様として用いられた新たな西域系の文様で、百済では珍しい例である[27]。弥勒寺址の金壺の連珠環文は環文の内部に文様がなく、連続的に環文をつなげた装飾文様帯で、内部の装飾文様が強調された七世紀の百済の瓦当や、文様塼にみられる連珠環文とは若干異なるものである[28]。

二つ目は、魚子文の鏨で文様の部分を埋める魚子文地である。金銅壺と金壺の魚子文地は胴体の中央部の文様（図17）に使用されたが、まず主文様の輪郭に添って魚子文を一列に刻み、他の空間に魚子文をまばらに埋めている。こうした表現は魚子文で地を隙間なく埋める統一新羅時代の感恩寺址の舎利荘厳具や、唐代の金銀器の魚子文地の表現とは若干異なる古式である[29]。

文様の配置をみると、金銅壺と金壺は下の部分と肩の部分に連弁文帯を回し、蓋の上面に蓮華文を配する点が共通している（図18）。蓋の蓮華文をはじめ、従属文様帯として使用された蓮弁文帯でも花弁の周囲を一定の間隔に細かい斜線で装飾しているが、こうした表現は高句麗から百済へ伝わった古式の蓮華文の表現方式が変化したものである。古式の蓮華文は高句麗の古墳壁画から始まり、百済の武寧王陵出土の銅鐸銀盞、王興寺址の銀壺、陵山里廃寺の金銅大香炉の炉身部などにもみられる[30]。

また、金銅壺と金壺は両方とも胴

図16　金壺の連珠環文（写真：韓国国立文化財研究所）

図17　金銅壺の魚子文地（写真：韓国国立文化財研究所）

図18　金銅壺の蓋（写真：韓国国立文化財研究所）

図19　金銅壺の古式三葉文（写真：韓国国立文化財研究所）

体に連珠文帯を配置しており、二段に分けて区画した後、各区画内に唐草文と忍冬文、連弁文などを配置した。このように上下の区画に文様を配置する金属工芸品の例はきわめて珍しい。中国ではこうした文様の配置が南北朝時代の陶磁器にしばしばみられるが、金属工芸品にこうした配置があらわれるのは、少し遅れる唐代以降である[31]。

一方、金銅壺と金壺の主要な文様としては忍冬唐草文や、三葉文、唐草文などがあるが、文様の形態は若干異なる。両器の主要文様は古式の三葉文[32]であるが、この文様は百済時代の環頭大刀にみられる文様とも相通じる。しかし、細い線彫が施された舎利容器の三葉文は単純な図案というより、唐草文とつながるようになり、葉っぱが多く生々しい絵画的な様相がみられる（図19）。弥勒寺址の舎利容器では蓮弁文と蓮華文だけでなく、三葉文からも花弁の枠に添って細い斜線を連続的に刻んで装飾している。鋭い鏨を利用して花弁の枠を斜線で表現する方式は弥勒寺址舎利容器の主要な様式的特徴であり、七世紀前半の百済の金属工芸の独特な美意識がよくあらわれている。

弥勒寺址出土の金銅壺と金壺は器形上の比率が若干異なるが、宝珠形の取っ手が付いた広口壺で、蹴彫と魚子文を中心に唐草文と連珠文をはじめとする華麗な文様を表現している。両壺の器形、および文様は同時代の中国の陶磁器や装飾文様の新しい影響を受けながらも、中国とは異なる独自の変化を経て発展した様相がみられ、七世紀前半における百済王室の高い文化水準がうかがわれる。

金銅壺と金壺の内部から見つかった瑠璃瓶は、瑠璃の蓋と口縁部だけが残っているため、原形は不明である（図4）。この瑠璃瓶は、今まで知られた百済の舎利荘厳具の中では唯一の瑠璃製である。また、統一新羅や唐の舎利荘厳具によくみられる緑色の瑠璃瓶とは違う褐色の瑠璃瓶である。この瓶の胴体部は現在破片しか残っていないが、口縁部と頸の形態は中国河北省正定県白店村出土の隋の大業元年（六〇五）銘の舎利荘厳具の銀瓶の形式と相通じる。(33) 一方、瑠璃の色や材質からは、統一新羅時代の昌寧述亭里三層石塔から出土した黄褐色の瑠璃瓶と相通じ、述亭里三層石塔出土の舎利瓶が百済側の工芸技術に関連を持つ可能性が考えられる。(34)

供養具として奉安された青銅製の円形合子の六点はすべて鋳造されたと思われるが、大きさや形態にやや違いがみられる。上部に「上部達卒目近」という陰刻銘文があるものが一点、唐草文と花文が刻まれたものが一点、(35) 他の四点は文様と銘文が確認されていない。

その他の供養品からは舎利奉安記、および金鋌に銘文を刻んだもの、金製鑷に表現された魚鱗文など、発達した彫金技法が確認できる。特に舎利奉安記は、厚さ一・三ミリの金板の両面に銘文をエングレービング技法で彫っている点が注目される。

弥勒寺址の石塔から出土した金銅壺と金壺は、金属製の供養品に使用された彫金技法から当時固くて鋭い鉄製の工具が百済で使用され、発達した金属工芸技術を持っていたことがうかがわれる。容器の制作には鋳造が主に用いられており、金属の合金、および鍍金技術も高い水準に達していたと考えられる。

弥勒寺址の出土品には、金属工芸の他にも、繊維工芸、瑠璃工芸なども多数あり、こうした工芸技術は高い水準であったことが推測できる。しかし、鉄製刀子や、瑠璃珠、繊維類などに対する保存処理、および研究結果は未発表であるため、今後の報告書の発行以降に研究の進展があると思われる。

三　同時代の中国の舎利荘厳具との関係

弥勒寺址の舎利荘厳具は七世紀前半の東アジアに珍しく紀年銘がある舎利荘厳具であり、三国時代だけでなく同時代の中国や日本の仏教美術の研究にもきわめて重要な作品である。先述のように弥勒寺址の舎利荘厳具は、王興寺址の舎利荘厳具や、武寧王陵出土の金属工芸品の伝統を継承しながらも、いくつか新しい要素が認められる。弥勒寺址の舎利荘厳具にみられるこうした新しい要素は、同時代の中国隋代美術の影響が大きい。

まず、弥勒寺址石塔の舎利奉安場所と舎利荘厳具の構成は隋代の仏舎利荘厳との関係が注目される。特に塔内舎利奉安位置に変化があったことは石塔の建立とともに理解すべきところである。基壇部の心礎に舎利を奉安した以前の木塔とは違って、弥勒寺址石塔では開放された一層目の心柱石内に舎利を奉安した。それによって、塔を参拝する人は認識せずとも塔内に入って心柱石を回ると、心柱石内に奉安されている舎利を参拝する構造になる。このように開放された一層目の心柱石に舎利を奉安する石塔の構造は中国山東省歴城県神通寺の四門塔が先例になる（図20）。

この四門塔は東魏五四四年に建立された方形単層石塔で、弥勒寺址と同じく塔の一層目の四方が開放されており、その中央には心柱石がある。この塔は隋代六〇二年と六一一年の二回に及ぶ重修が行なわれたが、舎利荘厳具は塔の心柱石内に奉安されていた。(36) 四門塔の舎利荘厳具は緑瑠璃瓶と銅製舎利函、石製舎利函など（図21）、弥勒寺址の舎利荘厳具とは構成に違いがあるが、塔内の心柱石内に舎利荘厳具が配置された形式は共通する。つまり、こうした石塔の建立と舎利安置方式は隋代の仏教美術の影響による可能性が高い。

弥勒寺址の舎利荘厳具は石函の機能を兼ねる石製舎利孔を含めれば、金銅壺、金壺、瑠璃瓶の四重の入れ子状になっている。ここに瑠璃瓶という新しい材質の舎利容器が使用され始めたのは、おそらく中国隋代初期の仏舎利荘厳方式の影響の可能性が高い。特に隋文帝が仁寿年間に建てた仁寿舎利塔に奉安された舎利荘厳具の構成が瑠璃瓶、金瓶、銅函、石函の構成であったことから、七世紀前半の百済仏教界に仁寿舎利塔の舎利荘厳方式の影響があったと思われ

図20　中国山東省歴城県神通寺四門塔
（写真：筆者）

図21　四門塔出土の仏舎利荘厳具、歴城県博物館所蔵（写真：中国歴城県博物館）

図22　中国陝西省耀県神徳寺址出土の銅製合子、陝西省銅川市耀州区博物館所蔵（写真：『考古』（一九七四年二月）の図版拾—４）

る。[37]『広弘明集』によると、仁寿元年（六〇一）に仁寿舎利容器を配る際に高句麗、百済、新羅の使者も舎利一顆を請い、各国に持ち帰ったという。[38]当時の仁寿舎利荘厳方式は百済をはじめ、三国に新たに伝わったと推定される。七世紀前半にみられる百済の舎利荘厳方式の変化はこうした仁寿舎利塔にみる新しい荘厳方式の影響を強く受けたのであろう。

残念なことに、仁寿元年の舎利荘厳具は現存する例がない。唯一の仁寿舎利塔荘厳具は六〇四年に奉安された中国陝西省耀県神徳寺址の出土品だが、[39]ここでは金瓶が見つからなかった。この舎利荘厳具は瑠璃瓶と金銅製方形函、方形石函、青銅製円形合子で構成されていたというが、報告書が不備のために正確な舎利安置方式は不明である。また、神徳寺址出土の舎利荘厳具の表面には文様がみられないため、花文で装飾された弥勒寺址の舎利荘厳具とは美的感覚がかなり異なっている。神徳寺址の舎利荘厳具の中で、表面に文様が施されたのはいちばん外側の石函だけである。[40]

一方、神徳寺址出土の円形合子には弥勒寺址の青銅合子と類似したものもある（図22）。この合子は中に髪を奉安していたと伝わり、[41]きわめて興味深い。髪の奉安が、直接供養者自身の髪を切って供養したものか、それとも南朝の梁武帝の記録のように仏髪として供養されたものかについては今後の課題であろう。特に弥勒寺址の石塔の場合は、基壇部の南壇に仏像の螺髪片が埋納されていたので、神徳寺址の舎利容器の髪奉安と合わせて論議していくべきであろう。今後、こうした髪、または螺髪の供養儀礼は梁武帝の爪髪塔の建立記録と関連して新しい舎利信仰と荘厳の事例として注目すべき検討課題である。

今までの東アジアの古代仏舎利荘厳に関連する遺跡で容器が発見された場合は、舎利容器とみなされたが、弥勒寺址では舎利を供養するために納めた容器として青銅円形合子六点が埋納された。また、新羅の皇龍寺址からも心礎の下部から青銅製容器の中に銀製刀子と珠が見つかったが(42)、このように供養具としての器物埋納の事例もしばしばあったと考えられる。これらの容器の用途問題については、今後の古代東アジアの仏舎利荘厳研究で改めて考察していくべきである。

弥勒寺址の舎利荘厳具は中国隋代の美術に比べて、共通点だけでなく文様の表現や、器形などに異なる要素も多い。しかし、後の唐代の美術よりは古式である。中国美術との様式的な差に百済美術の独自性がある。特に中国では盝頂形の方形函の形式が舎利容器の外函に多く使用されているが、百済では舎利孔の他に方形容器を舎利荘厳具として使用した例がほとんどない。円形壺を中心とする舎利荘厳具の使用は発掘によって新たに確認された百済仏教美術の特徴である。弥勒寺址の舎利荘厳具は、隋の仏教美術の影響と、当時伝来した新しい金属工芸や文様の影響を受け入れたものだが、同時に百済独自の伝統的美術様式をも保ちながら新旧様式を結合して創案した、百済後期の仏教工芸品である。特に東アジアの金属工芸や仏教美術品の中で、七世紀前半の紀年銘の作品が少ない現状からみて、百済王室という最高階層によって発願された弥勒寺址の舎利荘厳具は当時の美術、宗教、文化、工芸技術などを新しい観点から理解する際にきわめて重要な優れた作品であり、その意義は大きいのである。

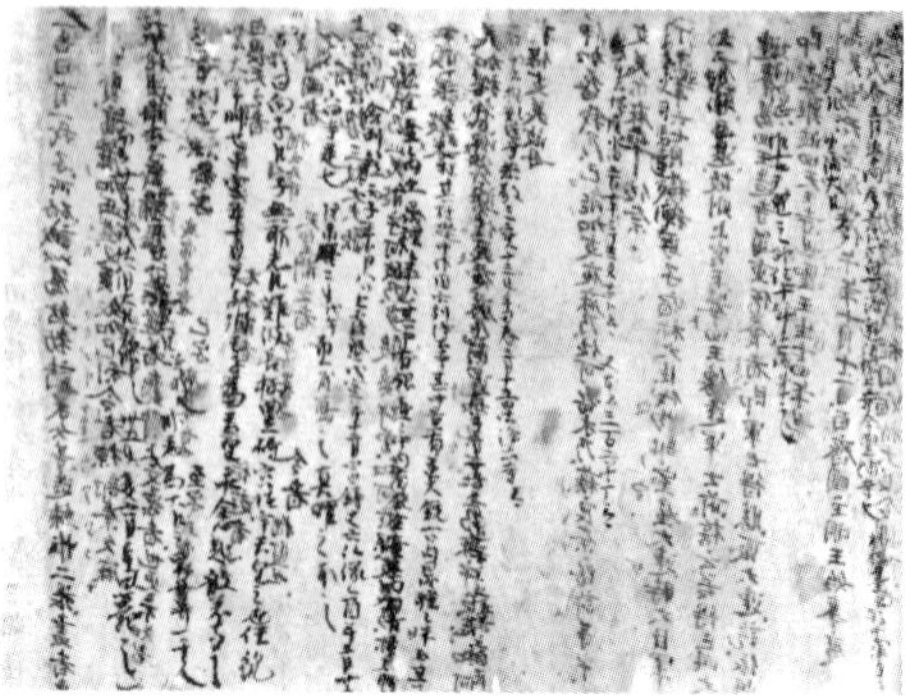

図23　『上宮聖徳法王帝説』部分、京都知恩院所蔵（写真：『仏舎利の荘厳』二五五頁）

四　同時代の日本の舎利荘厳具との関係

弥勒寺址の舎利荘厳具の中で、外側の容器である金銅壺と金壺の胴体部が上下に分かれた構造はもっとも独特な点である（図14・15）。特に金銅壺と金壺は内部の珠がぎっしり埋まっていた状態で奉安された（図3）。それだけでなく舎利孔の内部も宝珠と思われる珠で、充填されていた。このように多様な種類の高価な珠、つまり宝珠は舎利荘厳具の主要供養品として収められていたが、宝珠で舎利容器の内部を充填する例は中国や韓国では珍しい。すなわち、こうした宝珠充填方式は七世紀前半の百済で発達した独特な舎利荘厳方式といえよう。

これに関連して注目されるのは、七世紀以降の日本の仏舎利荘厳方式である。日本古代の重要史料である『上宮聖徳法王帝説』の裏書には、六四一年に創建された山田寺の木塔と舎利荘厳とに関連する記録が残っている[43]（図23）。この記録によると[44]、木塔は癸亥年（六六三）に発願し、その後の癸酉年（六七三）に舎利が塔の心礎に奉安された。当時、心礎に丸い舎利孔をつくって「浄土寺」と銘文を刻み、その孔内に有蓋碗、金銅壺、銀壺、純金壺、青玉瓶を入れ子状に入れていちばん内側に舎利を八粒埋納した。この際に有蓋碗と金銅壺には珠をぎっしり詰めたというので、この塔の舎利荘厳に宝珠充填方式が使用されたことがうかがわれる。

また、七一一年頃に再建されたことで知られる法隆寺五重塔の心礎に奉安されていた舎利荘厳具は、一九二五年の工事の際に心礎の上面に設けられた舎利孔から出土した。この舎利荘厳具は舎利孔に再び奉安されたため、遺物を実見することはできないが、報告書によると、舎利容器は瑠璃瓶、金製容器、銀製容器、響銅製有蓋壺、響銅製大鉢で構成されていた[45]。発掘報告書によると、舎利孔には大鉢が置かれており、その中に珠類、響銅製の有蓋壺、そして、海獣葡萄鏡などが奉安されていたという[46]（図24）。発掘当時の大鉢と有蓋壺の内部は珠でぎっしり埋まっていたと伝わるが、これも弥勒寺址と同様に宝珠充填方式に該当する[47]。

以上、山田寺と法隆寺の舎利荘厳具にみられるように、舎利荘厳具の内部を珠で埋める方式は、ただ単に独特な供養品奉納の方式などと指摘されていた。しかし、類似する舎利荘厳方式が百済の弥勒寺址から出土していることから、舎利容器の中を珠で埋める宝珠充填の舎利荘厳方式は百済から日本へ伝わった方式であったことが確認された。

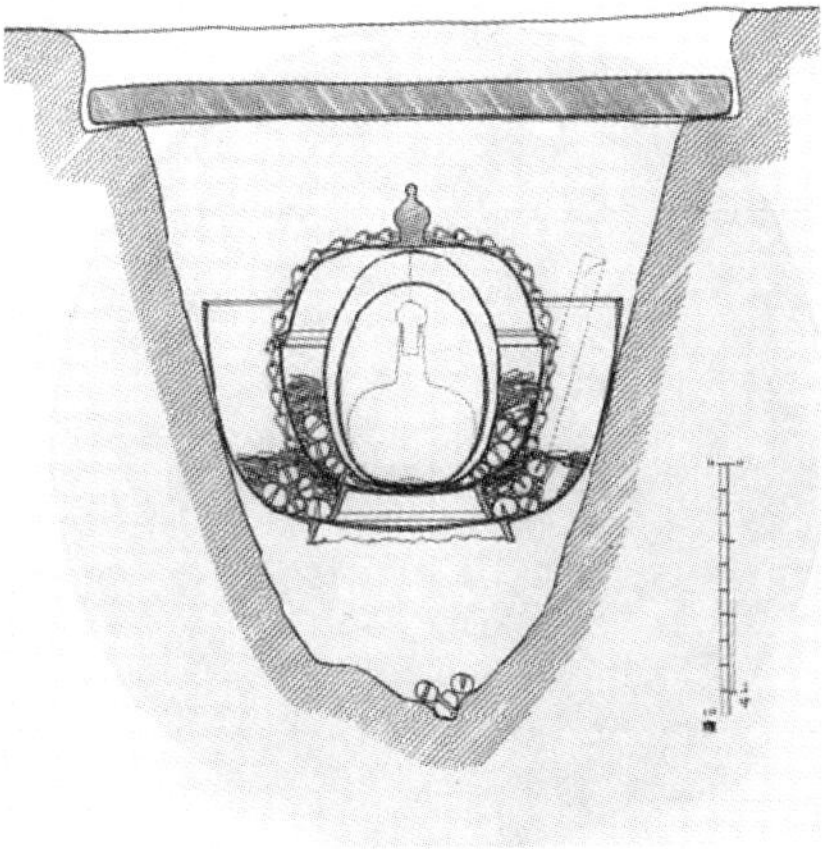
図24　法隆寺五重塔舎利荘厳具の奉安状態推定図（写真：『法隆寺五重塔秘宝の調査』図３）

従来、百済と日本の舎利荘厳方式については、塔基壇心礎の舎利孔の位置について主に議論されてきたが、弥勒寺址の舎利荘厳具の出土によってより本格的な荘厳方式の比較が可能になったのである。一方、日本において百済式の壺形容器の使用、および宝珠充填の舎利荘厳方式が八世紀前半頃まで継承されることとは異なり、統一新羅の舎利荘厳具からはこうした百済系の舎利荘厳方式の影響はほとんどみられなくなる。これは百済後期の仏教文化と古代日本の仏教文化の持続的な親縁関係がうかがわれることで注目される[48]。

おわりに

六三九年という絶対年代をもつ百済弥勒寺址の舎利荘厳具は、百済王后の援助を受けた重要な七世紀前半の仏教工芸品であり、当時の仏教文化と工芸技術の頂点がうかがわれる重要な作品である。特に、舎利が奉安された金銅壺と金壺の優れた作行きからは、七世紀前半の東アジアの仏教美術と金属工芸の高い水準が認められ、さらに当時の百済の金属工芸が鋳造、鍛造、そして彫金技法など多方面で高い技術を持っていたことをうかがわせる。

弥勒寺址の舎利荘厳具にみられる魚子文や連珠環文のような新しい技法と文様は、おそらく隋より伝来した新しい技法の影響を受けたものと思われる。弥勒寺址の舎利荘厳具は、それ以前の六世紀代の百済美術の伝統を継承しながらも、こうした新しく国際的な美術様式をも受け入れ、独特かつ華麗な百済後期の仏教美術を確立した例である。また、舎利容器とともに埋納された各種供養具は当時の王室や貴族階層の間で使用された宝物であり、当時の上流層の日常生活の文化と工芸技術の発達様相がみられる重要な資料である。

残念ながら、弥勒寺址の金銅壺と金壺にみえる華麗な装飾文様と金属工芸の技法は、以降の統一新羅時代の金属工芸品に直接つながらない。これは統一新羅の仏舎利信仰と荘厳がすでに独自的な様式を形成しながら発達したためであり、百済の影響をそのまま受容したとみるよりは、必要によって一部分だけを受容したためであると思われる。百済で創案された独特な宝珠充填方式の仏舎利荘厳も統一新羅時代の遺跡からはいまだ確認されていない。しかし、宝珠充填方式は、以降日本の仏教界に伝わったと思われる。ただ、弥勒寺址と類似した材質の舎利瓶が統一新羅時代の述亭里の舎利荘厳具からも確認できた。統一新羅時代の益山王宮里舎利荘厳具からも弥勒寺址の舎利荘厳具にみえる独特な装飾文様が継承されている。このように弥勒寺址の舎利荘厳具にみられる七世紀前半の発達した百済美術の影響は、旧百済領域を中心に一部の地域から統一新羅時代まで継承されたと推測される。

　文献史料によると、百済の滅亡以降、百済の上流層は中国と日本などに散らばっていたという。したがって、七世紀前半に発達した百済王室の文化は百済の滅亡以降、こうした遺民の移動とともに、日本と中国へ再び伝わった可能性が大きい。今後、こうした百済滅亡以降の百済文化の継承の多様性については、絶対年代が確認された弥勒寺址の舎利荘厳具にみえる百済後期文化の特徴からより多角的で、広域的な視野を持った検討が行なわれるべきである。

註

（1）弥勒寺址石塔出土の舎利荘厳具の発掘過程、および略報告は、文化財庁・国立文化財研究所・全羅北道『弥勒寺址石塔舎利荘厳』（文化財庁・国立文化財研究所・全羅北道、二〇〇九年）と国立文化財研究所主催『百済仏教文化の宝庫弥勒寺学術シンポジウム論文集』（国立文化財研究所、二〇一〇年）を参照。弥勒寺址石塔の舎利荘厳具の発掘過程に関する正式な発掘報告書は二〇一三年度に刊行予定である。弥勒寺址石塔の解体、および補修過程については、金賢龍「弥勒寺址石塔の解体調査経過、および補修整備計画」（前掲書、二〇一〇年、二三六～二五七頁）と金賢龍他編『国際フォーラム弥勒寺址石塔補修整備』（国立文化財研究所、二〇一一年）を参照。現在、弥勒寺址出土の舎利荘厳具はすべて国立文化財研究所に所蔵されている。

（2）弥勒寺址石塔出土の金製舎利奉安記銘文の原文と解釈は、文化財庁・国立文化財研究所・全羅北道、註（1）前掲書を参照。

（3）今までこの舎利荘厳具と関連して韓国では六回の学術シンポジウムが開催されたが、各学術大会では発表要旨文が配布された。その後、発表要旨文は多くが論文として発表されたが、一部は発表文だけが刊行された。その他、多くの研究者が発表した論文は多いが、ここでは六回の学術シンポジウムの資料集の書誌情報だけを簡単に紹介したい。①韓国思想史学会主催『益山弥勒寺址と百済仏教』（於西江大学校、二〇〇九年）、②新羅史学会・国民大学校韓国学研究所共催『益山弥勒寺址出土の遺物に関する総合的検討』（於国民大学校、二〇〇九年）、③馬韓百済文化研究所・百済学会主観『大発見　舎利荘厳弥勒寺の再照明』（於全羅北道庁、二〇〇九年）、④高麗史学会・全北歴史文化学会主観『益山百済弥勒寺址の再発見』（於圓光大学校、二〇〇九年）、⑤韓国学中央研究院東アジア研究所共催『弥勒寺舎利荘厳研究の争点と展望』（於韓国学中央研究院、二〇〇九年）、⑥国立文化財研究所主催『百済仏教文化の宝庫　弥勒寺国際学術シンポジウム』（於国立故宮博物館、二〇一〇年）。①〜④の学術大会の論文は関連学術雑誌に一部が掲載されており、⑤の学会論文は鄭載潤他『益山弥勒寺と百済―西塔舎利奉安記の出現の意義』（一志社、二〇一一年）という単行本として刊行された。⑥は発掘担当機関である国立文化財研究所が公式に開催した唯一の学術大会であり、この大会では、国立文化財研究所、註（1）前掲書（二〇一〇年）と同名の短い図録である国立文化財研究所建築文化財研究室企画『百済仏教文化の宝庫弥勒寺』（国立文化財研究所、二〇一〇年）が刊行された。本稿では公式資料である国立文化財研究所、註（1）前掲書（二〇一〇年）と国立文化財研究所主催、前掲書（二〇一〇年）を基本的に引用する。

（4）本稿の内容は韓国語ですでに発表した筆者の論稿の内容を修正、補完して再論したものである。拙稿「百済弥勒寺址舎利荘厳具の試論」『歴史と境界』七三、二〇〇九年、同「韓日古代仏舎利荘厳の比較研究」『仏教美術史学』一二、二〇一一年、同「東アジア美術史の中の百済仏教金属工芸」『忠清学と忠清文化』一三、二〇一一年。

（5）文化財庁・国立文化財研究所・全羅北道、註（1）前掲書（六頁）と国立文化財研究所主催、註（3）前掲書（六頁）。

（6）崔永昌「弥勒寺址金堂舎利壺の中に珠いっぱい」（『文化日報』二〇〇九年四月三日の記事）。

（7）この瑠璃瓶は発掘初期にはその存在が知られていなかったが、何日か経ってからその存在が確認されたため遅れて公開された。兪在恩「弥勒寺址石塔内発見の舎利壺から瑠璃製舎利瓶確認」（『国立文化財研究所報道資料』、二〇〇九年四月二十三日）を参照。

（8）国立文化財研究所主催、註（3）前掲書（一一頁）。

（9）扶余王興寺木塔址出土の舎利荘厳具は二〇〇七年十月十日に発掘された。王興寺址舎利荘厳具の出土過程、および出土遺物についてはつぎの文献を参照。国立扶余博物館・国立扶余文化財研究所『百済王興寺』（二〇〇九年）、国立扶余文化財研究所『扶余王興寺址発掘物語』（チンインジン、二〇〇九年）、国立扶余文化財研究所編『王興寺址Ⅲ―木塔址金堂址発掘調査報告書』（文化財庁、二〇〇九年）。王興寺址の舎利荘厳具については日本でも國學院大学主催で、二〇〇八年十一月に開催された。その結果物として鈴木靖民編『古代東アジアの仏教と王権―王興寺から飛鳥寺へ』（勉誠出版、二〇一〇年）が単行本として刊行された。

(10)　国立扶余文化財研究所編、註（9）前掲書（六六・六七、九〇頁）。

(11)　舎利孔が設けられた「舎利装置石」は木塔の中央の心礎の地下に置かれた大型石製品であり、発掘初期は心礎と考えられた。しかし、発掘担当者はこの舎利装置石の北側に別途の積心施設があり、石材の上面に柱を立てた痕跡が一切残っていないことを確認して、塔の構造上、心礎は舎利装置石の上部に置かれたと推定される（国立扶余文化財研究所編、註（9）前掲書（五一～五三頁））。したがって、本稿ではこの石製品の名称を報告書にしたがって「舎利装置石」とする。

(12)　王興寺木塔址の発掘以前は舎利孔の外側から見つかった遺物を地鎮具、あるいは鎮壇具と指すのが一般的であったが、こうした名称は日本の学界の影響であった。しかし、日本より早い時期の王興寺址や、皇龍寺址の出土遺物について用語をそのまま使用することには無理がある。地鎮具と鎮壇具、そして、舎利供養品との関係については、拙稿「九層木塔の舎利荘厳再考」（『歴史教育論集』四〇、二〇〇八年）を参照。こうした遺物は鎮壇具としてみることはできないが、一部の供養品の中には地鎮具の性格を持つものも含まれている。

(13)　「至四年九月十五日、高祖又至寺設無㝵大会、竪二刹、各以金罌、次玉罌、重盛舎利及爪髪、内七宝塔中、又以石函盛宝塔、分入両刹下、及王侯妃主百姓富室所捨金銀鐶釧等珍宝充積」『梁書』巻五四「列伝」扶南国条。

(14)　舎利孔周辺、および心礎の下部から供養品が発見された例としては、百済の陵山里廃寺と新羅の皇龍寺址などが代表的である。弥勒寺址からも実際に使用していた装身具が舎利孔内に奉安されたことから、このような仏舎利埋納儀礼に参席した人々が、その場で供養品を奉献して埋納するという儀礼は当時の東アジアの仏教界である程度普遍化されたものであったと考えられる。

(15)　この遺物は塔の基壇部の南側通路の底石の下部から出土しており、まだ地鎮具、あるいは鎮壇具として呼ばれている。しかし、正確な出土遺物の数量と種類については未発表であるため、今度の報告書の刊行以降にその性格に関する議論が期待される。基壇部出土の遺物については、国立文化財研究所建築文化財研究室企画、註（3）前掲書（八頁）を参照。

(16)　註（13）を参照。

(17)　青銅製円形合子の材質、および大きさ、内部出土遺物の内容については、權赫男他「弥勒寺址石塔舎利荘厳の科学的調査研究」（国立文化財研究所主催、註（1）前掲書（一三八～一四三頁））を参照。

(18)　銀製冠飾の場合は修理をして使用した痕跡があるため、実際に使用したものを埋納したと推定される。この供養具については、李漢祥「弥勒寺址石塔出土銀製冠飾に関する検討」（『新羅史学報』一六、二〇〇九年）、孫煥一「百済弥勒寺址西院石塔の金製舎利奉安記と金丁銘文の書体」（『新羅史学報』一六、二〇〇九年）、朴南守「弥勒寺西塔出土金鋌の性格と東アジア交流上の意義」（鄭載潤他『益山弥勒寺と百済―西塔舎利奉安記出現の意義』一志社、二〇一一年）を参照。

(19)　權赫男他、註（17）前掲論文（一四二頁）。

(20)　文化財庁・国立文化財研究所・全羅北道、註（1）前掲書（六頁）。

(21)　青銅合子内部から出土した珠の数は四千七百七十余個（金製三百七十余点、瑠璃製三千七百余点、真珠製七百余点）を越えるため、珠の数量はまだ確定ではない（国立文化財研究所建築文化財研究室企画、註（3）前掲書（一五頁））。

(22)　出土遺物の統計については、国立文化財研究所建築文化財研究室企画、註（3）前掲書（六頁）を参照。

(23)　漢代青銅器の広口壺形式の例として河北省満城劉勝墓から出土した金銀象嵌銅壺などが代表的である（拙稿「百済仏教金属工芸の様相と特徴」『人文社会科学研究』一〇―一、二〇〇九年）。

(24)　百済地域で出土した広口壺形式、あるいは半広口壺形式の越州窯の青磁は天安化城里古墳から出土した例がある（国立公州博物館・中国南京市博物館『中国六朝の陶磁』（百済文化国外調査報告書Ⅶ）国立公州博物館、二〇一一年。

(25)　統一新羅時代から高麗時代の全羅道地域の舎利容器には、胴体の中央で分離できるように制作した金属製の瓶が稀にみられる。代表的な作例としては高麗時代の光山新龍里の五層石塔出土の金銅瓶がある（国立中央博物館編『仏舎利荘厳』国立中央博物館、一九九二年、七七頁）。
(26) 李蘭英「魚子文技法」『震檀学報』七一・七二、一九九一年、同『韓国古代の金属工芸』ソウル大学校出版文化院、二〇一二年。
(27) 北斉時代から流行が始まった連珠環文の例としては北斉徐顕秀墓をはじめ、敦煌莫高窟第四二〇窟や、第四二五窟の脇侍菩薩の裙衣表現、第四〇二窟の壁画などがあげられる。
(28) 連珠環文の起源と扶余規岩面出土の文様塼については朴待男「扶余規岩面外里出土百済文様塼の考察」『新羅史学報』一四、二〇〇八年。
(29) 慶州感恩寺址の東西石塔は統一新羅時代の六八二年頃に建立されたといわれており、舎利荘厳具はすべて当時のものと推定される。この中で東塔出土の舎利荘厳具の内函基壇部に細かに魚子文地が表現されている（国立文化財研究所美術工芸研究室編『感恩寺址東三層石塔舎利荘厳』国立文化財研究所、二〇〇〇年、六六〜六七頁の図版参照）。
(30) こうした蓮華文は高句麗の美術様式の影響として注目されるが、残念ながら高句麗の仏舎利荘厳具は現存するものがないため、現段階では高句麗と百済の関係を議論することは難しい。蓮華文表現については、拙稿「武寧王陵出土銅托銀盞の研究」（『武寧王陵出土遺物分析報告書（Ⅱ）』国立公州博物館、二〇〇六年、一六〇頁）を参照。
(31) 拙稿、註（4）前掲論文。
(32) この文様は忍冬文、あるいは忍冬唐草文と呼ぶが、三葉文という単位文様をもとに文様が連続しているので、ここでは三葉文と呼ぶ。
(33) 越永平・王蘭慶・陳銀鳳「河北省正定県出土隋代舎利石函」（『文物』、一九九五―三、図五）を参照。
(34) 拙稿「昌寧述亭里東三層石塔出土舎利荘厳具の考察」『美術資料』七七、二〇〇八年。
(35) 金台植「弥勒寺塔円形合から百済官吏の名前確認」（『聯合ニュース』、二〇一〇年五月二十六日）。
(36) 四門塔の舎利荘厳具は、一九七三年三月の内部修理中に、中心柱の真ん中の地面から一・六メートル上でみつかった（陳東梅「四門塔与隋文帝」（劉鳳君・李洪波編『四門塔阿閦仏与山東仏像芸術研究』中国文史出版社、二〇〇五年）、劉継文主

編『濟南神通寺』山東友誼出版社、二〇〇五年)。
(37) 隋文帝の仁寿舎利荘厳については、拙稿「隋文帝の仁寿舎利荘厳の研究」(『中国史研究』二二、二〇〇三年)を参照。
(38) 「高麗百済新羅三国使者将還、各請一舎利於本国起塔供養、詔並許之」『広弘明集』巻一七(『大正新脩大蔵経』巻五二、二一七頁a)。
(39) 朱捷元・秦波「陝西長安和耀県発見的波斯薩珊朝銀幣」『考古』一三二、一九七四年。
(40) この石函の外面に刻まれた図像はあまり見られない四天王と金剛力士などである(李挙綱・樊波「隋神徳寺遺址出土舎利石函上的天王図像」『陝西歴史博物館館刊』一二、二〇〇五年、朴待南・李松蘭「中国仁寿四年神徳寺舎利具研究」『韓国古代史探求』六、二〇一〇年)。
(41) 朴待南・李松蘭、註(40)前掲論文。
(42) 文化財管理局文化財研究所『皇龍寺』(発掘調査報告書Ⅰ)文化財管理局、一九八四年。
(43) 『上宮聖徳法王帝説』は聖徳太子の伝記では最古類のものであるが、成立年代は不明である。しかし、延喜年間頃には成立していたとみるのが妥当であろう。京都知恩院に伝わっている写本が最古のもので、平安時代中期頃に書写されたと思われる。『上宮聖徳法王帝説』については、家永三郎『上宮聖徳法王帝説の研究』(総論編)(三省堂、一九五三年)と飯田瑞穂「聖徳太子伝の推移」(『国語と国文学』五〇―一〇、一九七三年)を参照。
(44) 「癸亥構塔、癸酉年十二月十六日建塔心柱、其柱礎中作円穴刻浄土寺、其中置有蓋大鋺一口、内盛種々珠玉、其中有塗金壺、々内亦盛種々珠玉、其中有銀壺、々中有純金壺、其内有青玉玉瓶、其内納舎利八粒」(家永三郎、註(43)前掲書から引用)。
(45) 発掘調査報告書は、法隆寺国宝保存委員会編『法隆寺五重塔秘宝の調査』(法隆寺、一九五四年)を参照。
(46) 法隆寺国宝保存委員会編、註(45)前掲書。
(47) 拙稿、註(4)前掲論文(二〇一一年)。
(48) もちろん、古代日本の仏教文化がすべて百済だけとの親縁性があったとは考え難く、舎利荘厳具の中でも百済との関係が見いだせないものもある。したがって、こうした宝珠充填方式を使用した法隆寺と山田寺は、同時代の日本の寺院に比べて、とくに百済系の遺民、あるいは百済文化と密接な関係があった可能性が大きかったと想定できよう。しかし、両寺院と百済文化との親縁性から、すべての古代日本の仏教文化が百済との関係によるものであると拡大解釈することは困難である。

舎利安置の百済化

大橋一章

はじめに

東アジアの最先端文明であった中国仏教文明がわが国に到達するのは六世紀前半の欽明朝のときで、伝えたのは百済であった。このとき経典や仏像を齎せたのであろうが、これだけで仏教が盛んになることはない。仏教がわが国で興隆するにはその拠点たる仏教寺院を造立しなければならない。しかしながらその当時金色燦然と輝く丈六の金銅仏と瓦葺きの彩色鮮やかな巨大木造建築からなる仏教寺院を誰一人見たことがなかった。

やがて百済は敏達六年（五七七）に造仏工と造寺工の二人を送ってきたが、二人の工人はわが国でも本格的な仏教伽藍を建立するための工人養成がその目的であった。わが国の見習工人が一人前に成長し、排仏派を亡ぼすと蘇我馬子は初の本格的伽藍を擁した飛鳥寺を発願するのである。

飛鳥寺は昭和三十一年（一九五六）から発掘調査がはじまり、伽藍配置や舎利安置等に関する新知見を得ることになった。一方韓国では最近、陵山里廃寺址、王興寺址、弥勒寺址という百済王室発願寺院が相継いで発掘され、いずれも舎利安置に関する貴重な遺物が出土している。

そこでこの小論では古代百済人たちが中国六朝時代の舎利安置にはじめて接し、どのように受容していったかについて検討してみたい。

一　飛鳥寺の舎利安置

飛鳥寺の仏塔、それはおそらく五重塔であろうが、『日本書紀』には推古元年（五九三）正月十五日条に「仏舎利を以て、法興寺の刹の柱の礎の中に置く」、そして翌十六日条に「刹の柱を建つ」と記されている。この記述からすると、飛鳥寺の仏塔造営現場では推古元年正月十五日までに、仏塔の建立地点には基壇が地下の地山面から版築工法で造成され、基壇中央部の地下には舎利安置のための装置を設えた心礎が据えられていたはずである。というのもここまでの基礎工事を了えていなければ、柱を建て梁や桁を架ける本格的な建築工事を実施することはできないからである。

この心礎を地下に据えるためには、地表面から心礎を据える深さに至るスロープが基壇を切断するようにつくられ、このスロープを利用して心礎を地下に運んだと思われる。推古元年正月十五日の舎利安置の当日には、飛鳥寺の発願者蘇我馬子もこのスロープを歩いて舎利安置の儀式に臨んだのであろう。さらに言えば、翌十六日は刹柱を仏舎利が安置された心礎の上に建てた日でもあったから、舎利安置の前日までに刹柱は基壇の上に横たえられ、その根元は地下の心礎の真上近くまで引き出されていたにちがいない。

先述のように『日本書紀』推古天皇元年正月十五日条には仏舎利を以て法興寺の刹柱の礎の中に置く。また十六日条にも「刹柱を建つ」と、至って素っ気無く事実関係のみを記していた。しかるに平安時代も後半の十二世紀ごろの成立といわれる『扶桑略記』にはつぎのように記されている。すなわち、「刹柱を立つる日、嶋大臣ならびに百余人みな百済の服を着す。観る者ことごとく悦ぶ。仏舎利を以て刹柱の礎の中に籠め置く」と。『扶桑略記』では舎利安置の日に刹柱も立てたことになっているが、これは舎利安置よりも刹柱を立てる、つまりわが国初の高層建築の立柱に関心があったのであろう。

ついで鎌倉時代の『上宮太子拾遺記』は「本元興寺縁起」なる一書を引用して、推古元年正月の飛鳥寺の舎利安置と翌日の刹柱のことを以下のように記している。すなわち、正月十五日に馬子の宅より仏舎利を送って心礎の中に安置し、翌日刹柱を建てたと記したあと、立柱式にあたって種々の音楽と飾りが用意され、天子の車である輅四両と荘り馬五百頭のパレードがはじまった。その華麗さ荘厳さは口では言いつくすことができないほどで、会集の人たちもあまりに多く数えることができなかった。そして仏教に帰依し、馬子を讃え、あるいは出家を願う者や善心を発する者があった。この儀式に参加した馬子と従者百余人は皆辮髪にして百済の服を着ていたが、見る者みな「抗す」、つまり馬子たちの身形《みなり》をこばんだと記している。

飛鳥寺の舎利安置と立柱当日の様子は、『日本書紀』と比較すると『扶桑略記』の記述はたしかに具体的になっており、『上宮太子拾遺記』ではさらにドラマティックに描写され、そのまま信じるわけにはいかない。推古朝に車が登場するのは早過ぎるが、『上宮太子拾遺記』の選者法空は多くの文献史料を引用しているから、飛鳥寺の舎利安置と立柱の儀式の様子については、法空が引用した「本元興寺縁起」そのものに問題がありそうだ。『扶桑略記』も飛鳥白鳳時代に関する記述はそのままには信用できないというのが通説で、たしかに紀年については疑問とすべきものもある。しかし仏教関連記事は『日本書紀』とは別系統の所伝を載せているようで、すべて否定することもあるまい。『扶桑略記』と「本元興寺縁起」が参照した原史料が何であるかは、残念ながら明らかにすることはできない。それでも私は、両者が飛鳥寺の舎利安置と立柱に臨むために馬子以下百人の従者が百済の服を着たと記していることに注目したい。なぜなら、外来の異文明たる仏教に対して、当初古代人がどのような姿勢で受容したかを検証できるからである。

馬子たちが百済の服を着たのは、仏教はそれまでわが国には存在しなかったきわめて高度な異文化異文明で、それを伝えたのは百済であったから、馬子は仏教を百済のものと思い込み、仏教受容の具体的セレモニーである舎利安置と立柱に臨むにあたって、服装を百済に倣えばいち速く百済人になれると考えたのであろう。馬子のこの姿はおよそ千三百年も後に、欧米の進んだ文明を摂取してわが国の近代化を進めようとした明治の政治家たちが、西洋の服を着飾り鹿鳴館の舞踏会に臨んだ光景とオーバーラップするのである。

かつて漢民族たちはインドの思想宗教たるインド仏教を中国伝統の漢文化漢文明で包み込んで受容した。視点を変えると、インド仏教は西暦紀元ごろ中国に到達すると、およそ二百年をかけて中国文明と融合したのである。インド仏教は中国思想を飲み込み、東アジアの先進国である中国文明の粋たる漢字、絵画、彫刻、工芸、建築、土木、鋳造技法などで包み込まれ、インド仏教は装いを新たにして中国仏教、中国仏教美術に変身したのである。中国仏教はまさしく一大総合文明、東アジアの先端文明であった(1)。

この中国仏教文明を受容するには、それがハイカルチャーであるがゆえに高い知的水準が要求された。つまり、漢字文明を修得していることが中国仏教文明受容の最大条件であった(2)。

このようにハイカルチャーをもっていた漢民族はこれもハイカルチャーであったインド仏教を受容するとき、長年培ってきた文化文明で包み込みながら、つまり中国化させて受容したが、わが古代人は文明に価する文字すらもたなかったため、中国仏教文明を丸呑みしたのである。その上卑屈にも中国仏教を伝えた百済の服まで着て、中国仏教受容の儀式に臨んだのである。中国仏教という高度な異文明を受容するときのわが古代人の姿勢を伝える『扶桑略記』

図1　飛鳥寺仏塔の心礎と舎利孔

と「本元興寺縁起」の記述はまことに興味深い。

昭和三十二年の飛鳥寺の第三次発掘調査によると、現存の基壇上面から二・七メートルの深さに花崗岩の心礎、すなわち一辺二・四メートル、東端で厚さ〇・五メートルほどのものを発見したという。心礎上面の中央一・六メートル四方を平らに浅く削り、その中央に一辺およそ三十センチ、深さ二十一センチの方孔、つまり舎利孔（図1右）を彫り込んであり、さらに舎利孔の東壁に幅、高さ、奥行きともに一二センチの龕状の小孔の舎利安置装置（図1左）が拵えられていたという。[3] この舎利安置装置の内部に先述の推古元年正月十五日に仏舎利を安置したのである。

この舎利孔内部一面には水銀朱が付着し、舎利孔内の龕状の舎利安置装置内には建久に埋納した燈明皿一枚があったのみで何の遺物ものこっていなかった。建久の埋納については後述したい。この舎利孔には当初石蓋を用いていたらしく、心礎上面に朱の付着した断面凸字形の石片があった。落し蓋で内部を方形に穿ったものであった。また心礎上面の舎利孔の周囲に細くて浅い溝をめぐらし、この溝から四方に排水溝がつくられ、舎利孔に水が入らないように工夫していた。

ところで先ほどの建久の埋蔵とは、法空の『上宮太子拾遺記』所引の「泉高父私記」によると、飛鳥寺は建久七年（一一九六）六月十七日に雷火によって、「寺塔無レ残」とあるから全焼したらしい。翌建久八年に焼失した仏塔の地下から仏舎利を取り出したようで、事の顚末を報告した権大僧都弁暁の注進文案がのこっていて、そこにはつぎのように書かれている。(4)

建久八年三月廿四日従大和國本元興寺塔心柱下所奉掘出之御舎利其數百餘粒并金銀器物等本縁事

これによると、飛鳥寺が焼失してから九カ月後の建久八年三月二十四日に、仏塔の基壇を掘り下げ、心礎の舎利孔の舎利安置装置の内部から推古元年正月十五日に安置した仏舎利を取り出したのである。仏舎利は百余粒もあり、また「金銀器」は金製舎利容器と銀製舎利容器のことで、これらを建久八年三月二十四日に掘りだし、弁暁が注進文案を記したのが四月二十日であった。

弁暁は「金銀器」として銅器については何も記していない。しかしながら飛鳥寺の舎利容器が異文明としての中国南北朝時代の舎利安置を百済経由で受容したのなら、それは私の言う丸呑みで、金製、銀製、銅製の容器を制作し、仏舎利は直に金製容器に入れ、順次銀製、銅製と入れ子式に納められていたにちがいない。弁暁が銅製容器について記さなかったのは、銅製容器も発掘されていたが、錆び付いていたため価値を認めることができず、結果的に記さなかったのではあるまいか。後述するが、心礎の舎利孔に詰めていたと思われる金銀の延板や粒のような舎利荘厳具についても記さないため、弁暁は自ら興味あるものだけについて報告したのではなかろうか。

昭和三十二年の飛鳥寺第三次の発掘について、担当の坪井清足氏の報告によると以下のようであった。(5)

塔基壇上面の表土をはぐと中心部に径二メートルほどの木炭の入った丸い部分があり、この木炭混じりの部分を掘ると約五〇センチほど下で、径八〇センチほどの花崗岩を二つ重ねたものが出土した。これは鎌倉時代の石櫃で、重

図2　西大寺金銅宝塔

ね合わせた面は平らに削り、その中央に径二〇センチの孔があり、下石の孔には何か泥だらけのものが詰まっていて、中央にはヒノキ製の一〇・八センチ立方の四角の木箱があって、周りに詰めたものはコハク玉のかけらやガラス玉、金銅製の瓔珞であった。木の箱の蓋をあけると金の卵のようなものや、二、三〇箇のガラス玉が底にこびりついていた。金の卵のようなものは卵形の塔身に蓮華座をつけた金銅製の舎利容器で、宝珠形の栓をした高さ三・三センチのものであった。

この卵形の舎利容器は推古元年正月十五日に安置したものではなく、鎌倉時代のものでアイソトープで透視したところ舎利は数粒しか入っていなかったという。建久八年三月に発掘したとき舎利は百余粒あって、金製・銀製の舎利容器に加えて銅製舎利容器もあったはずだが、建久に再埋納した舎利は数粒しかなく、金製以下の舎利容器も伝わらない。想像をたくましゅうすると、百済伝来という百余粒の仏舎利は鎌倉時代に盛行する釈迦崇拝や舎利信仰の影響下でつくられていた、たとえば西大寺の金銅宝塔（図2）や鉄宝塔、金堂透彫舎利塔のような塔形舎利容器や宝珠形舎利容器内に聖なる貴重品として納入され、再利用されたのではなかろうか。又金製以下の舎利容器はいずれかの寺院で伝世している間に行方不明になったのであろう。

こうしてみると建久の埋納とは、建久七年六月十七日に飛鳥寺は雷火のために全焼したが、翌建久八年三月二十四日に地下の心礎に達するまで掘り起こし、まずはじめに心礎の中央部の舎利孔に詰まっていた玉類、金銀製延板と小粒、金環、金銅金具等の舎利荘厳具を取り出した。今現在の発掘のような注意深さなどなく、また仏舎利だけに関心があったのか、舎利孔に詰められていた舎利荘厳具は心礎表面上に散乱したり、土中にこぼれ落ちたものもあった。舎利孔から金銀宝玉類の舎利荘厳具を取り出したあと、舎利孔の東壁下部に設えられた舎利安置装置の内部から金・銀・銅製の入れ子式の舎利容器を取り出したのである。その後仏舎利を再埋納することになり、卵形舎利容器、木箱、石櫃を用意し、先述のように舎利数粒と無事取り出していた舎利荘厳具を納めて埋納した。これらが昭和三十二年の第三次の飛鳥寺発掘調査で出土したのである。

ところで第三次の発掘では中国南北朝以来の舎利安置法からややはずれるもの、すなわち心礎上面に置かれていた挂甲や刀子が出土した。発掘担当者の坪井清足氏は、「飛鳥寺の場合、装身具は財宝のうちに含まれるかもしれないが、挂甲や馬具も財宝と考えていたのであろうか。舎利供養には、供養者自身の身につけたものを供えることが経典にもしめされている。勾玉はじめ玉類はその例であろうが、よろいやナイフも、供養者の身につけたものということであったかもしれない」と述べ、さらに「この、舎利と一緒に塔におさめられた品物を発掘しながら不思議に思ったことは、金銀の粒や延板をのぞいて、まったく古墳を掘っているのではないかという感じがしたことで、これは大へん重要な意味を持っている」と記している(6)。坪井氏によるとこうした出土品は古墳時代後期のものと同じであるという。

図3　韓国扶余王興寺址出土舎利容器三種と安置状況

二　百済王興寺の発掘と飛鳥寺

二〇〇七年十月韓国の扶余にある百済時代の王興寺址の発掘調査がおこなわれ、仏塔の心礎の中から金、銀、青銅製の舎利容器（図3）が発見された。青銅製の舎利容器の表面に「丁酉年」の紀年銘が刻られていてその干支は西暦五七七年に当たり、しかもこの仏塔は百済王が建てたものという。このニュースにはじめて接したときの驚きについてはすでに記したことがあるが(7)、西暦五七七年はわが敏達天皇の六年で、『日本書紀』にはつぎのように記されている。

　冬十一月庚午朔、百濟國王、付㆓還使大別王等㆒、獻㆓経論若干巻、幷律師・禪師・比丘尼・呪禁師・造佛工・造寺工、六人㆒。遂安㆓置於難波大別王寺㆒。

百済国王、つまり威徳王（在位五五四〜五九七）が日本に帰国する大別王に対し、経論若干巻のほかに律師・禅師・比丘尼・呪禁師・造仏工・造寺工の六人を献じ、大別王は帰国後彼らを難波にあった大別王の寺に安置せしめたという。大別王が如何なる人物なのか、また大別王の寺が如何なる寺なのかもよくわからない。ここに書かれている造仏工は金色燦然と輝く丈六の金銅仏を制作する仏師、また造寺工は寺工・寺師とも書かれ、彩色鮮やかな瓦葺きの巨大木造建築の仏塔・金堂・講堂・中門・回廊等を建立する現代風に言うと大工の棟梁のような技術者であった。造仏工と造寺工それぞれ一人ではたとえ高度な技術者であっても丈六の金銅仏や巨大木造建築をつくることはできないから、わが国の仏教寺院建立のために来日したのではない。これについては私見を述べたことがあるが[8]、私はこのとき来日した造仏工と造寺工はわが国の専門工人を育成するための、つまり外国人教師であったと解している。

百済の工人たちに弟子入りした見習工人たちは十年後には一人前の工人たちに成長するのである。だからこそ、時の権力者で仏教崇信者の蘇我馬子は政敵物部守屋を滅亡させた後、用明二年（五八七）わが国初の本格的伽藍の飛鳥寺を発願したのである。

私が前稿で述べたところをまとめると以下のごとくである。王興寺址発掘で出土した舎利容器の銘文によると、西暦五七七年の二月十五日に百済王昌は亡き王子のために刹、すなわち心柱、さらに言えば仏塔を建てて仏舎利を安置した。また『日本書紀』によるとこの九カ月後の同年十一月に同じ百済王はわが国に造仏工と造寺工を送ってきたのである。すると来日した造仏工と造寺工は百済王の宮廷につらなる工人たちということになろう。また王興寺を建てた工人たちは宮廷専用の寺院造営集団のメンバーであったはずだから、来日した工人たちもそのメンバーということになる。このようなことを前稿で論じたが[9]、王興寺と飛鳥寺は時代的にもっとも接近しており、しかもつくった工人は前者が百済王の宮廷専用の工人たちで、後者はその出身者と弟子たちであった。してみれば、飛鳥寺はわが国に建てられた百済寺院ということになる。

『日本書紀』崇峻元年是歳条には

百濟國遣㆓使幷僧惠總・令斤・惠寔等㆒、獻㆓佛舍利㆒。百濟國遣㆓恩率首信・德率蓋文・那率福富味身等㆒、進㆑調幷獻㆓佛舍利、僧聆照律師・令威・惠衆・惠宿・道嚴・令開等、寺工太良未太・文賈古子、鑪盤博士將德白昧淳、瓦博士麻奈文奴・陽貴文・㥄貴文・昔麻帝彌、畫工白加㆒。

とある。この記事は飛鳥寺の発願（用明二年・五八七）の翌年のことで、わが国からの要請に応じて百済は使者を遣わし、仏舎利や僧侶、各種工人を献じているから、それらは飛鳥寺造営のものと解釈されてきた。もっともこの崇峻元年是歳条には百済が二度も使者を送ってきたように記されているが、仏舎利を二度も送る必然性もないため、従来これは重複記事と考えられてきた。

このような通説には私も同意するが、ここに記されている寺工二人、露盤工一人、瓦工四人、画工一人の工人だけで飛鳥寺のような大仏教伽藍が造営できるとは思えない。もっとも重要な巨大木造建築を建てる造寺工は何人でも必要としたはずで、そのために敏達六年来日の造寺工がわが国の造寺工を育成していたのである。それでも経験豊富な指導的なスタッフを必要としたから、飛鳥寺の発願後、二人のベテラン造寺工の来日を要請したのであろう。

造寺工に対し露盤工、瓦工、画工の専門工人は飛鳥寺の発願後にはじめて来日しているのは、造寺工や造仏工のように規模が大きく高度かつ精密な技術をともなわないため、見習い工人の育成期間は半分ぐらいと判断していたからであろう。露盤工は仏塔の最屋上にある露盤、今では相輪部と呼ぶ金属部分をつくる鋳造関係の金工、瓦工は古代中国発明の瓦の製作工人で、単純そうな製作にもかかわらず四人も来日しているのは金堂の屋根だけで数万枚の瓦を葺くため、つまり桁ちがいの数量の瓦を製作し、その指導をする必要があったからである。画工は仏堂内の天井に蓮華や唐草の文様を描いたり、柱や梁等を朱色に、連子窓を緑色に、垂木の先端を黄色に塗装した工人と思われる。

このように崇峻元年飛鳥寺建立の応援部隊ともいうべき各種工人が来日しているが、本尊たる丈六仏を制作する造仏工が来日していないのは、飛鳥寺発願時に我が見習い造仏工は順調に育成され、その中から鞍作止利が頭角を現すまでに成長していたからであろう。造仏工と同じく造寺工の育成も順調だったと思われるが、それでも二人の造寺工が来日したのは先述のように仏教建築があまりに規模が大きく、複雑精密であったから経験豊富な造寺工なら何人でも必要としたからである。

ところで、前掲崇峻元年是歳条には百済から仏舎利が送られてきたことが書かれている。言うまでもなくこの仏舎利はわが国初の本格的伽藍として造営された飛鳥寺の仏塔の地下に安置するためのものであった。推古元年正月十五日に飛鳥寺仏塔の心礎の中に安置したあの仏舎利である。この世でもっとも聖なるそして掛替えのない貴重な仏舎利を百済からどのように運んできたのか、大いに興味をそそられる。仏舎利は原則的には釈尊の遺骨であるが、数量に限度があるから、多くの場合は何等かの代用品、たとえば貴重な宝石などが使われた。百済から送られてきた仏舎利もそのような代用品であったかもしれない。

蘇我馬子をはじめとする飛鳥人たちは誰一人仏舎利なるものを見たこともなかったし、どのように扱えばよいのかも知らなかった。もちろん仏舎利を直に手で触れることはできなかった。

小杉一雄氏によると、古代中国人はこの世でもっとも尊く聖なる仏舎利に直に触れることができるものとして金と瑠璃を想定していたようである。六朝時代には仏舎利を直接納める容器は黄金製を通例とし、つぎは瑠璃か玉や銀製の容器、さらに銅製か鉄製の容器、そして最外部の容器には石製函が用いられ、以上を入れ子式におさめた舎利容器は地下の心礎よりさらに下に、舎利塔銘を刻んだ方形か円形の石を石函の上において埋蔵された。また場合によっては瑠璃瓶に直接仏舎利を納めることもあり、最外部の石函に代わって塼函を用いることもあったという(10)。

古代中国人が直接仏舎利に触れることができるものとして黄金を選んだのは金の特性からであろう。古くから金といえば美しいもののたとえであり、また尊いもののたとえでもあり、固いもののたとえでもあった。金は一般には錆びないし、普通の状態では化合物をつくらない。また錬金術の語があり、新聞の地金相場で金はグラム単位で扱われていることからして、金はきわめて希少な存在であった。したがって、金には不変性、永遠というイメージが定着し、崇高、偉大、完璧なものとして、古代文明の時代から人間は金に魅了されてきたのである。金に魅せられるのはあの美しい黄金色の所以である。そして光り輝く光の色として黄金色が考えられてきたのである。自ら覚り完全なもの仏陀になった釈尊こそ、こうした黄金と重なり合い、三十二相の金色相や丈光相が成立したのであろう。してみれば釈尊の遺骨の仏舎利を金製容器に直に納めたのも諒解できよう。小杉氏は場合によっては瑠璃製の容器に直接仏舎利を納めることもあると言うが、この瑠璃は仏教では七宝の一つで、青色の宝玉であった。瑠璃は古代ではガラスの呼称でもあるから、天然に存在する貴重な金に対し、人工的につくり出した貴重品として、現実には瑠璃に代わってガラス製の舎利容器を用いたのかもしれない。

釈尊と黄金との共通性から仏舎利を直に荘厳する容器として黄金製が採用されたことになるが、仏舎利が中国から百済へ、さらにわが国に運ばれる場合、仏舎利は直接金製容器に納められていたと想像できる。飛鳥寺発願の翌崇峻元年に百済がはじめて仏舎利をわが国に送ってきたときも、仏舎利は金製容器に入れられていたのであろう。わが国では仏舎利を見たこともなかったし、扱い方も知らなかったのであるから、百済は仏舎利を百済で製作した金製容器、銀製容器、銅製容器に入れ子式に納め、注意深くわが国まで運んだのである。

このような金、銀、銅製の舎利容器を百済では熊津時代から制作し(11)、五三八年に熊津から泗沘に遷都しても本格的寺院の造営は盛行するから、舎利容器の制作には習熟していたと思われる。わが国で金、銀、銅製の舎利容器の制作を指導するよりも、舎利容器は小さくて軽いものだから、百済でつくった完成品の舎利容器に仏舎利を納め携行したのであろう。

私は本格的伽藍の第一号であった飛鳥寺仏塔に埋蔵した三種の舎利容器は百済製と考えているが、飛鳥寺のつぎなる法隆寺（若草伽藍）以降の寺院の舎利容器は時間的余裕もあったためわが国の工人の手でつくられたのであろう。

このように私は、飛鳥寺仏塔の心礎の中に埋納された舎利容器は百済製と推定しているが、舎利容器のほかに百済から将来されたものがあるようだ。飛鳥寺の仏塔の跡を発掘した坪井清足氏はすでに紹介したように金銀の粒や延板をのぞいて、まったく古墳を掘っているのではないかと思ったというが、換言すると金銀の粒や延板は古墳からは出土しないということで、これらは仏舎利とともに埋納した舎利荘厳具の一部ということになる。村上隆氏は心礎の上面にあった金の延板七点を、①大きめのもの、三点（折りたたんだ一点を含む）、②比較的小さなもの、三点（大きさ二センチ程度で折り目がある）、③小さなインゴットを細くたたき延ばしたもの、一点に分類し、さらにそれぞれの材質を分析すると、①は金の純度は約九八・四％とたかく、のこりは銀と微量の銅である。②は金が八三・七％、のこりが銀で、銅は二％程度である。③は金が八一・二％、銀一八％、銅は一％弱である。また金粒一点は金八〇・八％、銀五・二％、銅一四％であった。村上氏は①②③の金の延板は「何かを作る素材として朝鮮半島からもたらされたインゴットそのものを、鎮壇具として埋納したものと考えてよいのではなかろうか。」と述べている。(12)

何度も記しているようにわが古代人は仏舎利を見たこともないし、扱い方も知らなかったため百済は仏舎利とともに金、銀、銅製の舎利容器まで制作して送ってきたが、さらに仏舎利を荘厳する舎利荘厳具も当然ながら用意したのではなかろうか。村上氏が朝鮮半島から将来したという金の延板こそ、百済伝来の舎利荘厳具だったのである。

図4　王興寺址舎利容器出土状況と舎利孔・石蓋

もっとも村上氏は金銀の延板等を鎮壇具と記しているが、これは仏塔の仏舎利を荘厳する舎利荘厳具の一部と解すべきである。わが国では藤原宮や平城宮を造営するにあたって鎮祭、つまり地鎮祭をおこなっているが[13]、このような地鎮祭が仏教寺院の造営にあたっても採用され、飛鳥寺以来の舎利荘厳具の埋納に示唆されたのか、七宝、貨幣、武具等を鎮壇具として埋納したのである。奈良時代の鎮壇具には興福寺中金堂の基壇[14]や東大寺大仏殿の大仏石座[15]から出土したものがある。

三　王興寺仏塔の舎利安置

百済王興寺の発掘は二〇〇〇年からはじまり、二〇〇七年には第八次を迎え、十月に出土した舎利容器は地下の石材の中に安置されていた。発掘担当の金容民氏によると、木塔跡の正中央部に現存する基壇の上面から約五〇センチの下から一〇〇×一一〇×四五センチの石材が確認され、この石材の上面の南端に一六×一二×一六センチの舎利孔がつくられ、これに四角錐台形の石製蓋（図4）が被せられていた。舎利孔の内部には、中から順に金製舎利瓶、銀製舎利壺、青銅製舎利函（盒）が入れ子式に納められていた。[16] 以上三点の名称は韓国側の命名であるが、三点とも舎利容器と称して何等問題ない。

金容民氏は、舎利孔を持つ地下の石材は舎利を安置するための舎利安置石としての機能をはたすものであり、さらにこの石材の中心部に積心土を構築することを考慮して舎利孔を南端に偏るように配置したのだと言う。つまり王興寺仏塔の心礎は地下式ではなく地上式で、地下の石材の中央部に版築積心を構築し、その積心土の上の地上に心礎を据え、心柱を建てたと推測しているのである。心礎を地上式としたのは、地下に湿気が溜まって心柱の根元が腐蝕しないための処置という。[17]

図５　河北省定県出土北魏太和五年（481）銘舎利石函

すでに述べたように小杉一雄氏によると、六朝時代には直接仏舎利を納める容器は黄金製を通例とし、つぎは瑠璃か玉か銀製の容器、さらに銅製か鉄製の容器、最外部の容器には石製函が用いられたと言う。王興寺の舎利容器の金、銀、銅製の三種は六朝時代の金、銀、銅製の舎利容器製を忠実に踏襲しているが、舎利孔を持つ地下の石材はその形状からすると石函と呼ぶことはできない。しかしながら石函の代用品と解することはできよう。

ところで、石材の上面につくられた舎利孔の石蓋の形状は四角錐台形である。この形状は六朝時代の金、銀、銅製の舎利容器を入れ子式に納める最外部の石函の石蓋（図５）の形状と一致するのである。しかしながら、たとえ蓋の形状が六朝時代の舎利容器の石函の蓋のそれと同じであっても、この石材を石函と見做す人はいない。石材全体の形状からすると、この石材はその中心部に積心土を版築するための台石のようだ。石材上面の中心部をさけて端部に直方体の孔を穿ち、そこに三種の舎利容器を入れ子式に納めていたことから、この孔は舎利孔と称され、私は孔をふさぐ石蓋の形状からこの石材を石函の代用品と解したのである。つまり、百済の石工は舎利安置のための石函と積心土を版築するための台石の機能を合せもつものとしてこの石材を製作したのである。

本来ならば石函と石台の二種類の石製品をつくるところを、一つの石材に二つの機能をもたせたのである。創意とは言えなくとも、かなりの工夫であることはまちがいあるまい。たしかに石函をあらためてつくろうとすると時間も労力もかかる。百済の石工は石函と台石という二つの機能を有した石材を考案したのである。

ところで、異文明を受容する場合異文明が受容する側より高度であれば、当然ながら丸呑みの状態で受容する。一方受容する側と受容される側の文明度がともに高く同等であれば、時間をかけて受容側の文化文明で包み込みながら受容する。インドの仏教が中国に到達する西暦紀元ごろ、中国は東アジアの文明国であった。したがって文明国の中国がこれも文明国のインドの仏教を受容するとき、すでに述べたようにインド仏教はおよそ二百年という長期間をかけて中国文明と融合した。まずインド仏教は儒教をはじめとする中国思想を呑み込みながら、テキストたる仏教経典は中国語に翻訳され漢訳経典として登場するのである。中国文明の粋たる絵画、彫刻、工芸、建築、土木、鋳造等で包み込まれ、インド仏教は装いを新たにして中国仏教・中国仏教美術に変身したのである。

このような中国仏教文明は一大総合文明であると同時に、東アジアの先端文明であった。ハイカルチャーゆえに東アジアの周辺に伝播するには高い知的水準を要求した。つまり、漢字文明を修得している地域にのみ伝播し、受容されたのである。こうして半島の高句麗も百済も、新羅も積極的に中国仏教文明を受容したのである。それらが丸呑みの受容であったことは言うまでもない。

さて舎利安置の制は六朝時代にはほぼ完成し、直接仏舎利に接するのは金製容器、ついで銀製容器、銅製容器を最外部容器の石製函に入れ子式に納め、地下の心礎のさらに下に埋蔵していた。やがて中国仏教文明は三八四年に東晋から百済に伝わり、熊津時代には本格的な仏教伽藍が建立されるようになったが、現在その実態は明らかになっていない。

すでに述べたところであるが、かつて小杉一雄氏は六朝時代の舎利安置法について、釈迦の仏舎利を埋葬するとき、まず金、銀、銅製の容器に納め、最外部の容器に石函を用いるのは、中国では上古以来棺槨を埋蔵するとき石造の玄室を構築するが、最外部の石函は石造の玄室と理解してつくられたもので、さらにその石函の上に置かれた塔銘は墓誌銘に当たると言われた(18)。

ならば、地下に据える心礎は当然頑丈な石製であるから、この心礎の上面に舎利孔を穿てば四面の壁と底面が石造で、さらに石造の落とし蓋をつくると上面を含む六面すべてが石造となる。つまり六朝時代につくられた舎利安置のための石製函と同一の石造となるのである。わざわざ石製函をつくる労力と時間を倹約できることからして、心礎に穿つ舎利孔は一石二鳥であった。こうして心礎に舎利孔をつくって舎利容器を納める舎利安置法が考案されたと思われるが、これが中国の地ではじまったのか、それとも百済の地ではじまったのかは速断できない。中国では心礎に舎利孔をつくる出土例はまだ聞かないし、石函をつくる手間を節約しその代用品として塼製函を考案しているから、心礎に舎利孔をつくって石製函の代用とするのは百済ではじまった可能性が高い。

飛鳥寺仏塔の心礎には先述したように舎利安置のための舎利孔が穿たれていたが、言うまでもなく百済の造寺工の指導によってつくられたものである。おそらく敏達六年に百済の造仏工と造寺工が来日する以前の百済では、すでに

図6　韓国扶余旧衙里の寺院址の心礎

心礎に舎利孔をつくって石製函の代用とする舎利安置法がおこなわれていたのであろう。現存するものでもっとも古い例と思われるものが扶余の舊衙里にのこる寺院址の心礎である。この寺院址は軍守里廃寺址、定林寺址、扶蘇山廃寺址等と同じく百済の典型的な伽藍配置の寺院址であったという[19]。心礎は現在国立扶余博物館に所蔵されていて、長さ一〇八センチ、幅九四センチ、厚さ五〇センチの花崗岩の自然石である。心礎の上面に舎利孔（図6）をつくるが、まず一辺一七・五センチ、深さ三センチ、つぎに一辺一二センチ、深さ一〇センチの二段の方孔をつくり、上段には四角形の板状の石蓋を置いて舎利孔を塞いでいたという。つまり上段は石製の落し蓋をうける装置で、飛鳥寺の落し蓋に先行する例である。

李丙鎬氏は舊衙里の寺院址から出土した塑像断片と瓦の文様から舊衙里廃寺の造営年代を以下のように考察している。すなわち、この寺院址から出土した塑像断片は定林寺址や陵山里廃寺址から出土した塑像断片と制作技法が共通している。この寺院址出土の瓦も陵山里廃寺址の中門付近出土の瓦と同笵で、多くは六世紀中葉から七世紀はじめの瓦と編年されている。したがって、舊衙里廃寺の造営は陵山里廃寺以降、飛鳥寺以前と想定する[20]。さらに李丙鎬氏は舊衙里廃寺の心礎の舎利孔の石蓋の裏に朱が塗られていることも指摘しているが、朱は王興寺の石蓋、飛鳥寺の石蓋にも存在し、三者が密接に関係していたことが了解できよう。

ここに登場する陵山里廃寺とは一九九三年に扶余の陵山里古墳群の西側の発掘調査で確認された寺院址で、百済の金属工芸の粋ともいうべき金銅博山香爐と百済昌王十三季太歳在丁亥（五六七）という紀年銘のある石造舎利龕（図7）が発掘され、陵山里廃寺の名を一挙に高らしめることになった。最近では近くにこの寺院址に建っていた伽藍建築も復元され、観光客で賑わっている。

石造舎利龕とは聞き慣れない名称で、これも韓国側の命名だが、要するに六朝時代の石製函である。両者の共通点はともに石製であることで、形式形状は大きく異なる。すなわちこの舎利龕は半円形の部分を上部とすると、中央部に上部が半円形の龕、つまり横穴を穿っていて、龕の左右に一行十字ずつ計二十字の銘文を陰刻している。この横穴の龕には蓋、それも落とし蓋があったらしく、そのための装置、つまり段差を龕の周囲にめぐらせている。すでに蓋は失われているが、石製の蓋であったことは言うまでもない。

図7　韓国扶余陵山里廃寺出土石造舎利龕（567年）

六朝時代の石製函の蓋は上から被せる形式であったが、この舎利龕は横からあたかも扉のごとく被せるのである。このように形式形状が異なると、異文化異文明の受容期における私が主張する丸呑み時代のものでないことは誰の目にも明らかである。したがってこの石造舎利龕は六朝以来の石函をこのように変容させた工夫考案時代の産物ということになる。古代百済人たちが、仏教伽藍における舎利安置の本質を釈迦の遺骨の埋葬と解し、それまでに百済の地でつくられていた埋葬施設に着目し、六朝以来の最外部容器たる石函に工夫考案を加えたのであろう。私は百済の熊津時代以来の王陵の塼築墓の横穴式墓室がヴォールト形の天井であったのに倣って、この石造舎利龕の形式形状を考案したと考えている。このように、百済の泗沘時代になると六朝の石函とは形式形状の異なる石造舎利龕が五六七年には登場していたのである。

こうしてみると、百済では東アジアの最先端文明であった中国仏教文明をすでに漢山時代、熊津時代には受容していたが、その実態は不明で、おそらく丸呑み時代であったと思われる。五三八年に遷都した泗沘時代になると舎利安置に関して工夫考案の時代を迎える。六朝の石製函とは形式形状の異なる石造舎利龕はこうした工夫考案時代のものだが、さらに工夫考案がすすむと、独立していた石函と同じく堅固なる石造心礎が一体化するのである。すなわち心礎の上面中央部を穿ってつくる、金、銀、銅製の舎利容器を納める舎利孔の登場である。

四　益山弥勒寺の舎利安置

かつて韓国益山の弥勒寺址には、コンクリートで補強された大規模石塔（図8）が田圃の中にぽつねんと取りのこされていた。背後の山は岩がごつごつした禿山で、緑の木はほとんどなかったという記憶がある。四十年以上も前の昭和四十五年（一九七〇）四月のことであった。建築史の藤島亥治郎氏が団長のグループで、韓国では文化財研究所の金正基氏が案内役であった。

石塔の東側にポプラ並木の一本の道が南から禿山に向かって延びていた。弥勒寺は七世紀のはじめに百済王室の発願でつくられ、今にのこる石塔は西の仏塔で、南北の一本道のあたりに中央の仏塔が、また西の仏塔と対称的に東側にも仏塔があって、言うなれば三つの寺からなる寺院であったらしい。ちょうど東の仏塔址のあたりでは数人がかりで発掘中であった。弥勒寺で唯一のこる石塔は半分ほど崩壊し、一部は六層部分までのこっていて、木造塔を手本に石材を積み重ねながら構築したものである。第一層の内部にも入ったが、中心部には石造の心柱や四天柱らしきものもあった。心柱は一材の石材ではなく、大きな石材を三箇積み重ねて第一層の心柱の高さとしていた。この石造心柱の下には、一回り大きい心礎と思しき正方形の石材が据えられ、その下部のほとんどは基壇の中に埋められているため見えなかった。

藤島氏を中心にこの石塔は当初七重塔であったか、それとも九重塔であったか、また舎利安置は石造心柱が立つ心礎の舎利孔の中であろう等々、勝手な議論を交わしたことを想い出す。たしか七重塔説が多かったように記憶しているが、その後十数年後にふたたびこの地を訪れた時、私は目を疑った。緑の田圃の中に真新しい九重塔が、それも石造で聳えているのである。かつて見た背後の禿山は緑の木でおおわれ、どこに目をやっても緑なのである。コンクリートで補強された石塔は環境が一新されてもなお健在であった。

ところがその後韓国ではこの石塔の安全性が問題となり、一九九九年に文化財委員会は解体と補修整備を決定した。(21)

図８　韓国益山弥勒寺址西石塔（解体前）

図9　弥勒寺址西石塔解体後一層目

図10　西石塔一層目解体調査時に舎利容器発見

二〇〇一年には第六層の蓋石の解体を開始し、二〇〇二年には第六層から第四層までの塔身を解体し、コンクリート補強をすべて除去した。そして上層から下層へ石材の解体が順調に進み、第一層まで解体が及んだ（図9）。第一層内部中央に建つ石造心柱は三箇の石材を三段に積み上げており、まず一番上の第三段の石材を解体した。つまり積み上げていた石材を取り離したのである。そして二〇〇九年一月十四日に第二段の石材を取り除くと、その下の第一段の石材の上面に舎利孔が穿たれ（図10）、そこには瑠璃、金、金銅製の三種の舎利容器（図11）が入れ子式に安置され、空隙には瑠璃つまりガラス玉等が詰められていたのである。[22]

この弥勒寺の石塔に至り、仏舎利は地中から地上へ抜け出し、同時に心礎の舎利孔からも脱出して心柱の中に安置されたのである。六朝以来の舎利安置の歴史において、弥勒寺の舎利安置ほど大きく変化したものはない。仏舎利に対する理解が根本的に変わったのである。

仏舎利は釈迦の遺骨であるから、六朝時代の舎利安置は当時の埋葬の作法にしたがい、金、銀、銅製の容器に安置した仏舎利は最外容器の石函に納めて地下の心礎の下に埋蔵したのである。つまり仏舎利は六朝時代の埋葬の作法によって地下に埋葬されたのである。こうした舎利安置法は中国仏教文明が百済に伝わり、丸呑み時代にはそのまま受容されていた。やがて工夫考案時代になると、単独の石函の製作には労力と時間がかかるため、石函と同じ堅固な心礎に着目し、心礎上面の中央部に舎利孔をつくったのである。飛鳥寺の舎利安置がこれに当たることはすでに述べたところである。

図11　弥勒寺址出土舎利容器

しかしながら、心柱の根元の腐食を防ぐため、百済では地下式心礎は地上式になった。このとき仏舎利は地下埋葬から地上安置に大きく変更するチャンスがあったが、百済人は六朝以来の地下埋葬にこだわったのである。その結果、先述のように王興寺仏塔の心礎は地上式になったが、心礎の真下に舎利孔をつくった石材を埋め、その舎利孔に仏舎利を安置したのである。この王興寺仏塔までは百済人たちの舎利安置はたしかに六朝人たちと同じ地下埋蔵であった。ところが弥勒寺の仏舎利は地下はおろか心礎からも飛び出し、石造の心柱の中に安置され

図12　韓国慶州感恩寺址東・西三重石塔（7世紀後半）

図13　韓国慶州仏国寺三重石塔（釈迦塔）（8世紀半ば）

たのである。このような弥勒寺の舎利安置で六朝時代と共通するのは、最外部容器が堅固なる石函と同じく石造の心柱ということである。おそらく百済人は強固な石材で保護するかぎり、仏舎利は地上にあっても永続的であると判断したのであろう。

こうした考えをすすめると、石造仏塔の場合、舎利安置は石塔の石材の内部であればどこでも可能となる。つまり、石塔全体が巨大な石函なのである。その後韓半島では石造の仏塔が多く建立されるが、仏舎利は地下ではなく、仏塔本体の石造塔身の中に安置されることになる。たとえば統一新羅時代の慶州感恩寺の東西の三重石塔（図12）では、西塔の第三層塔身から舎利容器が発見され、同じく慶州仏国寺の釈迦塔（三重石塔、図13）では第二層塔身から舎利容器が発見されている。わが国では唯一の石造塔身内の舎利安置と考えられるものが滋賀県東近江市石塔町の石塔寺石塔（図14）

図14　滋賀県石塔寺石塔

である。この石塔は七世紀後半に百済移民によってつくられた石造三重塔で、第三層に舎利安置用と思われる孔（約七センチ四方、奥行約八センチ）があけられている。(23)

片岡直樹氏によると、長谷寺銅版法華説相図に描かれている多宝塔は石造製の特徴を示すというが、(24)たしかに第三層に舎利容器が安置されている。石造仏塔の舎利安置は地上式になるという私見によれば、この法華説相図の多宝塔は石造と判断すべきであろう。

むすび

最近の百済寺院の発掘は舎利安置について従来誰も想像できなかった新知見を提供したといえる。異文化異文明を受容するとき、私は丸呑み時代を経て工夫考案の時代を迎えると考えているが、陵山里廃寺址、王興寺址、そして弥勒寺址の発掘で出土した舎利安置関係の遺物は六朝以来の舎利安置を百済風に工夫改良しながら受容していたことを如実に示すもので、きわめて興味ある事例であった。

まず陵山里廃寺址から出土した石造舎利合龍は、六朝以来の最外部舎利容器たる石製函を熊津以来の王陵のヴォールト形の天井にならって形式形状を考案したものである。

つぎに王興寺では心礎は地下式から地上式になったため、心礎の舎利孔に安置していた舎利も地下から地上へ脱出する機会ができたが、百済人は六朝以来の地下埋葬にこだわった。その結果、心礎は地上式になっても心礎の真下に不可思議な舎利孔をもつ石材を埋めて地下埋葬をつづけるのである。

そして弥勒寺石塔に至り、仏舎利は地下はおろか心礎からも脱出し、堅固な石造の心柱の中に安置されたのである。百済人は強固な石材なら、たとえ仏舎利が地上にあっても永続的に保護できると確信していたのであろう。こうして石造仏塔は堅固のイメージとともに、地上への舎利安置を可能にするのである。石材に対する百済人の信頼が弥勒寺石塔を出現させたのである。

なお舎利安置と関係深い舎利荘厳具については稿をあらためて述べてみたい。

註

（1）拙著『飛鳥の文明開化』吉川弘文館、一九九七年。

（2）拙著『奈良美術成立史論』序論「中国仏教美術の受容」中央公論美術出版、二〇〇九年。

（3）『飛鳥寺発掘調査報告』奈良国立文化財研究所、一九五八年。

（4）弁暁の注進文案は註3の報告書の四～五頁に影印されている。

（5）坪井清足『飛鳥寺』美術文化シリーズ、中央公論美術出版、一九六四年。

（6）坪井清足、註（5）前掲。

（7）拙稿「六世紀後半の百済寺院の舎利安置について」（『早稲田大学大学院文学研究科紀要』第五六輯、二〇一一年）。
（8）拙稿「鞍作鳥の造仏技法の習得について」（『高嶌正人先生古稀祝賀論文集　日本古代史叢考』高嶌正人先生古稀祝賀論文集刊行会、一九九四年）。
（9）拙稿、註（7）前掲。
（10）小杉一雄「六朝時代の仏塔に於ける仏舎利の安置について」（『東洋学報』二一―三、一九三四年）。
（11）熊津時代の大通寺は本格的伽藍の寺院であったようで、当然仏舎利も金、銀、銅製の舎利容器に納めていたと思われるが、現在その遺蹟はまだ確定していない。
（12）村上隆『金・銀・銅の日本史』岩波書店、二〇〇七年。
（13）『日本書記』持続五年十月二十七日条、同六年五月二十三日条、また『続日本紀』大宝二年十月三日条、和銅元年十二月五日条、天平二十年十二月十八日条、天平勝宝六年閏十月二十日案等に記されている。
（14）『六大寺大観』第七巻興福寺一、解説、金堂鎮壇具（岩波書店、一九六九年）。
（15）上田三平「東大寺大仏殿須弥壇内に於て発見せる遺宝に就て」（『寧楽』八、一九二七年）。
（16）金容民『王興寺跡と舎利器・荘厳具の発掘調査成果』（鈴木靖民編『古代東アジアの仏教と王権　王興寺から飛鳥寺へ』勉誠出版、二〇一〇年）。
（17）金容民、註（16）前掲。
（18）小杉一雄、註（10）前掲。
（19）李殷昌「扶餘　舊衙里　寺址心礎石」（『考古美術』五―六・七、一九六四年）。
（20）李炳鎬「扶餘　舊衙里　出土　塑造像とその遺蹟の性格」（『百濟文化』三六、広州大学校百済文化研究所）。
（21）裵秉宣「弥勒寺石塔の解体修理と舎利荘厳の発掘」、「日韓合同シンポジウム百済弥勒寺西塔の舎利奉安からみた『仏教』文明の東方移動」におけるレジュメ、早稲田大学東アジア「仏教」文明研究所、二〇一二年七月十四日。
（22）裵秉宣註（21）前掲。

(23) 西谷正・鄭永鎬監修、蒲生町国際親善協会編『石塔寺三重石塔のルーツを探る――日韓文化交流シンポジウムの記録』サンライズ出版、二〇〇〇年。

(24) 片岡直樹『長谷寺銅板法華説相図の研究』、第一章「彫刻様式の検討」、第三節「銅板の制作背景」、中央公論美術出版、二〇一二年。

〈図版出典〉

図1　奈良国立文化財研究所編『飛鳥寺発掘調査報告』真陽社、一九五八年。
図2　奈良国立博物館『仏舎利の美術』奈良国立博物館、一九七五年。
図3・4・8・9・10・11　韓国国立文化財研究所
図5　河北省文化局文物工作隊「河北省定県出土北魏石函」『考古』一九六六年第五期、一九六六年。
図6・14　金志虎氏撮影
図7　国立扶余博物館編『陵寺―扶余陵山里寺址発掘調査進展報告書』、二〇〇〇年。
図12・13　菊竹淳一・吉田宏志責任編集『世界美術大全集　東洋編』十（高句麗・百済・新羅・高麗）、小学館、一九九七年。

第二部　舎利奉安記を読む

文字表現から観た「弥勒寺金製舎利奉安記」
——典拠を中心に——

瀬間正之

一　はじめに

「弥勒寺金製舎利奉安記」について、過去に三度取り挙げたことがある。(1)

1「百済弥勒寺『金製舎利奉安記』」（二〇〇九年一一月）
2「新出百済仏教関係資料の再照明」（二〇一〇年四月）
3「百済弥勒寺『金製舎利奉安記』と〈聖徳太子〉」（二〇一一年六月）

1は出土概報的内容に終始し、充分な考察を欠いたものであった。その後、石井公成氏(2)の教示を得て、本文の読み直し作業を行い、それを2の一部に取り挙げた。3は、『維摩経義疏』との共通表現を中心に、我が国への流れを確認しようとしたものである。本稿では、典拠の問題を中心に取り挙げ、この銘文の背景となった文字表現について考察したい。

二　本　文

まず、「弥勒寺金製舎利奉安記」の本文をその構造を明示して挙げれば以下の通りである。

①竊以、　法王出世、｛随機赴感、應物現身、｝如水中月。

竊《ひそか》に以《おもんみ》るに、法王の世に出でまし、機に随ひて感に赴き、物に応じて身を現すこと、水中の月の如し。

②是以、｛託生王宮、示滅雙樹、｝｛遺形八斛、利益三千。｝

是を以て、生を王宮に託し（王宮に託生し）、滅を双樹に示し（双樹に示滅し）、形を八斛に遺し（八斛に遺形し）、益を三千に利す（三千に利益す）。

③遂使｛光曜五色、行遶七遍、｝神通變化、不可思議。

遂に光り曜《かがや》くこと五色にして、行き遶ること七遍ならしめ、神通変化すること、不可思議ならしむ。

④我百濟王后佐平沙乇積德女、｛種善因於曠劫、受勝報於今生。｝

我が百済王后、佐平沙乇積徳の女は、善因を曠劫に種《う》ゑ、勝報を今生に受く。

⑤〔撫育萬民、棟梁三寶。〕故能〔謹捨淨財、造立伽藍。〕

万民を撫育し、三宝を棟梁す。故に能く、謹んで浄財を捨て、伽藍を造立せり。

⑥以己亥年正月廿九日、奉迎舍利。

己亥（六三九）年正月廿九日を以て、舎利を奉迎す。

⑦願使〔世世供養、劫劫無盡、〕

願くは、世々供養して、劫劫尽くること無からしめ、

⑧用此善根、仰資［闕字］大王陛下、

此の善根を用て、仰ぎて大王陛下に資し、

⑨〔年壽與山岳齊固、寶曆共天地同久、〕〔上弘正法、下化蒼生。〕

年寿は山岳と与《とも》に斉しく固く、宝暦は天地の共同《むたとも》に久しく、上は正法を弘め、下は蒼生を化さむことを。

⑩又願、王后即身、〔心同水鏡、照法界而恒明、身若金剛、等虛空而不滅、〕

又願くは、王后即身にして、心は水鏡に同じく、法界を照らして恒に明るく、身は金剛の若く、虚空に等しくして滅せず、

⑪七世久遠、並蒙福利、〔凡是有心、俱成佛道。〕

七世久遠、並びに福利を蒙り、凡是《おほよそ》心有るもの、倶に仏道を成ぜむことを。

三　典　拠

全体を三段に分ければ、第一段（①〜③）が、釈迦の出世と入滅、仏舎利の霊験の段落、第二段（④〜⑥）は、王后による伽藍造立と仏舎利奉安の段落、第三段（⑦〜⑪）が供養による大王と王后の福徳の段落となる。以下、この典拠を中心に解説したい。

1　第一段の典拠

①の「**随機赴感**」は『大正新脩大蔵経』[3]に五例用いられるが、七世紀以前の用例は、以下の二例に過ぎない。

A唐　智儼　六二八年注釈　大方廣佛華嚴經捜玄分齊通智方規（No. 1732）
106a　口中有三。初五明所説法有大威力。次十二明一音。随機赴感。次五辨成徳用所以。

B唐　道世　六六八年撰　法苑珠林（No. 2122）
916b　内外明闇如掌觀珠。随機赴感不差時也。

また、「**應物現身**」は、『大正新脩大蔵経』に六例、「如水中月」は二九一例用いられるが、「**應物現身如水中月**」は、以下二例を数えるのみである。

A唐　道宣　六六四年撰　廣弘明集（No. 2103）
165c　大唐聖朝正信君子論曰。諸佛大人。遊涅槃之妙苑。住般若之眞空。不可以言象求。不可以情慮揆。形同法性壽等太虚。但應物現身如水中月。

B唐　法琳　六二二年撰　破邪論（No. 2109）

484b　大唐聖朝正信君子論曰。諸佛大人。出俗高士遊涅槃之妙苑。住般若之眞空。不可以言像求。不可以情慮揆。形同法性壽等太虚。但應物現身如水中月。

『広弘明集』『破邪論』ともに「大唐聖朝正信君子論」の引用部分である。「随機赴感」「應物現身如水中月」がいずれも初唐以降の用例しか求め得ないことが留意される。ところが、「應物現形如水中月」という類似表現を求めれば、初唐以前にも用例を確認することが可能である。[4] 初唐以前の用例は、以下の通りである。

A北涼　曇無讖　金光明經（No. 0663）

344b　佛眞法身。猶如虚空。應物現形如水中月。

B隋　寶貴　合部金光明經（No. 0664）

385b　佛眞法身。猶如虚空。應物現形如水中月。

C隋　智顗　灌頂　金光明經玄義（No. 1783）

005a　佛眞法身。猶若虚空。應物現形如水中月。

D隋　智顗　妙法蓮華經玄義（No. 1716）

745b　文云。佛眞法身。猶如虚空。應物現形如水中月。

E隋　智顗　維摩經玄疏（No. 1777）

545c　經云。佛眞法身。由如虚空。應物現形如水中月。

F隋　吉藏　法華玄論（No. 1720）

437b　故云。佛眞法身。猶如虚空。應物現形如水中月。

G隋　吉藏　法華義疏（No. 1721）

603b　故云。佛眞法身。猶如虚空。應物現形如水中月。

H隋　吉藏　勝鬘寶窟（No. 1744）

012c　又云。佛眞法身。猶若虚空。應物現形如水中月。

I隋　吉藏　中觀論疏（No. 1824）

031a　故佛眞法身猶如虚空。悟無生滅生滅即是本迹。故應物現形如水中月。

J隋　吉藏　大乘玄論（No. 1853）

027b　經云。佛眞法身。猶如虚空。應物現形如水中月也。

045c　故云。佛眞法身。猶如虚空。應物現形如水中月。

K百済　慧均　大乘四論玄義記　二一七頁［校勘『大乘四論玄義記』崔鉛植校注］

金光明經云、佛眞法身猶如虚空、應物現形如水中月也。

以上のように、この表現は『金光明経』に始まり、それを引用する形で継承されたと見られるが、とりわけ隋から初唐にかけて活動した智顗・吉蔵に使用例が多く、さらには、百済・慧均の『大乘四論玄義記』にも使用されることは注目される。慧均は、吉蔵の同門であり中国僧と見なされていたが、近時、百済人であり、『大乘四論玄義記』は、現存最古の百済文献であるとの新説が崔鉛植氏によって発表された。(5) 慧均が、法朗（五〇七～五八一年）の門下で吉蔵（五四九～六二三年）と同門であった事実から推定すれば、「金製舎利奉安記」が書かれた六三九年というまさにその時に百済に在住していた可能性も残されるのである。

②の「**託生王宮**」は、釈迦がカピラ城の王宮に生を受けたことを意味するが、『文選』巻五九、王簡棲「頭陀寺《つだじ》碑文」にも「是以如來利レ見二迦維一、託二生王室一。」の例を見る。『大正新脩大蔵経』には八例、七世紀以前の用例は六例である。

A隋　吉蔵（五四九～六二三）注釈法華玄論（No. 1720）
440b　託生王宮乃至雙林滅度謂現在世。
B隋　灌頂　六一九年撰　大般涅槃經疏（No. 1767）
073a　明如來託生王宮納妃生子而衆生不知咨受反生貢高如文。
C隋　智顗（五三八～五九七）維摩經略疏（No. 1778）
609c　如來既託生王宮弟子亦隨縁應出。
D梁　僧祐（四四五～五一八）釋迦譜（No. 2040）
010b　釋迦託生王宮譜稱一億王。
E梁　宝唱編　五一六年編　經律異相（No. 2121）
015a　得道師宗一。託生王宮二。現迹成道三。阿難問葬法四。現般涅槃五。摩耶五。哀相現六。
F年代著者不明、五六二年写　維摩經義記卷第四（No. 2769）
351b　亦不見託生王宮爲出雙樹滅迹爲入。

「**示滅雙樹**」の語は、本邦臨済宗愚中周及の語録「大通禪師語録」（No. 2563）が『大正新脩大蔵経』唯一例と遅れるが、「託生王宮」「示滅雙樹」の対に関連する表現としては、先述のA隋・吉蔵『注釈法華玄論』、F『維摩經義記巻第四』の二例が注目される。これらの表現、或いはD『釈迦譜』や、E『経律異相』に記述される釈迦の伝記に依拠すれば、銘文制作者にとって「託生王宮」「示滅雙樹」の対を構えることはそう難しくはなかったはずである。

「遺形八斛」「利益三千」の「遺形」は、ここでは仏舎利の意で、「八斛」の仏舎利を遺したの意。鳩摩羅什訳『大荘厳論経』(No. 201) 巻第十五 347c に「入二涅槃一時爲レ濟二衆生一故。碎身舍利。八斛四斗。利二益衆生一。所碎舍利雖三復微小如二芥子等一。所至之處人所二供養一與レ佛無レ異。」とあるように、仏は涅槃の時、衆生を救わんとして身を砕き八斛四斗の舎利を遺し、衆生を利益した。その舎利は芥子のように微細であったが至る所で人々は仏そのものと異なることなく供養したという。「八斛四斗」を「八斛」とすることは、この場合字数をそろえるためであろうが、単に「八斛」とする例は、『広弘明集』(No. 2103) 辨惑論 170b にも「佛有二舍利八斛一用表二遺身一」と見える。「三千」はその数対で、三千大世界の略であろう。

このように、②で用いられる表現も、智顗・吉蔵及び、梁代の『経律異相』『釈迦譜』など江南の仏教文献に類似表現が求められることは、①で取り挙げた「應物現形如水中月」の句も智顗・吉蔵に偏りが見られたことを思い合わすべきであろう。

③の「光曜五色、行遶七遍」は、舎利放光の奇跡に基づくと見られる。『広弘明集』巻第十七「仏徳篇第三之三」や、『法苑珠林』巻第四十「舎利篇第三十七」感応縁などに記載される舎利が光を放つ例、光が繞る例、五色に輝く例を挙げれば以下の通りである。

『広弘明集』

A 213c　皇帝皇后於二京師法界尼寺一。造二連基浮圖一以報二舊願一。其下安二置舍利一。開皇十五年、季秋之夜有二神光一。自レ基而上。右二繞露槃一。季秋の夜神光有り。基よりして上り、露盤を右に繞る。

B 214c　華州於二思覺寺一起レ塔。天時陰雪。舍利將レ下日便朗照。有二五色光氣一。去レ地數丈。狀若二相輪一。正覆二塔上一。數十里外。遙望レ之。則正赤上屬レ天。舍利下訖雲霧復起。瑞雪飛散如二天華一。著二人衣一久之而不レ濕。舍利将に下らんとすれば日便ち朗照す。五色の光気有り。地を去ること数丈、状相輪の如し。正に塔上を覆ふ。数十里の外、遙かに之を望めば、則ち正に赤上して天に属す。

C 214c　同州於大興國寺起塔。……十二月八日夜。有二五色圓光一。從レ基而上遍二照城內一。明如二晝日一。五十里咸見レ之。五色の円光有り。基従り上りて城内に遍照す。

D 218b　趙州表云。舍利以二三月四日一到レ州。臣等於二治下文際寺一安置起レ塔。二日打レ刹行道。舍利於二塔所一放二赤光一。從レ未至レ申更見レ不レ同。或似二像形一。或似二樓閣一。或見二白光一。乍大乍小。巡二繞舍利一。繞レ瓶行道。或隱或顯。或遲或速。官人道俗莫レ不二覩見一。驚憙號咽沸二騰寺內一。至二四日一又放二赤光一。曜如二金色一。縱橫一尺餘。紫綠相間。前後三度。良久乃滅。或は白光を見、乍ち大、乍ち小、舎利を巡繞す。

E 218c　冀州表云。舍利放レ光。五色照二滿城治一。舎利光を放ち、五色城治に照り満つ。

F 219a　懷州表云。……八日至二午前一舍利欲レ入二塔函一。遂放二光於瓶外一。巡迴數匝。暉彩照曜。或上或下。乍隱乍出。遂に光を瓶外に放ち、巡迴すること數匝。暉彩照曜す。或は上り、或は下り、乍は隠れ、乍は出づ。

『法苑珠林』

G 601a　晉大興中。北人流二播廣陵一日有二千數一。有下將二舍利一者上。建二立小寺一立レ刹。舍利放レ光至二于刹峯一。感二

動遠近」。舎利光を放ちて刹峯に至る。遠近を感動す。

『広弘明集』『法苑珠林』とも、「金製舎利奉安記」に遅れるが、これらに引かれた舎利の奇跡が既に百済に伝えられていたと見るべきで、ここは、舎利が放つ五色の光が、Aのように塔の基壇から露盤までぐるぐるまわって上っていく様子、もしくはDFのように舎利瓶の廻りをぐるぐる回る様子を描写したと解釈したい。

続く「**神通變化不可思議**」は、鳩摩羅什訳『妙法蓮華經』（No. 262）授記品第六021bにも用いられる句である。

2　砂宅氏と上代文献

④の「**佐平沙乇積徳女**」であるが、「積徳」の名は未見であるが、砂（沙）宅（吒）氏の名は我が国の上代文献に以下のように見えている。

a 欽明四543年十二月…百濟聖明王。復以前詔。普示群臣曰。「天皇詔勅如是。當復何如」。上佐平《そくさへい》沙宅己婁。中《しそ》佐平木刕麻那。下《おと》佐平木尹貴。徳率鼻利莫古。徳率東城道天。徳率木刕昧淳。徳率國雖多。奈率燕比善那等。同議曰。

b 斉明六660年七月条所引…伊吉連博徳書云。……十一月一日。爲將軍蘇定方等所捉百濟王以下。太子隆等。諸王子十三人。大佐平沙宅千福。國辨成以下卅七人。并五十許人。奉進朝堂。急引趍向天子。天子恩勅。見前放着。

c 斉明六660年十月…唐人……覆我社稷。俘我君臣。百濟王義慈。其妻恩古。其子隆等。其臣佐平千福。國辨成。孫登等。凡五十餘。秋七月十三日。爲蘇將軍所捉。而送去於唐國。蓋是。無故持兵之徵乎。

d 天智十671年正月…是月。以大錦下授佐平余自信。沙宅紹明《ぜうみやう》。法官大輔。以小錦下。授鬼室集斯。學職頭。

e 天智十671年十一月…對馬國司。遣使於筑紫太宰府言。月生二日。沙門道久。筑紫君薩野馬。韓嶋勝裟婆。布師首磐。四人。從唐來曰。唐國使人郭務悰等六百人。送使沙宅孫登等一千四百人。總合二千人。乘船四十七隻。俱泊於比知嶋。

f天武二673年…閏六月乙酉朔庚寅。大錦下百濟沙宅昭明卒。爲人聰明叡智。時稱秀才。於是。天皇驚之。降恩以贈外小紫位。重賜本國大佐平位。

g持統五691年十二月…戊戌朔己亥。賜醫博士務大參徳自珍。呪禁博士木素丁武。沙宅萬首。銀人廿兩。

h『懐風藻』「大友皇子伝」廣延學士沙宅紹明・塔本春初・吉太尚・許率母・木素貴子等。以爲二賓客一。

i『藤氏家伝』上「鎌足伝」百斉人、小紫沙吒昭明、才思穎抜、文章冠レ世。傷二令名不レ伝、賢徳空没一。仍製二碑文一。

aの上佐平沙宅己妻は聖明王が欽明天皇の任那復興の詔を受けて群臣と議した際の筆頭臣であり、bの大佐平沙宅千福とc佐平千福は同一人で、蘇定方らに拠って百済王らとともに捕えられた人物である。cの孫登とeの沙宅孫登も同一人、唐に捕えられた後、唐に仕えたことが知られている。gの沙宅萬首は百済の亡命貴族で呪禁博士として持統朝に仕え、dfhiの沙宅（沙吒）紹明（昭明）は、天智・天武両朝に仕え、学士として大友皇子の賓客となり（h懐風藻）・法官大輔（d天智十年）の職にあり、聰明叡智、秀才の誉れ高く（f天武紀）、文章に優れ鎌足碑を製作した（i藤氏家伝）とされる。とりわけ「文章冠世」の讃辞は重要であろう。

さて、「沙宅」の姓は記されぬものの「百済砂宅智積造寺碑」に拠れば、以下の「皇極紀」の「智積」も砂宅智積と同一人物である可能性が高い。

j皇極元642年二月…百濟弔使傔人等言。去年十一月。大佐平智積卒。

k皇極天皇元642年七月…乙亥（二二日）饗百濟使人大佐平智積等於朝。或本云。百濟使人大佐平智積及兒達率。闕名。

恩率軍善。乃命健兒相撲於翹岐前。智積等宴畢。而退拜翹岐門。

ｊの六四一年一一月に智積が死亡したとする記事は、百済の弔使の傔人《ともびと》等からの伝聞であるが、ｋの記事及び「百済砂宅智積造寺碑」の「甲寅654年」と矛盾する。当時の混乱した百済政局を反映した流言が反映された記事と見るのが穏当であろう。

3　砂宅智積造寺碑

以上から、六四二年七月に我が国にいた智積が帰国後六五四年に「砂宅智積造寺碑」を制作したと見ることができる。発見されたばかりの沙宅氏由縁の「弥勒寺金製舎利奉安記」の文章、倭を往還した智積の手に成る造寺碑の文章は、『周書』『北史』の讃辞「頗解屬文」に相応するものである[6]。また、その一族である紹明も『藤氏家伝』に「文章冠世」と讃えられている。このことからだけでも沙宅氏をはじめとする百済人の「頗解屬文」の圏内に倭の漢字文化があることが認められるのである。

ここで、まさしく「頗解屬文」と評されるに値する出土資料「百済砂宅智積造寺碑」を取り挙げたい。銘文にある「甲寅年」は「六五四年」と考えられている。碑文は、一行十四字で四行分（「含聖明以」まで）しか残らず、五行目以下を欠くが、連文を利用した互文的対句構造から「送雲」の対として「迎雨」とあったことが推定されている。「迎雨……」から始まる次行以下が、少なく見積もっても数句以上は続いたと推定される。「迎雨」を補い、対句構造を図式すれば以下の通りである。

甲寅年正月九日。奈祈城砂宅智積。

慷身日之易往　　穿金以建珍堂
慨體月之難還　　鑿玉以立寶塔
巍巍慈容　吐神光以送雲
峨峨悲貌　含聖明以迎雨

身は慷く、日の往き易きを。體は慨く、月の還り難きを。金を穿ち以て珍堂を建て、玉を鑿ち以て宝塔を立つ。巍巍たる慈容は、神光を吐き以て雲を送り、峨峨たる悲貌は、聖明を含み以て雨を迎ふ。

この対句の互文的構造を初歩的な美文と見るか、成熟した美文と見るか、即断しがたいところがある。最初の対は「身體は日月が往き易く還り難いことを慷慨《なげ》く」の意で、「慷慨」「身體」「日月」「難易」「往還」の連文や対語を字対に利用し、助辞「之」を共用し、第二の対は「金玉を穿鑿《うが》ち、珍堂と寶塔を建立す」の意で、「穿鑿」「金玉」「建立」「珍寶」「堂塔」の連文を字対に利用し、助辞「以」を共用し、第三の隔句対では、「巍峨《たかくそびゆ》るその慈悲の容貌《かたち》は、神聖な光明を含吐し、雲を送り雨を迎える」の意で、「巍峨」「慈悲」「容貌」「含吐」「神聖」「光明」「送迎」「雲雨」の連文や対語を字対に利用し、助辞「以」を共用する。

さらに注目すべきことは、これらの連文や対語の多くは平○仄●を異にしている点である。これは声対を意識しての語が選択されたと見られる。とりわけ、声律の面から最も重要とされる対句の末尾字の平仄は「往」と「還」、「堂」と「塔」、「容」と「貌」、「雲」と「雨」のように確実に声対となっている。こうした声律に対する配慮は、「弥勒寺金製舎利奉安記」には見られない。「弥勒寺金製舎利奉安記」は、字対のみで声対は採られていない。しかしながら、現存百済出土資料の中、砂宅氏に関係する「百済砂宅智積造寺碑」と「弥勒寺金製舎利奉安記」の二つに、六朝美文への強い憧憬が見られることは留意しておく必要があるだろう。また、この「智積」と「積徳」は、両者の名に「積」

が共通することからも、父子あるいは兄弟であった可能性も残される。

4　「我〜」という表現

また、この「我百濟王后」という表現も注視される。「我〜」という表現は、「道後温湯碑文」に「我法王大王」とあり、「法隆寺天寿国曼荼羅繍帳銘」に「我大王与母王」「我大王所㆑告、『世間虚假、唯佛是眞』」「謂㆔我大王應㆑生㆓於天壽國之中㆒」などと見え、〈聖徳太子〉関連の所謂「推古朝遺文」に現れる用法と共通することが注目される。これら「推古朝遺文」が、―とりわけ「法隆寺天寿国曼荼羅繍帳銘」が、早くとも七世紀末以降（持統四年以降）に書かれたものであることは、かつて述べた(7)。

「我大王」の語は『大正新脩大蔵経』では、『中阿含経』・『雑阿含経』・『増一阿含経』・『仏本行集経』・『賢愚経』・『大方広仏華厳経』・『大般涅槃経』など二〇例に及ぶ（大正新脩大藏經テキストデータベースに拠る）が、外典（『四部叢刊』『正統道蔵』『佩文韻府』等）にはなかなか見いだせない。『敦煌変文』には、「我大王」が「八相変」に、「我大王夫人」が「醜女縁起」に見えるが、これもまた仏教的資料であることは言うまでもない。

また、「我王」の語は、我が国では、金石文・木簡・正倉院文書に用例がないこと、記紀には用例があるが、以下のように、海宮訪問と半島関係記事に限定して用いられることが注目される。

古事記［上巻海宮訪問］答へて曰ひしく、「人有りて、我が井の上の香木《かつら》の上に坐《いま》す。甚麗《いとうるは》しき壮夫《をとこ》ぞ。我王に益して甚貴し。……」。

日本書紀［神代下第十段一書第四］是の時に、鰐魚《わに》策《はか》りて曰さく、「……唯し我王の駿馬は、一尋鰐魚なり。……其の汀《はま》の随《まにま》に進《い》でまさば、必ず我王の宮に至りまさむ。……」。

日本書紀［神代下第十段一書第四］即ち入りて其の王に告げて曰はく、「吾、我王を獨能く絶《すぐれて》麗《かほよ》くましますと謂ひき。……」。

以上の例は、すべて会話文中の用例であり、海宮在住者が海宮の王を指して「我王」と呼称した例である。この海宮訪問の背景には『経律異相』をはじめとする仏典があることは、拙著『記紀の文字表現と漢訳仏典』で明らかにした[8]が、これも仏典に依拠した表現であると見られる。また、半島記事では以下の通りである。

日本書紀［神功四六年］

是に、卓淳の王末錦旱岐、斯摩宿禰に告げて曰はく、「甲子の年の七月の中に、百濟人久氐・彌州流・莫古の三人、我が土に到りて曰はく、『百濟の王、東の方に日本の貴國有ることを聞きて、臣等を遣して、其の貴國に朝でしむ。故、道路を求めて、斯の土に至りぬ。若し能く臣等に教へて、道路を通はしめば、我王必ず深く君王を徳せむ』といふ。……」

卓淳王が斯摩宿禰に言った言葉の中で百済人が卓淳王に向かって百済王を指して我王と称した例である。

日本書紀［推古三二年四月］是に、百濟の觀勒僧、表上りて言さく、「夫れ佛法、西國より漢に至りて、三百歳を經て、乃ち傳へて百濟國に至りて、僅に一百年になりぬ。然るに我王、日本の天皇の賢哲を聞きて、佛像及び内典を貢上りて、未だ百歳にだも滿らず。……」

百済観勒僧の上表文中で百済王を指して我王と称した例である。

日本書紀［斉明六年九月］

九月の己亥の朔癸卯に、百濟、達率名を闕せり。沙彌覺從等を遣して、來て奏して曰さく、……「……或本に云はく、今年の七月十日に、大唐の蘇定方、船師を率て、尾資の津に軍す。新羅の王春秋智、兵馬を率て、怒受利山に軍す。百濟を夾み撃ちて、相戰ふこと三日。我王城を陥る。同月の十三日に、始めて王城を破る。怒受利山は、百濟の東の堺なりといふ。

……」

百済人が泗沘城を指して我王城と称した例である。これら海宮訪問以外の用例がすべて日本書紀の半島系記事に限定されることは注目に値する。「我～」という表現は、仏典と仏典に親しんだ古代半島系文字資料に偏在し、それが所謂「推古朝遺文」にも用いられたと言うことができる。現代韓国語にも多用される「우리～」という表現に通じるかも知れない。

5　第三段前半部の典拠

⑧「**用此善根**」は、(No. 1715) 梁・法雲『法華經義記』(五～六世紀注釈)、(No. 449) 隋・達摩笈多『佛説藥師如來本願經』(六一五年訳)、(No. 486) 唐・那提『師子莊嚴王菩薩請問經』(六六三年) などに見える語であるが、法雲が用いていることに注目したい。

「**仰資**」は、以下の例が求められる。

A蕭子顕 (約四八九～五三七年) 撰『南齊書』中華書局本八八一頁

情節無レ異、所レ為皆同、殊者唯以二成敗一仰二資聖朝一耳。

B唐　道宣　六六五年撰　続高僧傳 (No. 2060)「宝唱伝」

427a　收二採衆經一躬述二注解一。親臨二法座一講讀敷弘。用二此善因一崇二津靈識一。頻代二二皇一。捨レ身爲レ僧給使。洗二濯煩穢一仰二資冥福一。

C僧祐　五～六世紀撰　弘明集 (No. 2102)「孔稚珪書并答」

073a　況仰二資明公一齊二禮道德一加須二奉誦一。

D撰者不明、寺沙門玄奘上表記（No. 2119）「請御製大般若經序表」

826b　願斯妙善。仰二資國祚一。上二延七廟一。咸登二萬福一。

E僧祐　五一〇～五一八撰　出三藏記集序巻（No. 2145）「大小品對比要抄序第五」支道林

056b　豈非下仰二資於有知一。自塞二於所尋一。困二蒙於所レ滯。自窮二於所レ通。進不レ闇レ常退不レ研レ新。説不レ依レ本理不レ經レ宗。而忽二詠先舊一毀中呰古人上。

「願……仰資……」の例が、D『寺沙門玄奘上表記』（中国散佚、知恩院などに伝わる）の「請御製大般若經序表」に見られた。

박중환氏は、

김상현은「用此善根」과「仰資」를 끊고「仰資 大王陛下」를 붙여서 다음 행에 배치했다. 그러나 뒤에 설명할 바와 같이 해석안의 내용으로 볼 때「仰資」는「用此善根」에 붙여「用此善根 仰資」로 g행에서 함께 새기는 것이 옳다고 본다.

とし[9]、「用此善根」と「仰資」を切って「仰資大王陛下」とする김상현氏の説を批判し、「仰資」は「用此善根」に付けて「用此善根仰資」と解釈すべきであるとされるが、ここは、「此の善根を用て、仰ぎて大王陛下に資し」、あるいは「此の善根を用て、仰ぎて大王陛下を資《たす》け」と訓むべきであろう。

また、B『續高僧傳』「宝唱伝」の梁武帝について記述した部分には波線部「用二此善因一」の句も見える。『続高僧伝』の成立は、「金製舎利奉安記」に遅れるが、『経律異相』の撰者である宝唱の伝は既に伝えられていた可能性も残る。

⑨の「年壽與山岳齊固」は、夏の初代皇帝、赫連勃勃（在位四〇七～四二五年）の真興元年（四一九年）の改元の際、その功徳を頌えた石刻文（『晋書』所載）に以下のように類似表現が見えている。

『晉書』巻百三十載記第三十「赫連勃勃」（中華書局本三二一一頁）

非夫卜世與乾坤比長、鴻基與山嶽齊固、孰能本枝于千葉、重光于萬祀、履寒霜而踰榮、蒙重氛而彌耀者哉。

夫の世を卜すること、乾坤と長さを比べ、鴻基山嶽と齊く固くに非んば、孰か能く千葉に本枝ありて光を萬祀に重ね、寒霜を覆ひて踰《いよいよ》栄へ、重氛を蒙りて彌《いよいよ》耀く者あらんや。

「與山岳齊固」は、これ以外に求め難いが、「與〇〇齊固」は、沈約「謝齊竟陵王示華嚴瓔珞啓」（『沈約集』巻五）に見られるが、これは『芸文類聚』に載せられている。

『芸文類聚』巻七十七

謝齊竟陵王示華嚴瓔珞啟曰。竊以六詩雨散。百氏雲興。或事止褒刺。或義單小辯。莫不雕風煙之氣狀。流日月之英華。明公該玄體妙。凝神宙表。廕法雲於六合。揚慧日於九天。因果悟其初心。菩提證其後業。陟無生之遠岸。汎正水之安流。爰建三遠十號之尊崇。四辯八聲之妙極。法身與金剛齊固。常住與至理倶存。

また、これと対となる「共天地同久」は、『隋書』に所載の楽府に類似表現が求められる。

『隋書』巻十四・志第九・音樂中（中華書局本三二一六頁）

上レ壽、黄鍾箱奏二上壽曲一辭「仰二三光一、奏二萬壽一。人皇御二六氣一、天地同二長久一。」

これは、『楽府詩集』にも北齊元會大饗歌「上壽曲」として採録されている。[10] 聖人の徳が天地のように長久であるとする表現は、既に以下のように『墨子』にも見えている。

『墨子』尚賢中第九　全釈漢文大系『墨子』上　一四四～一四七頁
周頌道之曰『聖人之德、若二天之高一、若二地之普一、其有レ昭二於天下一也。若二地之固一、若二山之承《たかキガ》一、不レ坼不レ崩。若二日之光一、若二月之明一、與二天地一同レ常《ながサヲ》。』則此言二聖人之德、章明博大、埴固、以脩久一也。故聖人之德蓋二總乎天地一者也。

年寿と宝暦が堅固で長久であるとの比喩に山岳と天地を用いた対句となっているが、天地の比喩は平板とも言い得るが山岳の比喩には相応の漢籍教養が認められるかも知れない。

6　「下化蒼生」と『維摩経義疏』

さて、この銘文で最も問題となるのが、⑨の「**上弘正法、下化蒼生**」である。「下化蒼生」は、『大正新脩大蔵経』中、聖徳太子撰と伝えられる『維摩経義疏』のみに「上弘仏道」との対で繰り返し用いられる極めて特徴的な表現であるからである。用例を示せば、以下の通りである。

ア仏国品 021c

「從能師子吼」以下。第二廣嘆二自行外化一。就レ中即有二六句一。初四句廣二上外化一。後二句廣二上自行一。「能師子吼」者。爲レ衆説レ法無レ所二怖畏一。即義同二師子吼不レ畏二衆狩一。「名聞十方」者。善行既滿二天下一。則有聽之類無レ不二稱聞一。此句似レ嘆レ名。而以二名聞一證二成師子吼德一。明下有二如レ是尊德一故。其名亦滿中十方上。此句上弘佛道。「衆人不請友而安レ之」者。菩薩慈悲不レ待二物請一。故言二不請一。教二化衆生一同證二極果一。故云二友而安レ之。肇法師云。理接眞友不レ待レ請。護如三慈母之赴二嬰兒一。此句明二下化群生一。「紹二隆三寶一能使レ不レ絶」者。弘二通經教一故法寶不レ絶。必有二受行一故僧寶不レ絶。依レ教修レ善終成二種智一故佛寶不レ絶。怙二上「能師子吼」一廣二上王道通流一。此句明二上弘佛道一。「降二伏魔怨一制二諸外道一」者。菩薩無二故現レ威欲一レ伏。但魔是邪見之主。今見二大士廣道一。即自然懐レ恥。故義言二伏制一。魔言二降伏一。外道稱レ制者。魔則審知二己非一。故起二悪心一欲レ破二佛法一。故言二降伏一。外道者雖レ求二正道一。但悟執乖レ宗。故言レ制。此句明二下化蒼生一。

イ仏国品022b

「演レ法無レ畏猶二師子吼一」者。説法稱レ機一無二畏之失一。此句明二上弘佛道一。

ウ仏国品022c

「集二衆法寶一如二海導師一」者。明下開二導群生一共入二法海一。勸令レ修レ善終得中功徳智慧之寶上。即義同導師將二諸商人一共入二大海一。善教二採レ寶方法一令レ得二多利一也。此句嘆二外化一。「了二達諸法深妙之義一」者。言明レ達二假有即空一。此句明二能識一レ藥。「善知二衆生往來所趣一」者。往言過去。來言未來。所趣者。起病之所以。「及心所行」者。謂二善悪一。此二句明三能知二起病之原一也。此皆嘆二自行一。然照レ藥知レ病似二乎外化一。但未レ被二前人一。故猶是自行。但私懐者。開導集レ寶。豈非二自能識レ藥知一レ病。豈非レ益レ他。若爾則應レ言三通兼二自行外化一。唯其別者。上句嘆二上弘佛道慈心與樂一。下句嘆二下化蒼生悲心拔苦一也。

エ仏国品027a

菩薩上弘佛道下化蒼生故。取二此報應二土一之心方成。

オ方便品030a

「大願成就」者。謂二上弘佛道下化蒼生願一。

カ弟子品033c

「當了三衆生根有二利鈍一」者。呵二其不一レ知二衆生病相一。「善於二知見一無レ所二遺礙一」者。呵二其不一レ知レ爲二除藥一。此二句明不レ能二下化蒼生一。「以二大悲心一讃二于大乘一」者。若機大者即應三爲説二大乘一也。「念下報二佛恩一不上レ斷二三寶一」者。明下若能稱レ機爲説者。乃名中念二報佛恩一不上レ斷二三寶之種一也。而汝既違二前機一爲説二小乘一。則差二乎佛意一。豈言下念レ報二佛恩一令上レ長二三寶之種一也。此二句明レ不レ能二上弘佛道一。

キ弟子品040c

「度二五道一」者明二下化蒼生一。「淨二五眼一」者明二上求佛道一。

ク菩薩品044a

「菩提心是道場無二錯謬一故」者夫由二直心一則能發行。由レ發二善行一則心轉深心。深心變爲二菩提心一。何則上弘佛道下化蒼生無レ所二錯謬一。六度即兼二自行外化一。故皆是眞道之美場。

この表現は、臼田淳三氏によれば、大乗菩薩道（自利利他の二行）を表す標語「上求菩提下化衆生」と同類の表現であり、「上求仏慧、下度群生」（大般涅槃経集解巻八・『大正新脩大蔵経』三七巻四一三下）「上則求仏身、下則化物」（P2273「維摩詰義記巻第一」）などの類似表現も見えるという[11]。

また、渡部孝順氏は、「蒼生」の二字を問題にし、仏の大慈大悲に依る救済の相手を経典では「衆生」と記すのが普通であり、時には「大衆」「群生」の言葉も用いられるが、「蒼生」という文字を使用した例を見た事がないと述べ、「蒼生」の使用例として『梁高僧伝』と『法華義記』を挙げている[12]が、注目されるのは、法雲の『法華義記』の例である。今、『法華経』の本文とともに、この使用例を確認したい。

『法華義記』では、(No. 262)『妙法蓮華経』序品002cの「文殊師利導師何故……」から始まる最初の偈「演説經典　微妙第一　其聲清淨　出柔軟音　教諸菩薩　無數億萬　梵音深妙　令人樂聞　各於世界　講説正法　種種因縁　以無量喩　照明佛法　開悟衆生　若人遭苦　厭老病死　爲説涅槃　盡諸苦際」を五分割し、以下のように述べる。

（No. 1715）梁・法雲『法華經義記』585a～585b

就六行半中自有五階。第一言「演説經典微妙第一」半偈。問言、何故令我聞佛説法出勝天魔外道表耶。第二「其聲清淨」一偈。問言、何故令我聞佛説法出群聖之外耶。第三「梵音深妙」一偈。問言、何故令我聞佛説法稱悦時衆之心耶。第四「種種因縁」一偈。問言、何故令我聞佛説法。能上弘佛道下濟衆生耶。初三句明上弘佛道。開悟衆生一句明下濟蒼生。第五「若人遭苦」下三行。問言、何故令我聞佛説法。……

まず一偈全体の釈では「下濟衆生」と用いながら、「開悟衆生」一句の釈では「下濟蒼生」と用いている。即ち「照明佛法」は「上は仏道を弘む」を明かし、「開悟衆生」は「下は蒼生を済ふ」を明かすのだと述べているのである。この文脈での「衆生」を「蒼生」と換言したのは今のところ法雲が初出と見られ、「金製舎利奉安記」と『維摩経義疏』に共通する「上弘正法、下化蒼生」という表現の淵源は、この法雲の『法華経義記』にありそうである。このことは、伝聖徳太子御製の『法華経義疏』が、智顗や吉蔵の依拠した二十八品本ではなく、法雲の『法華経義記』と同じ二十七品本に依るとともに、その内容も法雲の『義記』に依拠していることと深く関与するであろう。

また一方、有働智奘氏は、『肇論疏』に見える「蒼生」を「衆生」と解した例を挙げ、これが七世紀初頭の三論僧・元康の著作であり、三論学派では「衆生」を「蒼生」と言い換えていたと指摘される[13]。このことは、①の「應物現身如水中月」の条でも挙げた慧均と関係するかも知れない。先述の通り、慧均は六世紀後半中国江南地方で三論学を大きく宣揚した法朗（五〇七～五八一年）の門下で吉蔵と一緒に修学した中国の三論学者という認識が一般的であったが、先述したように、崔鈆植氏によって、百済僧であり、その著『大乗四論玄義記』は、現存最古の百済三論学文献であることが明らかになった。

7　第三段後半部の典拠

⑩は、四字句・六字句の隔句対（軽隔句）で構成されている。「身若金剛」は『大正新脩大蔵経』に七例見られるが「心」を「水鏡」に喩えた例は見当たらない。但し、（No. 1718）智顗講説・灌頂筆録『妙法蓮華經文句』（五八七年）028a「身若二金剛一不レ可二動轉一。心若二虚空一無レ有二分別一。」は、⑩の表現の参考になった可能性がある。

⑪の「凡是」の「是」について、박중환氏は、「ここ」という意味で訳し、「凡是有心」を「この舎利奉安法会の席に集まったすべての人々」と解釈されているが[14]、この「〜是」は「〜自」と同じく口語系語彙の接尾辞[15]と見て、「凡是」二字で「おほよそ」訓じた。

おわりに

以上の典拠を踏まえると、「金製舎利奉安記」は、梁代仏教を淵源に、隋から初唐にかけての同時代の交流の中で、六朝美文を志向して書かれたと言うことができる。梁・武帝時代に求法し、百済・威徳王時代に帰国した発正、慧思（五一五〜五七七年）の下で智顗と共に印可を受け同じく威徳王時代に帰国した玄光、そして現存最古の百済文献『大乗四論玄義記』を著した慧均をはじめとして、江南に学び、帰国した僧は少なくなかったはずである。『華厳経遊意』奥書の「其吉藏法師涅槃疏記等、百濟僧並將歸郷」という記述もその一例に数えられる。特筆すべきは、慧均が法朗（五〇七〜五八一年）の門下で吉蔵（五四九〜六二三年）と同門であった事実から推定すれば、「金製舎利奉安記」が書かれた六三九年というまさにその時に百済に在住していた可能性も残される点である。そうした仏教文化の中で「金製

「舎利奉安記」は作製されたと考えられる。

註

(1) 拙稿「百済弥勒寺『金製舎利奉安記』」青木周平先生追悼『古代文芸論叢』(同刊行会、二〇〇九年一一月)
拙稿「新出百済仏教関係資料の再照明」『上代文学』第一〇四号(上代文学会、二〇一〇年四月)
拙稿「百済弥勒寺『金製舎利奉安記』と〈聖徳太子〉」『日本書紀の謎と聖徳太子』(平凡社、二〇一一年六月)
(2) 駒澤大学教授
(3) 本稿の仏典の引用は『大正新脩大蔵経』により、頁を三桁の算用数字で表し、段をabcで表す。
(4) 駒澤大学大学院生渡邉幸江氏の指摘に拠る。
(5) 崔鉛植校注『校勘『大乗四論玄義記』』(金剛大学校仏教文化研究所、二〇〇九年六月)
(6) 拙稿「『頗解屬文』の片鱗―〈百済・倭〉の文字文化―」『日本研究』第一三輯(釜山大学校日本研究所、二〇一二年六月)
(7) 拙稿「推古朝遺文の再検討」『聖徳太子の真実』(平凡社、二〇〇三年)
(8) 拙著『記紀の文字表現と漢訳仏典』(おうふう、一九九四年)四七頁～七一頁
(9) 박중환「미륵사 舍利記를 통해 본 百濟 駢儷文의 發展」(百濟文化四一、二〇〇九年)
(10) 中津濱渉『楽府詩集の研究』(汲古書院、一九七〇年)一四〇頁
(11) 臼田淳三「維摩経義疏における『上弘仏道・下化蒼生』について」印度学仏教学研究通号四二(二一―二)、一九七三年三月
(12) 渡部孝順「維摩経義疏の『上弘仏道下化蒼生』の一句について」(聖徳太子研究六、一九七一年一一月)
(13) 有働智奘「益山弥勒寺出土『金製舎利奉安記』について」(注釈史と考証創刊号、二〇〇九年一二月)
(14) 註(9)同
(15) 森野繁夫「簡文帝の詩に見える『～自』」(広島大学文学部紀要三二―一、一九七三年一月)

舎利奉安記と日本古代史料

稲田奈津子

はじめに

二〇〇九年の益山弥勒寺西塔における舎利荘厳の発見は、古代に密封されたままの姿で出現し、専門家集団による精緻な調査のもとで遺物が取り上げられるという、かつてない幸運に恵まれた。そのため、数少ない百済の舎利荘厳事例としての価値に留まらず、古代における舎利埋納儀式の具体的な様相を知り得る資料としても、非常に貴重な存在である。この舎利荘厳の一部をなす舎利奉安記は、金製板に一九三字もの文字が刻まれており、弥勒寺の創建事情や当時の仏教信仰を考える際の重要な資料となっている。

舎利奉安記についてはすでに多くの論考が発表されてきているが、本稿では特に日本古代史研究との関わりから、以下の二点について検討していきたい。一点目は舎利奉安記の内容に関連するもので、日本古代の事例を参考に弥勒寺創建主体の問題について再検討を加え、その史料的価値についても考えていきたい。二点目は舎利奉安記の外形的特徴に注目し、日本古代の金石文資料との関係を考察するものである。いずれも試論の域を出るものではないが、前者では日本古代史研究の成果を援用した百済史研究の新たな可能性について、後者では朝鮮半島の金石文資料を用いた日本古代金石文研究の新視点について、それぞれ提言できればと考えている。

第一章　弥勒寺創建主体と舎利奉安記の評価

第一節　善花公主か沙乇氏王后か

短期間に驚くほどに蓄積された舎利奉安記に関する先行研究において、特に歴史学の分野で議論の焦点となっているのが、弥勒寺の創建主体についてである。舎利奉安記の第7～12行に、次のような内容が記されている。

我が百済王后、佐平《さへい》沙《さ》乇《たく》積徳《せきとく》の女《むすめ》は、善因を曠却に種え、勝報を今生に受く。万民を撫育《ぶいく》し、三宝に棟梁《とうりょう》す。故《ゆえ》に能《よ》く謹《つつし》みて浄財を捨て、伽藍を造立し、己亥年正月廿九日を以《も》て舎利を迎え奉《たてまつ》る。(1)

これによれば、「伽藍を造立」したのは「百済王后、佐平沙乇積徳の女」とあり、百済第三〇代武王の王妃で、百済の有力貴族である沙乇氏出身の女性ということになる。

ところで、弥勒寺の創建について従来よく知られていたのは、『三国遺事』巻二・紀異・武王条に記される創建説話である。本条は武王の出生から始まり、新羅第二六代真平王の娘である善花公主を夫人に迎え、その助けを得て百済王に即位する経緯、さらに弥勒寺創建の事情について、不思議な説話として語られている。次に引用するのは、その末尾にあたる弥勒寺創建に関する記述である。

一日、王は夫人と師子寺に幸せんと欲し、龍華山の下の大池の辺に至るに、弥勒三尊が池中に出現す。駕を留めて致敬す。夫人は王に謂《い》いて曰《い》わく、「須《すべから》く大伽藍を此地に創るべし、固く願う所なり」と。王これを許す。知命の所に詣《いた》り、池を填《うず》める事を問う。神力を以て一夜にして山を頽《くず》し池を填め、平地と為す。乃《すなわ》ち弥勒三会に法《のっと》り像《かたど》り、殿・塔・廊廡《ろうぶ》は各《おの》おの三所にこれを創る。額して弥勒寺と曰う〈国史は王興寺と云う〉。真平王は百工

を遺してこれを助く。今に至るまで其の寺を存す。(2)

ある日、武王が夫人である善花公主と師子寺へ行こうと龍華山のふもとの池を通りかかると、池の中に弥勒三尊が出現した。夫人の強い希望によって、王はここに大伽藍を築くこととした。師子寺の知命法師が神力で一夜にして池を埋め、弥勒菩薩が下生して三会を開くことに倣って殿・塔・廊廡を各三所に設け、弥勒寺と名づけた、と記されている。

そこで問題となるのが、この武王条の弥勒寺創建説話と舎利奉安記との内容の齟齬である。果たして弥勒寺の創建主体は善花公主なのか、あるいは沙乇氏王后なのか。先行研究でも、大きくこの二つの立場に分かれている。

まず善花公主による創建説話を支持する立場から見ていこう。その主張のポイントは、舎利奉安記に記される「伽藍」を西院に限定するところにある。弥勒寺が、それぞれに金堂と塔とを備える中院・東院・西院の三院構成からなっていることは、前掲の武王条記載や発掘調査成果からも知られる通りである。舎利奉安記を含む舎利荘厳が発見された西塔は、このうちの西院に位置している。したがって舎利奉安記のいう沙乇氏王后の造立した「伽藍」は、弥勒寺三院全体を指すのではなく、あくまで西院に限定して解釈すべきであるとし、それ以外の部分（中院など）に善花公主による創建の可能性を残すのである。

たとえば盧重国氏は、善花公主が三院様式の伽藍を発願し、手始めに中院に木塔と金堂を建立したとし、発掘調査で出土した干支銘印刻瓦からその時期を六二九年とする。ついで沙乇氏王后が西院に石塔と金堂を建立し、舎利奉安記に記された六三九年に完工させたと整理されている。(3) また趙景徹氏は、中院は弥勒信仰にもとづいて武王と善花公主が発願し、東西院は法華信仰にもとづいて沙乇氏王后が発願したと主張されている。(4) その他にも吉基泰氏、金寿泰氏、朴賢淑氏、鄭鎮元氏など、(5) 基本的には善花公主の関与を認める見解が数多く提出されている。

なかでも李道学氏は、舎利奉安記の史料的価値を低く見積もる点で注目される[6]。氏は、弥勒寺は善花公主によって発願されたものの、長い工期中に善花公主が死亡または失勢し、西塔建立時に実権を握っていた後妃の沙乇氏王后がその功績を独占したと推測する。そのため西塔から発見された舎利奉安記には、善花公主の存在や弥勒寺創建の経緯、弥勒信仰に関する言及がなく、王と王后の長寿と安寧を祈願する「平凡」で「常套的な文句」しか書けなかったのだと解釈するのである。

さらに、創建経緯などを記した「舎利奉安記」は、最も重要な中塔に納められた筈であるとし、中塔・東塔の「舎利奉安記」が失われて西塔分しか見つかっていない現状では、本来の三分の一以下の情報しか得られないとする。西塔の舎利奉安記は、そうしたあるべき記載を欠いている上に、あたかも沙乇氏が独占的に造営したかのような恣意的な記述がなされているとして、信頼性に問題があると論じる。また長寿安寧を祈願してしかるべき太子（第三一代義慈王）についての言及がないことから、太子は沙乇氏王后の所生ではないとの見解も示されている。以上の李道学氏の所説に対しては、後述の如く辛鐘遠氏による厳しい批判がある。

善花公主創建説に対し、舎利奉安記の発見を機に急浮上したのが沙乇氏王后創建説、さらには善花公主非実在説である。金相鉉氏は、一三世紀の編纂史料である『三国遺事』よりも、同時代史料である舎利奉安記の史料的価値を重視すべきであると主張し、善花公主は説話上の架空の人物に過ぎないと主張される[7]。また「伽藍」を西院に限定する前述の解釈に対しては、三院の伽藍配置は『弥勒下生経』の「龍華三会」を思想的背景としたものであり、三院は当初より同一の計画上で建立され、発願者も同一と見るべきであると反論する。そもそも「伽藍」とは建物を個々に示す呼称ではなく、複数の建物を含む境内全体を指す語であると指摘する。参考として慶州仏国寺の東西塔について、両塔が七四二年に同一人物によって創建されたことが、一一世紀の重修記から判明した事例を紹介している点も注目される。

辛鐘遠氏は、武王条の虚構性について、地理誌類に残る異説の存在や、説話類型に則った構成の分析などを通して指摘する(8)。武王条の記述は、様々に変化・流布する説話のひとつのバージョンに過ぎず、弥勒寺の創建主体についても、「途方もない財源」を持つ「王妃」である、ということのみを読み取るべきとする。その上で、沙乇氏王后と善花公主とは実体と影のような存在で、これを別人格として立論することはできないとし、一次資料に記された沙乇氏王后による創建を主張する。前述の李道学氏の主張に対しては、舎利奉安記に創建縁起や太子についての祈願など、すべてを記録する必要性はないのであって、それらが欠けることが舎利奉安記の史料的価値を低める要因にはならないと論じ、中塔や東塔に別の舎利奉安記が存在したことを前提とするような「期待・予測論」は慎むべきであると主張される。

このほかに金周成氏は、創建主体について明言はしないものの、慶州感恩寺址の東西三層石塔、金陵葛項寺址の東西三層石塔、高麗時代の光州春宮里の東西三層石塔など、東西両塔から舎利荘厳が発見されている事例を具体的に提示しており、参考になる(9)。これらの事例をふまえ、弥勒寺の場合も三塔それぞれに舎利荘厳・奉安儀式が存在した可能性があるとするものの、三塔それぞれに舎利奉安記が作成されたか否か、建立主体が相違するか否かについては未詳とする。

以上のように様々な議論があるが、筆者はまずは一次資料たる舎利奉安記を重視すべきとの立場から、金相鉉氏や辛鐘遠氏が主張される沙乇氏王后による創建説に親近感を覚える。辛鐘遠氏が厳しく批判されたように、現代人の「常識」にもとづく「期待・予測論」には疑問を抱かざるを得ない。しかしその批判も、具体的な実例を積み上げてこそ説得力を持ち得るであろう。古代朝鮮半島の参考となる事例については、前述のように金相鉉氏や金周成氏によって指摘されているものの、史料的制約から十分とは言えない。そこで時代や地域がやや異なるものの、古代朝鮮半島の影響を強く残す日本古代の事例を参照することで、舎利奉安記の史料的性格について再検討してみたいと思う。

第二節　複数塔と銘文の安置

まずは、正倉院宝物中に「中倉14　勅書銅板」として整理されている聖武天皇勅書銅版について、東野治之氏の研究を参考に見ていきたい(10)。本資料は縦三二・八㎝、横二〇・七㎝、厚さ〇・一～〇・二㎝の銅製板で、東大寺に伝来したものとされる。表裏に長文が陰刻されるが、裏面は平安後期の銘とされている。表面は、銘文に記された天平勝宝五年（七五三）の作成とするには矛盾する記述があることから、少なくとも天平宝字四年（七六〇）以降に作成されたものと推定されており、東野氏は後述するように天平宝字七年（七六三）頃の作成と論じている。その銘文は以下の通りである。

菩薩戒弟子皇帝沙弥勝満、稽首十方三世諸佛法僧。去天平十三年歳次辛巳春二月十四日、朕發願稱、「廣為蒼生、遍求景福。天下諸国、各合敬造金光明四天王護国之僧寺、幷寫金光明最勝王経十部。住僧廿人、施封五十戸、水田十町。又於其寺、造七重塔一區、別寫金字金光明最勝王経一部、安置塔中。又造法華滅罪之尼寺、幷寫妙法蓮華経十部。住尼十人、水田十町。所冀、聖法之盛、与天地而永流、擁護之恩、被幽明而恒満。天地神祇、共相和順、恒将福慶、永護国家。開闢已降、先帝尊霊、長幸珠林、同遊寶刹。又願太上天皇、太皇后藤原氏、皇太子已下、親王及大臣等、同資此福、倶到彼岸。藤原氏先後太政太臣、及皇后先妣従一位橘氏太夫人之霊識、恒奉先帝而陪遊浄土、長顧後代而常衛聖朝。乃至自古已来至於今日、身為大臣、竭忠奉国者、及見在子孫、倶因此福、各継前範、堅守君臣之礼、長紹父祖之名、廣給群生、通該庶品、同辞愛網、共出塵籠」者。今以天平勝寳五年正月十五日、荘厳已畢、仍置塔中。伏願、前日之志、悉皆成就。若有後代聖主賢卿、承成此願、乾坤致福。愚君拙臣、改替此願、神明効訓。

前半では聖武天皇（「菩薩戒弟子皇帝沙弥勝満」）が天平一三年（七四一）二月一四日に諸国に国分寺（「金光明四天王護国之僧寺」）・国分尼寺（「法華滅罪之尼寺」）を造営することを発願した際の願文を引用し（『続日本紀』では二四日条）、特に国分寺の七重塔には金字金光明最勝王経一部を書写して安置することを述べている。後半では天平勝宝五年（七五三）正月一五日に荘厳が終わったので、塔中に安置することを記している。

天平勝宝五年に完成した塔というのは、東大寺の東西塔のうち、先に完成した西塔を指すものと考えられている。対する東塔は造営が遅れ、天平宝字六～八年（七六二～七六四）に完成したものと推測されている。ちょうどその時期にあたる天平宝字七年八月一〇日付の経所解案（正倉院文書）には「銅銘二枚」の記述が見えるが、[11] 東野氏はこれが東西両塔に奉納された銅版を指しており、そのうちの一枚が現存する聖武天皇勅書銅版に相当するものと解釈している。つまり、東塔が完成したことを受け、東西両塔分の銅版二枚が造東大寺司において同時に作成されたのであるが、その紀年は先に完成した西塔に合わせて記されたため、銘文の紀年と実際の作成年代との誤差が

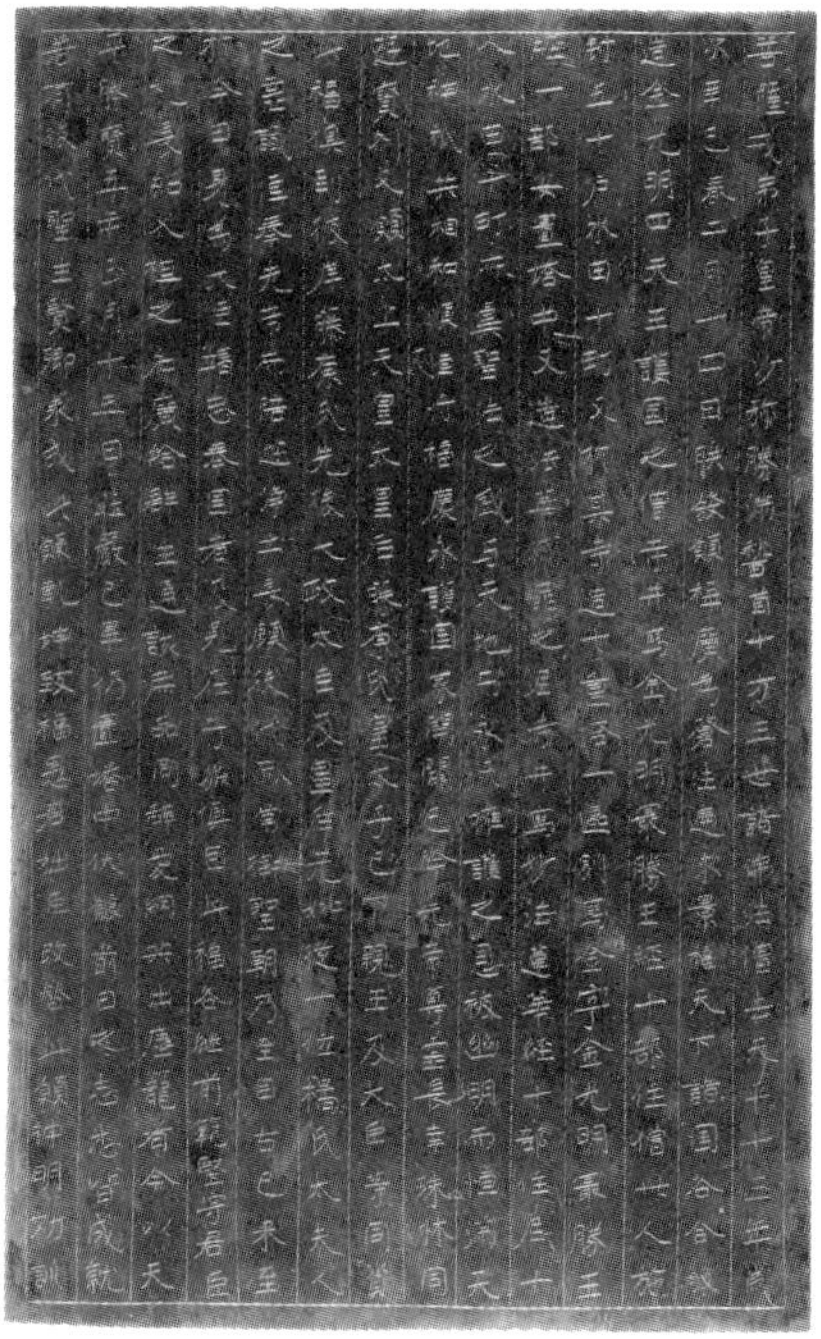

図１　聖武天皇勅書銅版

生じたと理解されているのである。

以上をまとめると、東大寺塔は西塔→東塔の順に建造され、東塔の完成に合わせて二枚の銅版が同時に作成・奉納されたが、そこには西塔完成の日付が記され、おそらく二枚は同文であったと推測される。この事例をふまえて弥勒寺について考えると、同一寺院内の複数塔にそれぞれ銘文が置かれた可能性は考えられるものの、その銘文が相互に異なっていたとは断言できず、各塔の完成時期が異なっていても、同一の発願銘文が記されていた可能性にも留意すべきであろう。

第三節　発願主と記録

薬師寺は、不予となった皇后（後の持統天皇）のために天武天皇が六八〇年に発願したものであり、飛鳥藤原京の地に造営された（藤原京薬師寺、本薬師寺）。

皇后、体不予。則ち皇后の為に誓願して、初めて薬師寺を興す。仍《すなわ》ち一百僧を度せしむ。是に由《よ》りて安平を得。是の日、罪を赦す。(12)

造営事業は持統・文武朝にも継続され、文武二年（六九八）に至ってようやく大略完成に至ったという。(13)その後、和銅三年（七一〇）の平城京遷都に伴い、薬師寺も平城京へと移転されることになる。これが現在の薬師寺（平城京薬師寺）であり、天平二年（七三〇）に完成したとされる裳階付き三重塔の東塔が今に遺されているのである。(14)

この東塔の相輪下部の刹管に刻まれた銘文が東塔擦銘であり、本来は藤原京薬師寺のために記された銘文を、天平二年の東塔建立時に転写鐫刻したものとされる。(15)そこには、正史の記録と一致する薬師寺発願の経緯が記されていた。

維《こ》れ、清原宮にあめのしたしろしめしし天皇、即位して八年、庚辰の歳の建子の月に、中宮の不悆《ふよ》なるを以て、此の伽藍を創《はじ》む。而るに鋪金《ふきん》未だ遂げざるに、龍駕騰仙《りゅうがとうせん》したまえば、太上天皇、前緒に遵《したが》い奉り、遂に斯《この》業を成したもう。先皇の弘誓《ぐぜい》を照《あきら》かにし、後帝の玄功を光《かが》やかさんとす。道は郡生を済《すく》い、業は曠劫に傳《つた》えむ。式《うやうや》しく高躅を旌《あらわ》し、敢て貞金に勒《きざ》む。其の銘に曰く、巍巍蕩蕩たり、薬師如来、大いに誓願を発して、廣く慈哀を運《めぐ》らしたもう。猗歟《ああ》聖王、仰ぎて冥助を延《ひ》き、爰《ここ》に霊宇を餝《かざ》り、調御《じょうご》を荘厳《しょうごん》したまえり。亭亭たり寶刹、寂寂たり法城。福は億劫《おくごう》に崇く、慶は萬齢に溢れん。[16]

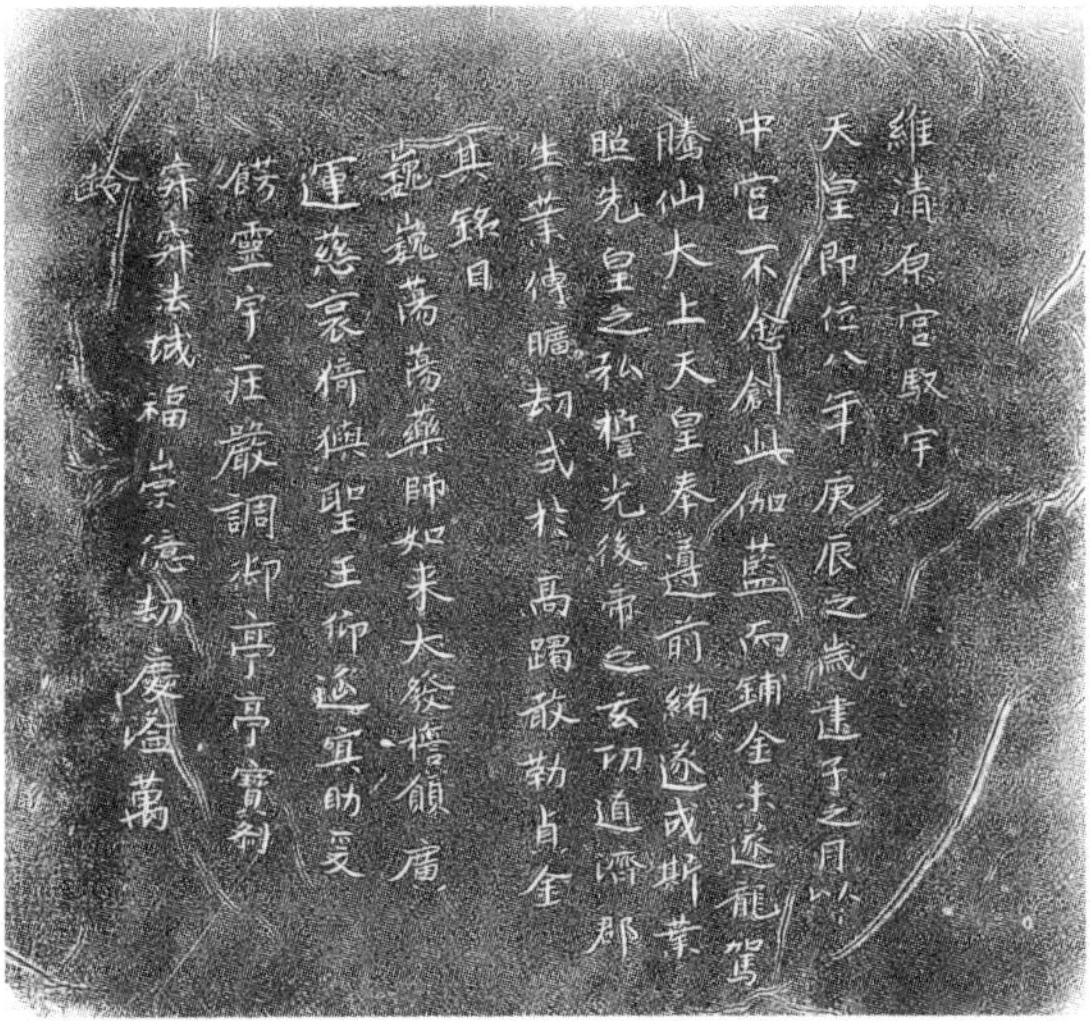

図２　薬師寺の東塔檫銘拓本

その内容は、天武天皇の即位八年（六八〇）の一一月に、中宮（後の持統天皇）の病気平癒を祈ってこの伽藍（薬師寺）を発願されたが、造営が完了しないうちに天武天皇は崩ぜられた。太上天皇（持統）は先帝（天武）の遺旨に従い、この造営事業を成就された。そこで先皇（天武）の広大な誓願と後帝（持統）の深遠な功績を後世に伝えるために、あえて銘文を作成して檫管に刻むのである、といったものである。[17]

このように、天武天皇の発願を持統天皇が引き継いで造営完成に至った過程が、明確に寺塔に刻まれていたのである。当然と言えば当然であるが、弥勒寺舎利奉安記において意図的に善花公主の発願に言及しなかったとの見解に触れるとき、そのようなことが果たして可能であったのかとの思いを抱くのである。

もちろん、薬師寺における造営主体の変更は、天武から持統へという政治的な対立関係の存在しない間柄であったのに対し、前述のように沙乇氏王后による恣意的な銘文作成を疑う見解は、善花公主と沙乇氏王后との対立関係を前提としているのであるから、薬師寺東塔檫銘の事例は参考にはならないのかも知れない。しかし舎利奉安記の作成段階で、まだ人々の記憶にも新しい発願の経緯について、そうした作為が許されるものであろうか。

一方で、同時代の金石文資料とは異なり後世の編纂史料の場合、こうした作為は頻繁に起こりうるであろう。たとえば飛鳥寺（法興寺）の創建について見てみると、『日本書紀』崇峻前紀によれば、崇仏派の蘇我馬子と厩戸王子とがそれぞれ戦勝を祈願して法興寺と四天王寺の建立を発願し、排仏派の物部守屋らを討ち破ることに成功した。それを受けて

　蘇我大臣、亦《ま》た本願に依り、飛鳥の地に於いて、法興寺を起つ(18)

とあり、蘇我馬子が主体となって飛鳥寺の造営が始められたとある。この記事自体にも問題が多く、そのまま信用することはできないが(19)、蘇我氏が飛鳥寺造営を主導する立場にあったことは認められるであろう(20)。ところが推古四年（五九六）に造営が終わると寺司が置かれ(21)、一四年には推古天皇が発願者として登場してくるのである(22)。

　鞍作鳥《くらつくりのとり》に勅して曰く、「朕は内典を興隆せんと欲し、方《まさ》に仏刹を建てんとして、肇めて舎利を求む。時に汝の祖父司馬《しば》達等《たっと》、便に舎利を献ず。（後略）」(23)。

やはり飛鳥寺の創建について記す『元興寺伽藍縁起幷流記資財帳』も、その成立過程や信頼性については議論のあるところだが、蘇我氏ではなく推古天皇による勅願を強調する書き方がされており、これを寺が勢力を失った後世になされた作為とする見解もある(24)。蘇我氏本宗家が大化改新によって滅亡したこともあり、こうした作為も比較的容易におこなわれたのであろう。

飛鳥寺の事例をふまえれば、発願主の一族が勢力を失った場合に、後から別の発願主が設定され記録として残される可能性についても、十分考慮する必要があるだろう。弥勒寺について言えば、百済の滅亡と新羅による三国統一を経て高麗時代になってまとめられた『三国遺事』に、滅亡した百済貴族出身の沙乇氏王后ではなく、征服した側の新羅王女である善花公主を発願主とする創建説話が残されていることの意味を、慎重に考えていく必要があるだろう。

第四節　王妃の発願

奈良時代の写経事業のなかで特に著名なのが、光明皇后の発願した一切経「五月一日経」である。書写された経典に記される願文に「天平十二年五月一日記」とあることからの通称であるが、この書写事業は天平勝宝八歳（七五六）まで二十数年にわたって継続され、その総数は約七〇〇〇巻に及ぶと推定されており、そのうちの約九〇〇巻が現存している。その写経事業は東大寺写経所で進められたため、正倉院文書中に多くの関係書類が残されている点でも注目される(25)。願文は以下のようなものである。

皇后藤原氏光明子、尊考贈正一位太政太臣府君・尊妣贈従一位橘氏太夫人の奉為《おおみため》に敬《つつし》みて一切の経・論及《また》律を写したてまつり、荘厳既に了りぬ。伏して願わくは、斯の勝因に憑りて冥助を資《たす》け奉り、永《とこしえ》に菩提の樹に庇われ、長《とこしえ》に般若の津に遊ばんことをねがう。又願わくは、上は聖朝を奉り、恒に福寿を延べ、下は寮采に及ぶまで、共に忠節を尽くさんことをねがう。又光明子、自ら誓言を発す。弘く沈淪《ちんりん》を済《すく》い、勤めて煩障《ぼんしょう》を除き、妙《くわ》しく諸法を窮め、早く菩提を契らん。乃至《すなわち》、灯を無窮に伝え、天下に流布し、名を聞き巻を持して、福を獲て災いを消し、一切の迷える方《みち》、覚路に会帰せん。天平十二年五月一日記す(26)。

桑原祐子氏による現代語訳をもとにその内容を要約すると、次のようになる。

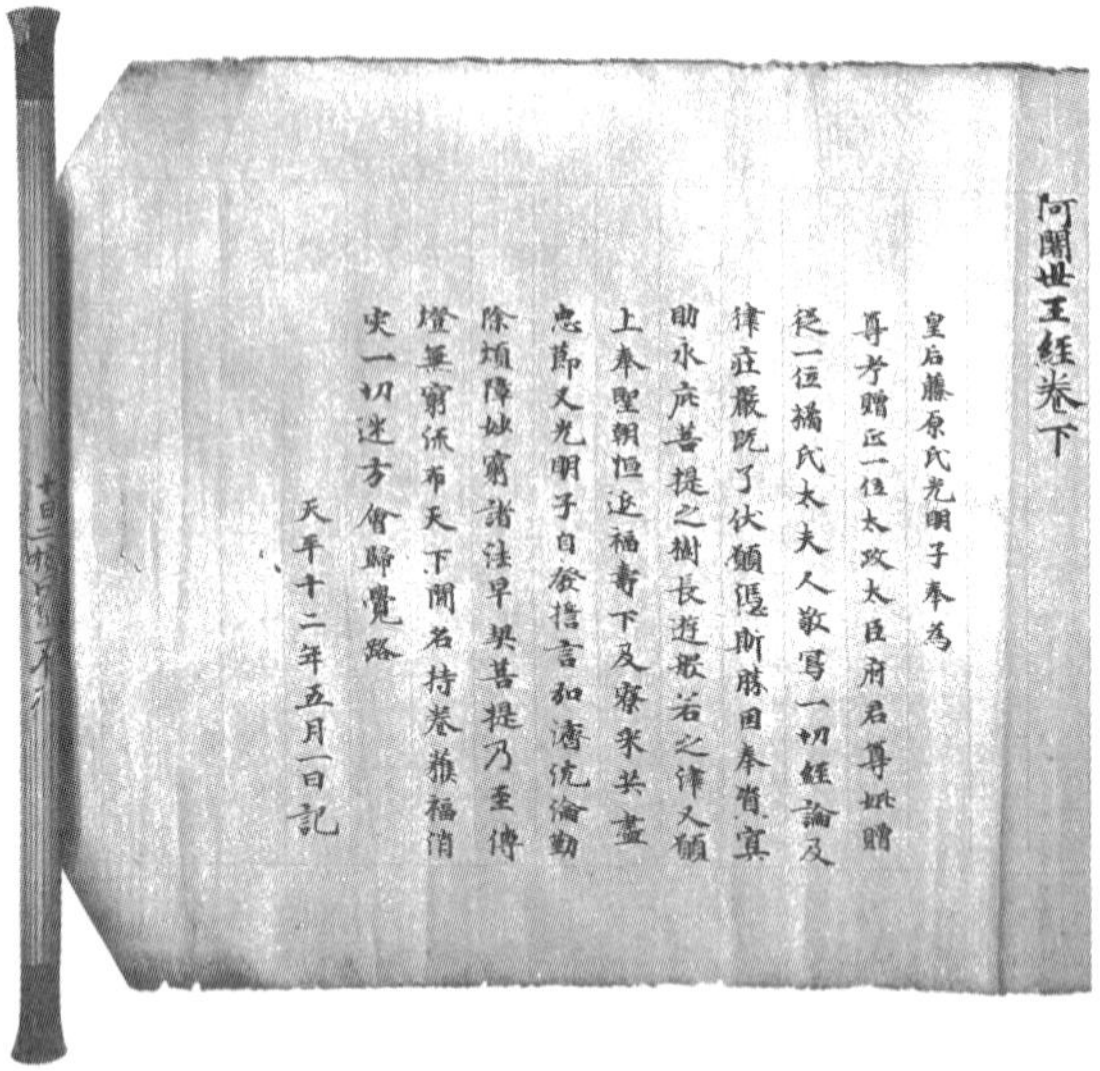
阿闍世王経巻下

皇后藤原氏光明子奉為
尊考贈正一位太政太臣府君尊妣贈
従一位橘氏太夫人敬写一切経論及
律荘厳既了伏願憑斯勝因奉資冥
助永庇菩提之樹長遊般若之津又願
上奉聖朝恒延福寿下及寮采共尽
忠節又光明子自発誓言弘済沈淪勤
除煩障妙窮諸法早契菩提乃至伝
燈無窮流布天下聞名持巻獲福消
災一切迷方会帰覚路
天平十二年五月一日記

図3　五月一日経願文（阿闍世王経巻下　奈良国立博物館所蔵）

皇后である藤原光明子は、亡き父である藤原不比等と、亡き母である県犬養橘三千代のために、謹んで写経しました。伏して願うことは、この勝因により亡き父母が悟りの道を歩まれ、私たちに救いの手をさしのべてくださいますように。また聖武天皇の命が永遠につづき、諸官人に及ぶまで忠節を尽くしますように。仏を信仰する人々が、すみやかに悟りを開きますように。
天平一二年（七四〇）五月一日

さて、この願文によれば五月一日経の写経事業は、光明皇后が自身の父母の冥福と聖武天皇の長寿を祈願することが主眼であったことが知られる。発願主である皇后が、夫である天皇の長寿と、あわせて衆生が悟りに至ることを祈るという構成は、舎利奉安記に非常に似通っている。一方で、五月一日経の場合はさらに皇后自身の父母の冥福を祈願する点で、舎利奉安記よりもさらに皇后の私的な側面が強調されているると言えるかも知れない。

しかし、この光明皇后の発願による写経事業は国家プロジェクトとして進められたのであり、決して皇后の私的な事業とは言えないのである。正倉院文書研究の成果をふまえると、この写経事業は当初、皇后宮職管下の写経機関において開始されたが、所属の改編を経て造東大寺司の管下に置かれてからも継続された(27)。造東大寺司は東大寺の造営を担当する官庁であり、その管下の写経機関でおこなわれた事業は当然のことながら公的な事業で、財源も国家が負担することになる。また皇后宮職にしても決して藤原光明子の私的な機関というわけではなく、皇后宮のために設置された公的な官司であり、その財源は国家持ちとなる。

したがって光明皇后が自身の父母の冥福を祈るために発願した写経事業であるとは言え、その事業はあくまでも公的なものであり、光明皇后の出身氏族である藤原氏が費用を負担するようなことはなかった。そもそも皇后という立場はそれ自体が公的な存在であり、皇后が父母の冥福を祈るのも決して私的な行為とは言えず、その出身氏族に経済的負担を求めるようなことはなかったと見るべきであろう。

弥勒寺創建をめぐる議論では、発願主が武王ではなく王妃であるということから、善花公主であれ沙乇氏王后であれ、その出身氏族たる新羅王室や沙乇氏が造営費用を負担したものと見なし、そのうえで対新羅政策の問題や沙乇氏の政治動向を論じるものが多い。その背景には、善花公主の父である真平王が百工を派遣して造寺を助けたという武王条の記述、あるいはその前段で善花公主が新羅からもたらした黄金の存在などがあるのだろう。しかし百済においても王妃は公的な存在であったと考えられ、王妃による発願とその出身氏族の経済的負担とを無条件に結び付けることは難しい。舎利奉安記はもちろん、武王条の弥勒寺創建説話においてさえ、そうした王妃出身氏族による財源負担を思わせるような記述を見出すことはできないのである。

五月一日経からもう一点、参考となる事実を指摘しておきたい。願文が作成された天平一二年の段階で、光明皇后には、神亀五年（七二八）に夭折した皇太子と天平一〇年（七三八）に立太子した阿倍内親王という、二人の所生の皇太子があった。しかしそのいずれについても五月一日経の願文には触れられることはない。前述のように李道学氏は、舎利奉安記に太子（義慈王）に関する言及がないことを根拠に、彼が沙乇氏王后の所生ではないとするが、これは飛躍した推論と言わざるを得ないだろう。

第五節　小　結

以上、日本古代の事例を参照することで、舎利奉安記をどのように評価すべきかについて私見を述べてきた。以下に簡潔にまとめておきたい。

東大寺の聖武天皇勅書銅版は、同一寺院の複数塔それぞれに発願銘文が置かれた事例であり、弥勒寺の中塔・東塔にも本来は「舎利奉安記」が置かれていたとの主張を補強するものと言える。ただし東大寺の場合には、東西塔の完成時期に一〇年程の差があるにもかかわらず、同じ紀年をもつ同文の勅書銅版が両塔に安置されたと推測される。このことをふまえるならば、弥勒寺の各塔に「舎利奉安記」が安置されたとしても、必ずしも西塔出土品とは異なる内容であったとは言えないのであって、あるべき記載をそこに期待する立論には問題があるのではなかろうか。

また薬師寺東塔檫銘には造営主体の変更が明記されており、同時代資料における作為は困難であったと推測される反面、飛鳥寺発願主の問題に見られるように、後世の編纂史料の場合には比較的容易に作為が加えられる可能性があることを述べた。百済が新羅のために滅亡した後に成立した『三国遺事』武王条において、百済貴族ではなく新羅王室出身の王妃による創建説話が記されていることの意味は、より慎重に考えていく必要があろう。

光明皇后発願五月一日経の事例からは、王妃の発願した事業であっても、それは公的・国家的性格を持っているのであり、必ずしもその出身氏族が費用を負担したわけではないことを指摘した。弥勒寺創建をめぐる議論では、新羅王室や沙乇氏による経済的負担を前提にして対外政策や政治動向を論じるものが見られるが、まずはその前提部分への検証が必要と考える。

以上より、筆者は今回発見された舎利奉安記を第一に重視すべきであり、その史料的価値が武王条によって貶められることがあってはならないと考える。武王条の創建説話は、それ自体が『三国遺事』編纂段階における人々の認識を示す興味深い史料であることには変わらないが、その内容を史実として扱うことには、今後はさらに慎重になる必要があろう。

第二章　舎利奉安記からみた日本古代墓誌の系譜

第一節　系譜に関する問題

日本古代の金石文資料中には、舎利荘厳に関連する事例を残念ながら見出すことができない。前章でとりあげた聖武天皇勅書銅版が、その機能や形態においてもっとも近い存在と言えるであろうか。ただし舎利荘厳に限定せずに見てみると、舎利奉安記との共通性を感じさせる事例が存在する。それが墓誌であり、日本古代のものとしては一六点が現存している。それらをまとめたのが次表である。(28)

表　日本古代の墓誌

番号	被葬者名	墓地の所在地	葬法	紀年	素材	形状	法量（cm）
1	船王後	大阪府柏原市国分松岳山	不明、土葬か	六四一「殞亡」、六六八「殯葬」（墓誌は追納か）	銅製	長方形板型	縦二九・七五×横六・八八
2	小野毛人	京都府京都市左京区上高野	土葬	六七七「営造」「葬」（墓誌は追納か）	銅製鍍金	長方形板型	縦五八・九五×横五・九
3	文祢麻呂	奈良県宇陀市榛原八滝	火葬	七〇七「卒」	銅製	長方形板型	縦二六・二×横四・三五

4	威奈大村	奈良県北葛城郡香芝町穴虫	火葬	七〇七「終」「葬」	銅製鍍金	蔵骨器型	全高二四・二四 最大径二四・六
5	下道圀勝 圀依母	岡山県小田郡矢掛町東三成	火葬	七〇八「成」	銅製	蔵骨器型	全高二三・一 蓋最大径二三・七
6	伊福吉部 徳足比売	鳥取県鳥取市国府町宮下	火葬	七〇八「卒」 七一〇「殯」	銅製	蔵骨器型	全高一七・一 蓋最大径二四・二
7	僧道薬	奈良県天理市岩屋町西山	火葬	七一四「命過」	銀製	長方形板型	縦一三・七×横二・三
8	太安万侶	奈良県奈良市此瀬町	火葬	七二三「卒之」	銅製	長方形板型	縦二九・一×横六・一
9	山代真作	奈良県宇陀郡大阿太町東阿太	不明	七二八「逝去」	銅製鍍金	長方形板型	縦二七・九五×横五・七
10	小治田安万侶	奈良県山辺郡都祁村甲岡	火葬	七二九「葬」	銅製鍍金	長方形板型	縦二九・七×横六・二五
11	美努岡万	奈良県生駒市萩原町	火葬か	七二八「卒」 七三〇「納置」	銅製	長方形板型	縦二九・七×横二〇・七
12	僧行基	奈良県生駒市有里町	火葬	七四九「終」「葬」	銅製	蔵骨器外容器	（縦一〇・六×横六・八）
13	石川年足	大阪府高槻市真上	火葬	七六二「卒」「葬」	銅製鍍金	長方形板型	縦二九・七×横一〇・四
14	宇治宿祢	京都府京都市右京区大枝塚原町	火葬	七六八？	銅製	長方形板型？	（縦九・三×横五・六）
15	高屋枚人	大阪府南河内郡太子町太子	不明	七七六「葬」	砂岩製	箱型	身縦二六・二×横一八・六 身厚一一・九、全厚二一・七
16	紀吉継	大阪府南河内郡太子町春日	不明	七八四	塼製	箱型	身縦二六・二×横一八・六 身厚六・一五、全厚一二・八

出土地や葬法が明確でない事例もあり、墓誌に記された紀年と実際の製作年代が一致しないなど個別に問題点は多いが、ここでは「素材」と「形状」の欄に注目したい。一見して明らかな如く、墓誌の素材は銅が大半を占め、銀（7）・砂岩（15）・塼（16）が各一点となる。その形状は、長方形板型が一〇点（1～3、7～11、13、14）、蔵骨器の蓋に刻するものが三点（4～6）、その他に筒状の蔵骨器外容器一点（12）と、蓋を伴う箱型二点（15、16）となっている。以上をまとめると、

①金属製の長方形板型

②金属製の蔵骨器型

③その他

の三形態に大別することができ、その主体は①となる。(29)

これら一六点は七世紀後半から八世紀後半の一世紀間に集中して現れるが、その現存最古例である船王後《ふねのおうご》墓誌の段階で、すでにある程度完成された姿を呈している。(30)また墓誌を伴う墓の被葬者は、渡来系氏族出身者や海外への渡航経験を持つ人物とその周辺など、海外事情に近い人物に顕著に偏っている。したがって墓誌を埋納する行為は、日本で自発的に形成されたとするよりは、海外から移入された新しい文化の影響下に発生したものと推測される。そのため従来の研究でも、特に中国文化の影響が指摘されてきた。

日本古代墓誌について、基礎的にして総合的な研究をされた東野治之氏は、(31)基本的には「墓誌の源は中国にある」とするものの、「中国の典型的な墓誌とは内容・形式ともに異なったものが多い」とも述べる。本稿で注目する「形式」面に限って見ていくと、中国の典型的墓誌が「正方型の石に罫線を入れて文を刻み、これに同大の蓋石を組み合わせる形態」（盝頂《ろくちょう》型、あるいは覆斗型墓誌などと称される(32)）であるのに対し、日本の墓誌は、前述のように素材は金属

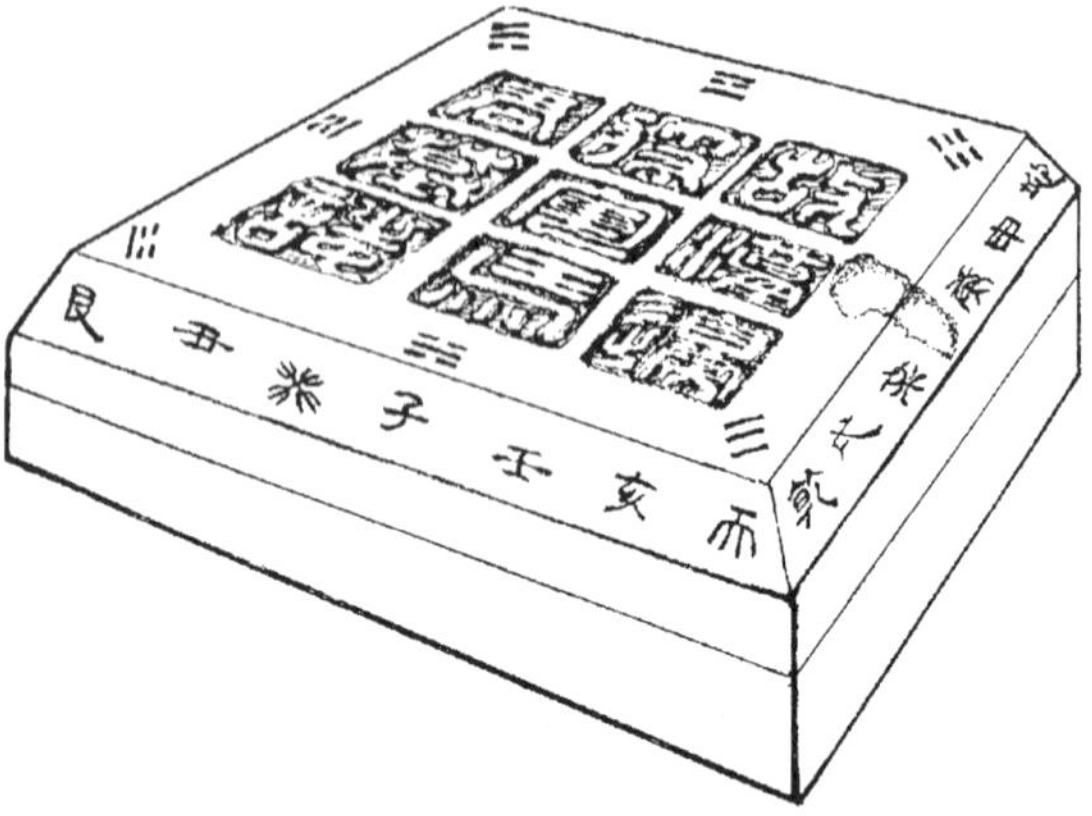

図4　盝頂型墓誌（覆斗型墓誌）

製、形状は長方形板型や蔵骨器型が圧倒的であるとの差異を指摘する。ただし「中国の墓誌も時代を遡っていった場合、必ずしも上に述べたような形式を備えておらず、多様性をもっていることに注意する必要がある」とし、「縦長で表裏に文のある」墓誌は「晋代にあっては珍しくなく、北魏以降も塼製の粗末な墓誌などには同様なものがみかけられる」と述べる。また寧夏自治区固原から出土した塼製墓誌との類似性から、中国の「古い墓誌」「簡易な墓誌」「粗末な墓誌」「胡族の墓誌」と日本の墓誌との関連を指摘する。

さらに東野氏は、中国の墓誌が土葬に伴うのに対し、日本の墓誌が火葬の普及と連動して広まったと見られることから、「単純に中国の墓誌の影響と言えない側面が残る」、「実情は明らかでないが(33)、朝鮮三国との関連も考慮に入れておくべきであろう」として、火葬のおこなわれた新羅に注意を促している(34)。

以上のように、東野氏は慎重に留保をつけながら論じるが、自身も認めるように「ただそれらの特色が中国の古い墓誌から来ているとした場合、それがどうして我が国に伝えられたのかが問題となる」。この点について東野氏は、「しかし北魏における粗末な塼製の墓誌の存在からしても、晋以来の伝統を引く簡易な墓誌が、整った形の墓誌と並んで一般に行われていたことは充分考えられる」とまとめるが、なぜ当時広く行われていた典型的墓誌ではなく、「古い墓誌」「簡易な墓誌」「粗末な墓誌」「胡族の墓誌」といった「多様性」を日本が受容したのか、その説明が十分とは言えない。

東野氏の慎重な解釈にもかかわらず、やはり一見して、日本と中国の墓誌との間には決定的な懸隔が存在するのである。中国では石（および塼）を素材にしたものが圧倒的であるのに対し、日本古代では金属製（特に銅製）がほとんどである。またその素材に応じて、中国では厚みを持った盝頂型が主流であるのに対し、日本では薄い長方形板型が多く、また火葬という葬法に応じて蔵骨器型も大きな比率を占めている。東アジアの墓誌文化の源流が中国にあったことは認められるにしても、古代日本に受容されるまでには、さらに何段階かの媒介を想定する必要があるだろう。

第二節　蔵骨器型墓誌と舎利容器

蔵骨器と舎利埋納との関連性については、すでに先行研究においても指摘されてきたところである。岡本敏行氏は「初期の蔵骨器は直接埋納するのではなく、必ず外容器に入れて埋葬された。（中略）文祢麻呂墓のそれは、ガラス製の蔵骨器を金銅製外容器に納め、金銅製外容器はさらに木櫃に納められていた。このように材質や形態の異なった容器を入れ子状態にして納める方法は、舎利の納置方法に共通している。当初の火葬は、仏教思想をよりどころとしていたこともあって、仏舎利の埋納法を意識していたことは間違いない」とし[35]、村木二郎氏も「行基墓では行基の火葬骨を仏舎利に見立て、内側から金銅、銅、石の三重の外容器で覆う厳重な埋納法をとっている。これは滋賀県大津市崇福寺出土舎利容器などと同様で、まさに舎利を埋納する方法である」と指摘している[36]。

そもそも仏塔は「ブッダの墓」、舎利埋納は「ブッダの葬送儀礼」であるとの認識があったことは、すでにインドにおいて仏塔が墳墓の形態を模して建造されたこと、ブッダの宝棺を模した入れ子式の舎利容器が広く用いられたことなどからも明らかである[37]。中国ではさらに独自の葬送文化の要素を加えられ、唐代には棺形舎利容器が流行し、法

図５　文祢麻呂墓出土品（国宝　東京国立博物館所蔵　Image：TNM Image Archives）

図６　崇福寺出土舎利荘厳具（近江神宮所蔵）

門寺などにおける地宮への舎利埋納は陵墓の埋葬空間を模したと見られる。[38]奈良時代における火葬の流行は必ずしも仏教との関係だけで説明できるものではないが、蔵骨器を用いた埋葬が受容される過程で、舎利埋納が参考にされることは十分あり得ただろう。

東野氏は、「骨蔵器の中に舎利容器を手本としたものがあることは、幾重にも材質のちがう容器に収納する方法が両者に共通することや、器形の類似するものがあることから確かであろうが（石櫃に骨蔵器を収めるのも塔心礎内に舎利容器を収めるのと関係があるかもしれない）、以上の点は中国・朝鮮の舎利容器についてもそのままあてはまり、しかも刻銘をもつ舎利容器が北魏・隋や新羅にみられる」とされ(39)、蔵骨器型墓誌が舎利容器への刻銘からヒントを得たものと想定されているのは卓見である(40)。

図７　棺形舎利容器（泉屋博古館所蔵）

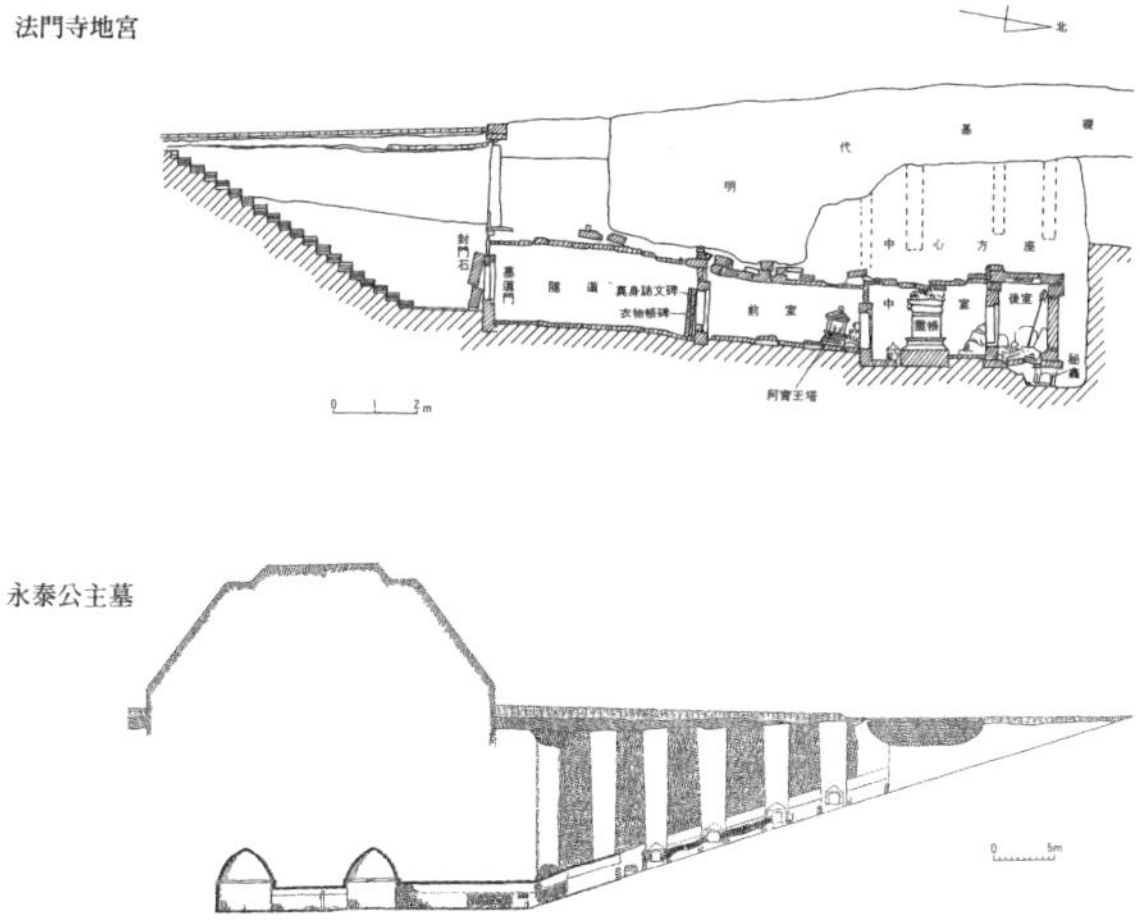

図８　法門寺地宮と永泰公主墓

図9　蔵骨器型墓誌（写真上：下道圀勝圀依母，下：伊福吉部徳足比売）

ところで、日本の舎利荘厳の系譜を考える際に障害となっていたのが、百済の舎利荘厳が不明確な点であった。河田貞氏は「わが国の上代寺院における塔心礎納置の仏舎利は『日本書紀』の記述によっても明らかなように、そのほとんどは百済・新羅からもたらされたものである。従ってそれを奉籠する舎利容器や副納されていた供養の品々にみられる荘厳の手法も、半島における形制がなんらかの形で反映されたものと考えられる。とりわけ百済の影響ははかり知れないものがあったと想定されるが、先述のように百済時代の舎利荘厳の実体を示す遺品は現在までのところ皆無の状態であり、むしろ今後の発掘成果に期待するところが多大であるといえよう」とされている。(41)

ところが近年になって、百済地域で相次いで三件の舎利荘厳に関連する遺物が発見されたのである。一つめは、百済の旧都である忠清南道扶余郡に位置する陵山里陵寺の中央木塔址から、一九九五年に出土した昌王銘石造舎利龕である。(42) 高さ七四cm、幅と奥行きが各約五〇cmの花崗岩製であり、上部を丸く削り中央部に同形の孔を開けた、まさに龕形で、孔の左右に銘文が陰刻されている。その内容は「百濟昌王十三季太歳在丁亥、妹兄公主供養舍利」というもので、五六七年（丁亥年）に百済昌王（第二七代威徳王）の姉妹公主が供養した舎利を納めていたことがわかる。周炅美氏はこの馬蹄形の器形を漢代の漆器に由来するものとし、本来は孔部分に蓋を伴う石函であったとする。(43) その馬蹄形の孔の中には別材質の小型舎利荘厳具が安置されていたであろうとし、入れ子式の舎利容器を想定されている。

図10　昌王銘石造舎利龕

また二〇〇七年には、同じ扶余の王興寺址における発掘調査の過程で、木塔址の心礎部に穿たれた方形舎利孔から、舎利容器をはじめ様々な供養具を伴った舎利荘厳が発見された。(44) 舎利容器は金瓶・銀壺・銅盒の三重構造となっており、そのうちの銅盒（青銅製舎利函）に、「丁酉年二月十五日、百濟王昌為亡

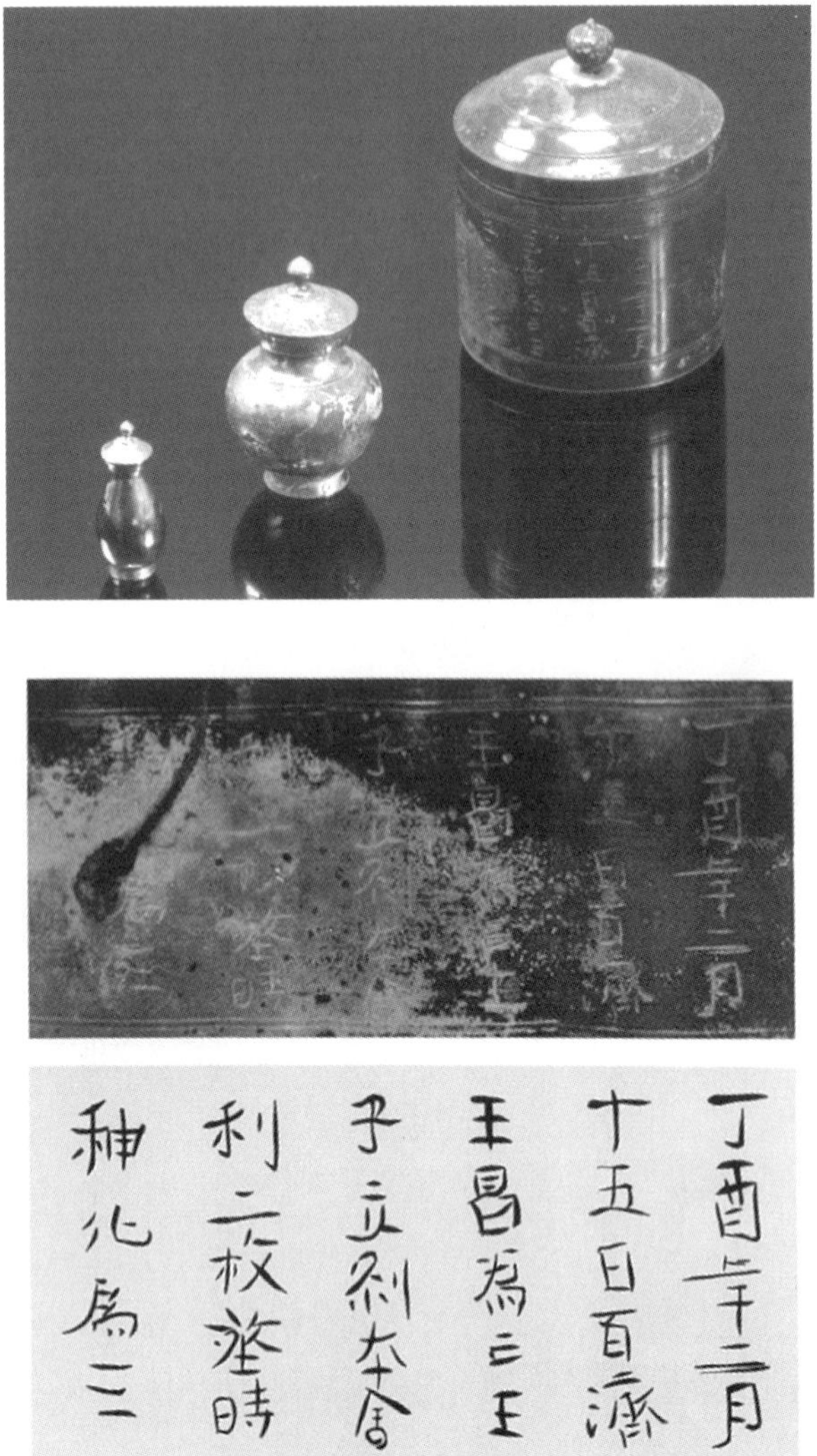

図11　王興寺址出土舎利容器

王子立刹。本舎利二枚、葬時神化為三」との銘文が記されていた。これにより王興寺は五七七年（丁酉年）に、百済王昌（威徳王）が亡き王子のために造営したものであることが判明した。[45]

この発見は、飛鳥寺造営との関わりから日本でも大きな関心を呼んだ。[46]『日本書紀』によれば、銅盒銘と同じ五七七年に百済から造寺・造仏の技術者が送られており、[47]彼らが養成したであろう技術者が一人前になった時期でもある一一年後の五八八年、さらに百済から工人集団が派遣され、飛鳥寺の造営が開始されている[48]。つまり、威徳王のもとで王興寺造営に関わったのと同じ工人集団が、王の命により倭に派遣されて飛鳥寺造営に携わった可能性の高いことが判明したのである。舎利荘厳や寺院構造における王興寺と飛鳥寺との相似性もそうした事実を裏付けているとされ、舎利埋納文化においても予想以上に直接的な受容がおこなわれたことが推測されるのである。

王興寺における舎利荘厳の発見により、東野氏の指摘した北魏・隋や新羅の事例に加え、百済にも刻銘をもつ舎利容器が存在したことが判明した。さらにはその製作を手がけたのと同じ工人集団が飛鳥寺の舎利荘厳にも携わったことから、飛鳥寺の当初の舎利容器にも銘文が刻まれていた可能性は十分考えられよう。

舎利容器を模倣した入れ子式の蔵骨器は朝鮮半島にも見られ[49]、朝鮮半島（さらには中国）において刻銘舎利容器に範をとった蔵骨器への墓誌銘記入がおこなわれた可能性は考えられよう。あるいは日本で、刻銘舎利容器をヒントに蔵骨器への刻銘が試みられたとも考えられるが、いずれにせよ、舎利荘厳の文化が受容されると同時に、墓誌文化もまた日本に移入されたと想定できるのではなかろうか。

第三節　長方形板型墓誌と舎利奉安記

近年発見された百済舎利荘厳の三つめが、今回の弥勒寺西塔からの発見となる。なかでも注目したいのが、舎利奉安記の形態と埋納状況である[50]。舎利奉安記は縦一〇・三㎝、横一五・三㎝、厚さ一・二㎜のほぼ純金製の長方形板型であり、表裏とも上下左右いっぱいに文字が陰刻されている。表面は鐫刻内に朱漆を塗り、文字を朱色に浮かび上がらせている。裏面は鐫刻のままで朱漆は塗られていないが、右辺から下辺にかけて、および左辺上部には朱が付着し、赤く汚れたようになっている。これは舎利荘厳の埋納時に、儀式次第の一環として朱で舎利孔の中央に点を打ったた

図12　弥勒寺舎利荘厳の埋納状況（韓国国立文化財研究所提供）

めと考えられている。[51]

舎利荘厳は心礎石に穿たれた縦横二五cm、深さ二六・五cmの直方体の空間に安置され、上下五層に細分できるという。その最上層の中央に、内部にガラス製舎利瓶と金製舎利内壺を納めた金銅製舎利外壺が置かれ、その脇に舎利奉安記が南壁に斜めに立てかけられていた。舎利奉安記の表面を上にし、舎利孔の中心に向けて配置した後[52]、最後に三

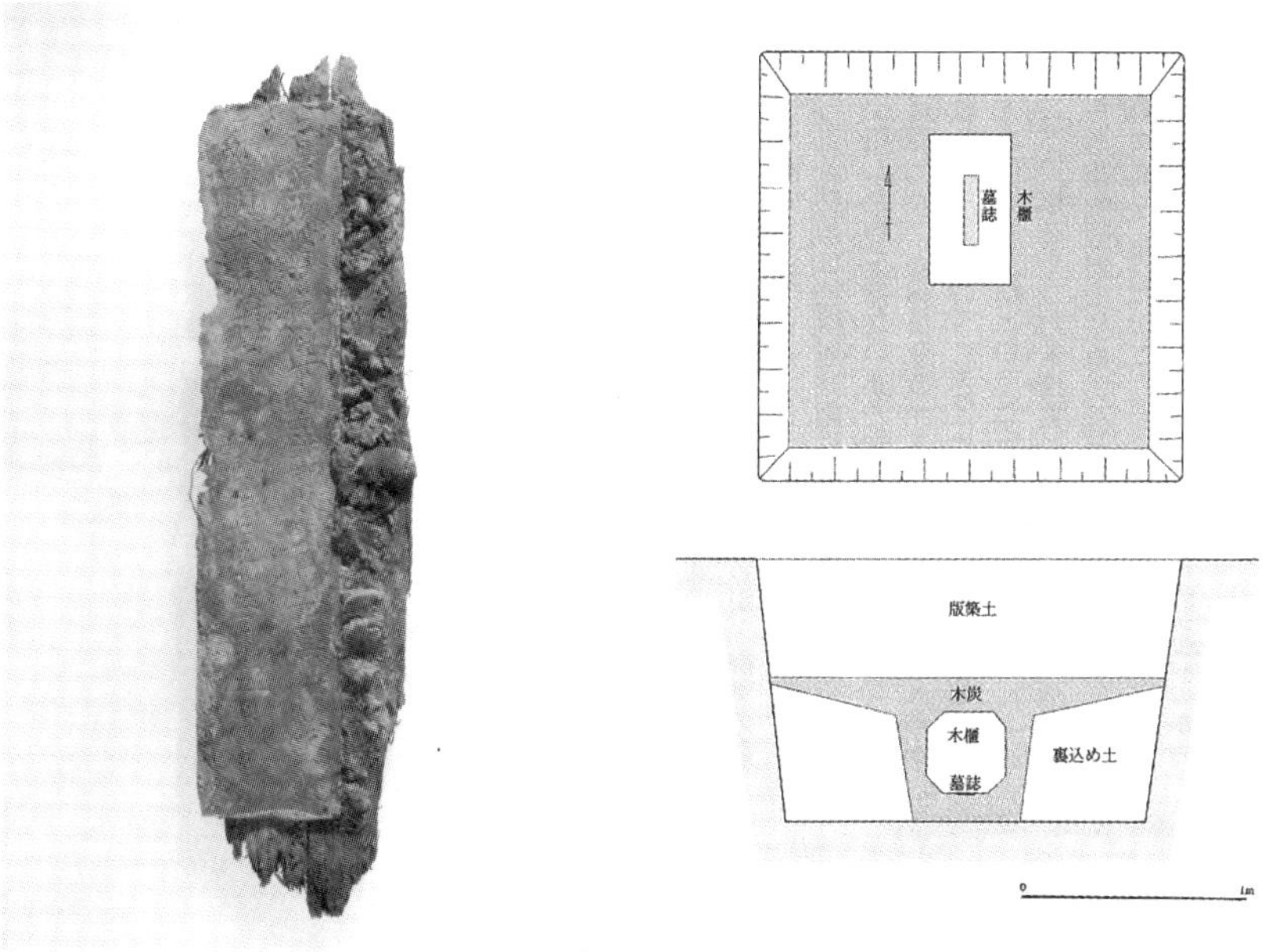

図13　太安万侶墓誌とその埋納状況（奈良県立橿原考古学研究所提供）

重構造の舎利容器が安置され、蓋が閉じられたものと推測される。

ところで、以上のような舎利奉安記の形態と埋納状況を見るとき、日本古代の長方形板型墓誌が連想されるのは筆者だけであろうか。ともに比較的小型の薄い金属板が用いられており、舎利奉安記は横長に使うという違いはあるものの、全体的な印象は中国のどんな石製（塼製）墓誌よりもずっと近いように思える。また方形の舎利孔内に舎利容器に添えられるように配置されている様子も、火葬墓の土壙内で蔵骨器に添えられた墓誌の姿を彷彿とさせるのである。

太安万侶墓誌は、現存一六点のなかでは最も新しい発見で、埋葬遺構がほぼ原状のまま残された状態で学術調査がおこなわれたため、遺構構造が判明する貴重な事例である[53]。斜面に掘られた東西約一八〇cm、南北約一六五cmの方形墓壙のなかに、火葬骨を納めた木櫃（長さ約六六cm、幅約三七cm、高さ約三八cm

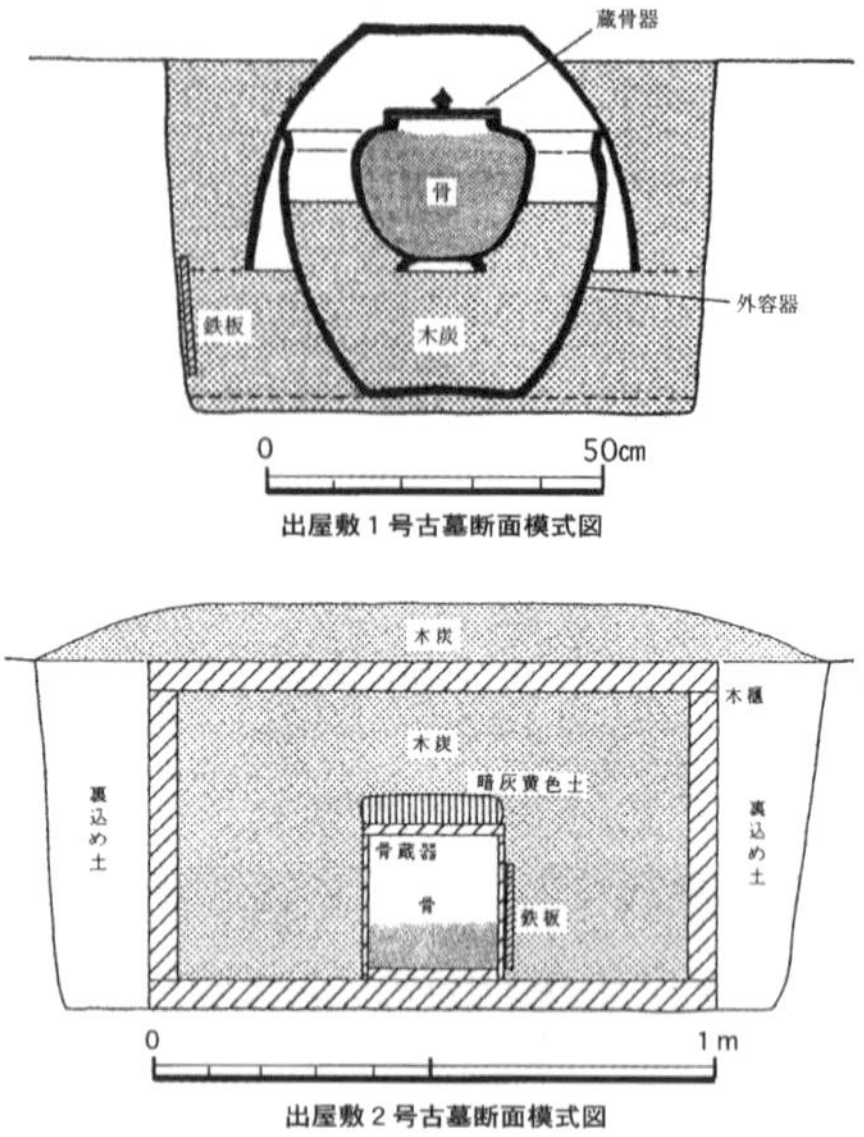

図14　出屋敷遺跡一・二号火葬墓

と推定）が置かれ、木櫃底面に金属製の長方形板型墓誌が粘土で貼り付けられていたという。木櫃は腐朽してわずかに墓誌に接した部分が残るだけなので、腐朽する過程で原位置から動いているかも知れず、本来は底面ではなく上面や側面に貼り付けられていた可能性も考えられよう。

また出屋敷遺跡一・二号火葬墓は、その性格をめぐって議論の多い「鉄板」が出土したことで知られている。(54)小林義孝氏によれば、鉄板は八～一〇世紀の墳墓遺構から出土し、長さ三〇cm前後の長方形や短冊形を呈する薄い板状の鉄製品で、全面が錆に覆われているため、文字の痕跡を確認できた事例は存在しない。しかし出土状況からその性格を、地鎮的なもの、買地券、墓誌的なもの、写経・誦経を為したことを表す札などと想定されている。(55)出屋敷遺跡一・二号火葬墓の鉄板は、小林氏の分類によれば「墓誌的なもの」とされる事例であるが、その出土状況をみると、一号墓では土壙に薬壺型の蔵骨器が、木炭で満たした外容器に保護されて安置され、土壙の壁面に鉄板が立てかけられるように配置されている。二号墓では土壙に火葬骨を納めた木櫃が安置され、その木櫃に立てかけて鉄板が置かれている。鉄板の性格比定に問題を残すものの、太安万侶墓の事例とあわせて考えるとき、その出土状況は弥勒寺の舎利荘厳と重なってくるように思われるのである。

一方、美努岡万墓誌は発見当時、銘文の鐫刻内に朱が残っていたとされ、(56)本来は舎利奉安記表面のように朱字鮮やかな姿をしていたのかも知れない。僧道薬墓の場合は、長方形板型墓誌は火葬骨とともに薬壺型須恵器の蔵骨器の中に納められていたが、その蔵骨器には内外両面に大量の朱が塗られていた。古墳内部に朱を塗る事例は古くから見られるが、奈良時代以降の火葬墓にも朱の散布を見てとることができ、また舎利埋納にも確認することができる(57)。弥勒寺の舎利荘厳に見られた儀式次第の一環としての朱の利用は、日本古代の舎利埋納儀礼だけでなく、火葬墓への埋葬儀礼を考える上でも参考となるであろう(58)。

第四節　小　結

本章では、近年発見された百済の舎利荘厳具に注目することで、日本古代墓誌の系譜を考えようとした。日本古代墓誌の源流が中国にあることは間違いないが、中国の墓誌とは素材・形状の面で決定的な懸隔がある。その間を埋める存在として朝鮮半島が注意されるのだが、朝鮮半島の古代墓誌は現存例が少なく、また形態面での差異も大きい。そこで墓誌だけでなく金石文全体に視野をひろげ、形態的な類似性からの考察を試みた。

まず蔵骨器型墓誌との関係から、王興寺の刻銘舎利容器に注目した。この発見により、蔵骨器型墓誌への影響が指摘されてきた刻銘舎利容器が百済にも存在したことが知られたのみならず、それらの製作に携わった工人集団が飛鳥寺造営に派遣され、その文化や技術が直接的に日本へ移植されたことが判明したのである。

ついで長方形板型墓誌との関係から、弥勒寺の舎利奉安記発見の新たな意義を指摘した。金属製の薄い長方形板に文字が刻まれた形態や、方形の舎利孔内で舎利容器に添えられるように配置された埋納状況は、まさに金属製の長方形板型墓誌が、土壙内で蔵骨器に添えられるように置かれている姿を彷彿とさせるのである。したがって蔵骨器型墓誌と同様に長方形板型墓誌についても、舎利荘厳からの強い影響を見て取ることができるのではなかろうか。

日本古代墓誌の系譜は、中国や朝鮮半島の墓誌と見比べても上手く説明できないのであるが、新たに発見された百済の舎利荘厳を媒介としてみると、その系譜関係をシンプルに理解できるのではないかと思うのである。

おわりに

本稿では、舎利奉安記の発見を受けて気になった二点について、先行研究の蓄積に多くを頼りながら考察を試みた。舎利奉安記自体が非常に魅力的な資料であることは確かだが、それを日本古代史研究の文脈に置いたときに、また別の価値が見出されるのではなかろうか。

冒頭でも述べたように、今回の弥勒寺西塔における舎利荘厳の発見は、数少ない百済の舎利荘厳具というだけでも十分に貴重な事例と言えるのであるが、さらに重要なのは、モノとしては残り難い「古代の儀礼行為」が、密封された空間にそのまま保存されていたという事実である。この稀有な幸運を、百済史や舎利信仰の分析だけに留めておくのは、いかにも惜しい。今後さらに、様々な研究分野からの分析が進められることを期待したい。

註

（1）「我百済王后佐平沙乇積徳女、種善因於曠却受勝報於今生、撫育万民棟梁三宝。故能謹捨浄財造立伽藍、以己亥年正月廿九日奉迎舎利」。舎利奉安記の銘文と釈読私案については、稲田奈津子「百済弥勒寺の舎利奉安記について」（『朱』五五、二〇一一年）参照。

（2）「一日、王與夫人欲幸師子寺、至龍華山下大池辺、弥勒三尊出現池中、留駕致敬。夫人謂王曰「須創大伽藍於此地、固所願也」。王許之。詣知命所、問填池事。以神力一夜頽山填池為平地。乃法像弥勒三会、殿・塔・廊廡各三所創之。額曰弥勒寺〈国史云王興寺〉。真平王遣百工助之。至今存其寺」。韓国精神文化研究院編『訳註 三国遺事』Ⅱ（以会文化社、二〇〇二年）、一八四頁。

（3）盧重国「金石文・木簡資料を活用した韓国古代史研究の課題といくつかの再解釈」（『韓国古代史研究』五七、二〇一〇年）、同「弥勒寺創建と知命法師」（同『百済社会思想史』知識産業社、二〇一〇年）。

（4）趙景徹「百済益山弥勒寺創建の信仰的背景―弥勒信仰と法華信仰を中心に―」（『韓国思想史学』三二、二〇〇九年）。

（5）吉基泰「武王代弥勒寺創建過程と仏教界」（韓国思想史学会学術発表会『益山弥勒寺址と百済仏教』発表要旨、二〇〇九年三月一四日）、金寿泰「百済武王代の弥勒寺石塔舎利奉安」（新羅史学会・国民大韓国学研究所合同学術大会『益山弥勒寺址出土遺物についての総合的検討』発表要旨、二〇〇九年三月二一日）、朴賢淑「百済武王の益山経営と弥勒寺」（『韓国史学報』三六、二〇〇九年）、鄭鎮元「益山弥勒寺址西塔〈金製舎利奉安記〉解読と争点」（『韓国語文学研究』五八、二〇一二年）。

（6）李道学「弥勒寺址西塔『舎利奉安記』の分析」（『白山学報』八三、二〇〇九年）。

（7）金相鉉「弥勒寺西塔舎利奉安記の基礎的検討」（百済学会・圓光大学校馬韓―百済文化研究所主催『大発見 舎利荘厳 弥勒寺の再照明』学術発表資料、二〇〇九年）、同「百済武王代仏教界の動向と弥勒寺」（『韓国史学報』三七、二〇〇九年）。

（8）辛鐘遠「舎利奉安記を通してみた『三国遺事』武王条の理解」（同ほか『益山弥勒寺と百済―西塔舎利奉安記出現の意義―』一志社、二〇一一年）。

（9）金周成「弥勒寺址西塔舎利奉安記出土による諸説の検討」（『東国史学』四七、二〇〇九年）。

（10）東野治之「聖武天皇勅書銅版」（同『日本古代金石文の研究』岩波書店、二〇〇四年、初発表一九九五年）。宮内庁正倉院事務所編『正倉院宝物』四（毎日新聞社、一九九四年）、七九頁。図1は後者より転載。

（11）続修四七⑨裏、東京大学史料編纂所『大日本古文書　編年之五』（東京大学出版会、一九〇三年）、四一三頁。

（12）「皇后体不予。則為皇后誓願之、初興薬師寺。仍度一百僧。由是、得安平。是日赦罪」（『日本書紀』天武九年一一月癸未条）。

（13）「以薬師寺構作略了。詔衆僧令住其寺」（『続日本紀』文武二年一〇月庚寅条）。

(14) 大橋一章「薬師寺の創立と移転」(大橋・松原智美編著『薬師寺千三百年の精華―美術史研究のあゆみ』里文出版、二〇〇〇年)。

(15) 肥田路美「東塔」(前掲『薬師寺千三百年の精華』所収、二〇〇〇年)。図2は奈良文化財研究所・朝日新聞事業本部大阪企画事業部編『飛鳥・藤原京展―古代律令国家の創造―』(朝日新聞社、二〇〇二年)より転載(撮影　小川光三氏)。

(16) 「維清原宮馭宇天皇、即位八年庚辰之歳建子之月、以中宮不悆、創此伽藍。而鋪金未遂、龍駕騰仙、大上天皇、奉遵前緒、遂成斯業。照先皇之弘誓、光後帝之玄功、道濟郡生、業傳曠却。式於高躅、敢勒貞金。其銘曰、巍巍蕩蕩、薬師如来、大發誓願、廣運慈哀。猗歟聖王、仰延冥助、爰餝靈宇、莊嚴調御。亭亭寶刹、寂寂法城、福崇億却、慶溢萬齢」。読み下しは前掲肥田論文による。

(17) 會津八一「薬師寺東塔の銘文を読む」(『會津八一全集』二、中央公論社、一九五九年、初発表一九四八年)、大橋一章『日本の古寺美術④　薬師寺』(保育社、一九八六年)。

(18) 「蘇我大臣、亦依本願、於飛鳥地、起法興寺」(『日本書紀』崇峻前紀二年七月条)。

(19) 田中史生「飛鳥寺(法興寺)と百済―倭国の政治的選択と国際環境―」(『歴史と地理』一二六、二〇〇九年)。

(20) 鈴木靖民「王興寺から飛鳥寺へ―飛鳥文化の形成―」(同編『古代東アジアの仏教と王権―王興寺から飛鳥寺へ―』勉誠出版、二〇一〇年)。

(21) 「法興寺造竟。則以大臣男善徳臣拝寺司。是日慧慈・慧聡二僧、始住於法興寺」(『日本書紀』推古四年一一月条)。

(22) 松木裕美「史料紹介『元興寺縁起』」(『歴史と地理』五三七、二〇〇〇年)。

(23) 「勅鞍作鳥曰、「朕欲興隆内典、方将建仏刹、肇求舎利。時汝祖父司馬達等、便献舎利(後略)」」(『日本書紀』推古一四年五月戊午条)。

(24) 吉田一彦「元興寺伽藍縁起幷流記資財帳の研究」(同『仏教伝来の研究』吉川弘文館、二〇一二年、初発表二〇〇三年)。

(25) 皆川完一「光明皇后願経五月一日経の書写について」(同『正倉院文書と古代中世史料の研究』吉川弘文館、二〇一二年、初発表一九六二年)。

(26)「皇后藤原氏光明子、奉為尊考贈正一位太政太臣府君・尊妣贈従一位橘氏太夫人、敬寫一切経論及律、荘嚴既了。伏願、憑斯勝因、奉資冥助、永庇菩提之樹、長遊般若之津。又願、上奉聖朝、恒延福壽、下及寮采、共盡忠節。又光明子、自發誓言。弘濟沉淪、勤除煩障、妙窮諸法、早契菩提。乃至、傳燈無窮、流布天下、聞名持巻、獲福消災、一切迷方、會歸覺路。天平十二年五月一日記」。読み下しと現代語訳は、上代文献を読む会（担当：桑原祐子）「上代写経識語注釈（その九）十輪経（五月一日経）」（『続日本紀研究』三九三、二〇一一年）による。図3は奈良国立博物館編『奈良朝写経』（東京美術、一九八三年）より転載。

(27) 山下有美『正倉院文書と写経所の研究』（吉川弘文館、一九九九年）、栄原永遠男『正倉院文書入門』（角川学芸出版、二〇一一年）。

(28) 日本古代墓誌については、奈良国立文化財研究所飛鳥資料館編『日本古代の墓誌』（同朋社、一九七九年）、および大阪府立近つ飛鳥博物館編『古墳から奈良時代墳墓へ―古代律令国家の墓制』（図録三四、二〇〇四年）が基本的資料集となっており、収載論文とともに非常に有益である。表はこれらをもとに作成している。

(29) 長方形板型については、縦長から幅広へと変化することから、先行研究では縦長を「短冊形」「長方形細板」、幅広を「板型」「長方形」「長方形広板」などと区別して呼称されてきたが、本稿では区別せずに長方形板型と称することにする。この縦長から幅広へという形状の変化とともに、東野氏は表裏両面記入から片面記入へと変化することを指摘する。氏はこの変化を中国墓誌の影響として解釈されているが、表裏がともに一行書きで記された小野毛人墓誌などを見ると、七世紀から八世紀にかけての木簡が一行書きから複数行書きへと変化していくこととも呼応しているかのように見え、興味深い。鐘江宏之「七世紀の地方木簡」（『木簡研究』二〇、一九九八年）。

(30) 新川登亀男「墓誌の社会史～日本列島を中心にして～」（新川・高橋龍三郎編『東アジアの歴史・民族・考古』雄山閣、二〇〇九年）。

(31) 東野治之「日本古代の墓誌」（前掲『日本古代の墓誌』所収、一九七九年。東野『日本古代金石文の研究』岩波書店、二〇〇四年に再録）、同「墳墓と墓誌の日唐比較」（前掲『古墳から奈良時代墳墓へ』所収、二〇〇四年）。

(32) 趙超『古代墓志通論』(紫禁城出版社、二〇〇三年)。図4は同書より転載。

(33) ちなみに朝鮮半島の古代墓誌の事例は、高句麗壁画墓の墨書を除外すると、東野氏が例示した「乾寧二年」銘墓誌の他に、同じ統一新羅期の龍江洞古墳出土「墓誌石」、さらに百済の武寧王陵誌石(墓誌と買地券の複合体)が存在する。しかし、これらはいずれも素材・形状といった形態面で日本古代の墓誌とは大きな隔たりがあるので、本稿では検討の対象外とした。国立慶州博物館編『文字からみた新羅』(二〇〇二年)、李宇泰(稲田奈津子 訳)「韓国の買地券」(『都市文化研究』一四、二〇一二年、初発表二〇一〇年)参照。

(34) 東野氏の研究以降、日本古代墓誌の系譜に関する言及はほとんどなされてこなかったが、村木二郎氏は、朝鮮半島における古代墓誌の事例は未確認であるとして、遣唐使などによる中国からの直接受容を想定している。村木二郎「墓碑・墓誌・買地券」(平川南・沖森卓也・栄原永遠男・山中章編『文字と古代日本4 神仏と文字』吉川弘文館、二〇〇五年)。また小笠原好彦氏は、中国の墓誌が石製であるのに対し日本の墓誌が銅製・金銅製である理由について、古代日本の技術的問題であると論じる。高度な石造物の製作は、漢字・漢文を判読できない在来の石工工人には不可能であったとして、渡来系氏族の金工工人が代わりに墓誌を製作したため、石製ではなく金属製という独自の墓誌形態になったとするのである。しかし仮に石工工人が漢字・漢文を判読できなかったとしても、石にあらかじめ下書きされていれば十分対応できたであろうし(二〇一一年七月三〇日の第四回中国石刻合同研究会における小笠原報告に対する石見清裕氏の発言)、那須国造碑などは(渡来人の関与もあろうが)地方にありながら端正な文字が刻み込まれている。日本と中国の墓誌素材の差異は、技術的問題では説明しきれないように思う。また小笠原氏は短冊形の形態について、東野氏の指摘をふまえつつ、中国皇帝陵などに見られる冊書との関連を論じる。しかし冊書を実見できる機会が外国使節や一般官人等にあったとは考え難く、これが日本古代墓誌に影響を与えたと見るのは無理があろう。小笠原好彦「日本古代の墓誌」(『日本古代学』四、二〇一二年)。

(35) 岡本敏行「蔵骨器とその埋納」(前掲『古墳から奈良時代墳墓へ』所収、二〇〇四年)、一〇六頁。

(36) 前掲村木論文、一三七頁。図6は奈良国立博物館編『仏舎利の荘厳』(一九八三年)より転載。

(37) 舎利荘厳に関しては、以下の図録および収載論考等を参照した。奈良国立文化財研究所飛鳥資料館編『仏舎利埋納』(図録

二一、一九七九年）、前掲『仏舎利の荘厳』（一九八三年）、河田貞『仏舎利と経の荘厳』（日本の美術二八〇、一九八九年）、奈良国立博物館編『仏舎利と宝珠―釈迦を慕う心―』（二〇〇一年）、大阪府立近つ飛鳥博物館編『荘厳―飛鳥・白鳳　仏のインテリア―』（図録二四、二〇〇一年）。

(38) 図7は前掲『仏舎利と宝珠』より、図8は東京国立博物館・NHK・NHKプロモーション編『唐の女帝・則天武后とその時代展』（NHK・NHKプロモーション、一九九八年）より転載。

(39) 前掲東野「日本古代の墓誌」、三二一頁。

(40) 図9はいずれも国立歴史民俗博物館所蔵の複製品。原品は下道圀勝圀依母墓誌は圀勝寺、伊福吉部徳足比売墓誌は東京国立博物館の所蔵。

(41) 前掲『仏舎利の荘厳』概説（河田貞 執筆）、一九八三年。

(42) 国立扶余博物館編『百済金銅大香炉と昌王銘石造舎利龕』、二〇〇〇年。図10は同書より転載。

(43) 周炅美『中国古代仏舎利荘厳研究』（一志社、二〇〇三年）、四〇四～四〇五頁。

(44) 金容民「王興寺跡と舎利器・荘厳具の発掘調査成果」（前掲『古代東アジアの仏教と王権』所収、二〇一〇年）。図11は同書より転載。

(45) 本銘文で舎利の埋納を「葬」と表現している点は、舎利埋納をブッダの葬送儀礼とする前述の認識を示すものと言えよう。松木裕美「飛鳥寺の塔とその思想」（前掲『古代東アジアの仏教と王権』所収、二〇一〇年）、四六二頁。

(46) 大橋一章「古代文化史のなかの飛鳥寺」、田中史生「飛鳥寺建立と渡来工人・僧侶たち―倭国における技能伝習の新局面―」（ともに前掲『古代東アジアの仏教と王権』所収、二〇一〇年）。

(47) 「百済国王、付還使大別王等、献経論若干巻、并律師・禅師・比丘尼・呪禁師・造仏工・造寺工、六人。遂安置於難波大別王寺」（『日本書紀』敏達六年一一月庚午朔条）。

(48) 「百済国遣使并僧恵総・令斤・恵寔等、献仏舎利。百済国遣恩率首信・徳率蓋文・那率福富味身等、進調并献仏舎利、僧聆照律師・令威・恵衆・恵宿・道厳・令開等、寺工太良未太・文賈古子、鑪盤博士将徳白味淳、瓦博士麻奈文奴・陽貴文・㥄貴文・昔麻帝彌、画工白加」（『日本書紀』崇峻元年是歳条）。

(49) 小田裕樹「日韓古代火葬墓の比較研究―日本古代火葬墓の系譜をめぐって―」（『日韓文化財論集』Ⅱ、二〇一一年）では、新羅の蔵骨器における入れ子構造を舎利容器の模倣と指摘している。ただし小田氏は、朝鮮半島よりも中国（唐）に日本古代火葬墓の系譜を求めるべきと主張されている。

(50) 裵秉宣・趙恩慶・金賢龍「弥勒寺址石塔舎利荘厳収拾調査と成果」（『木簡と文字』三、二〇〇九年）。

(51) 本書、裵秉宣論文参照。

(52) 裵秉宣氏は、舎利奉安記が南壁に斜めに立てかけられた理由について、奉安儀式の際に北側に立つ王妃や貴族たちから見易くするためと推定されているが、筆者は舎利孔の中央に納められた舎利に向けたものと考えている。本書、裵論文参照。

(53) 奈良県立橿原考古学研究所編『太安萬侶墓』、一九八一年。図13は同書より転載。

(54) 図14は前掲『古墳から奈良時代墳墓へ』より転載。

(55) 小林義孝「古代墳墓から出土する「鉄板」について」（『立命館大学考古学論集』Ⅰ、一九九七年）。

(56) 前掲『日本古代の墓誌』、一八四頁。

(57) 猪熊兼勝「飛鳥寺の舎利容器」、中野政樹「崇福寺塔跡発見の舎利容器」（ともに『仏教芸術』一八八、一九九〇年）、岡本敏行「舎利の安置と舎利荘厳具」（前掲『荘厳』所収、二〇〇一年）、同「日本古代における仏舎利の奉安」（前掲『古代東アジアの仏教と王権』所収、二〇一〇年）、前掲稲田論文。

(58) たとえば、小林義孝・海邉博史「古代火葬墓の典型的形態」（『太子町立竹内街道歴史資料館報』六、二〇〇〇年）では、「Ⅱ―Ⅰ類（自立する石櫃で、蔵骨器の下半分が身の孔に納まるタイプ―稲田註）は身に蔵骨器を納め蓋を被せる過程において、儀礼的行為を行い易い形態である。その一端が拾生古墓や忍坂第10号墓の赤色顔料の存在に反映している可能性がある」（四〇頁）との指摘があり、蔵骨器やそれを覆う石櫃の形態から、火葬骨の埋納に際しての赤色顔料を用いた儀礼的行為の存在を推定している。

「仏教」文明化の過程——身位呼称表記を中心にして——

新川登亀男

はじめに

二〇〇九年一月、百済武王時代の壮大な寺院伽藍跡である益山弥勒寺の西石塔（初層塔身内部の第一段心柱石の上面舎利孔）から舎利容器や同荘厳具が出土し、あわせて舎利奉安記（後述するように「舎利奉迎記」）が発見された。本稿は、この通称「舎利奉安記」を読むことによって、インド発祥の「仏教」が文明として東方移動したことの歴史的意義を問うことへとつなげたい。つまり、東方移動する「仏教」文明が、それぞれの地域社会にどのような国家・社会・文化の構築を促したのか。そこに、いかなる共通性と差異性が生まれ、あらたな「仏教」文明化をもたらしたのか。これらの重い課題に、少しでも迫れれば幸いである。

その過程で、比較対照の意味もこめて、法隆寺金堂釈迦三尊像光背銘をはじめとする日本（倭）側の諸資料や、中国諸王朝の関連資料をも可能な範囲で問題視していきたい。

一、百済弥勒寺塔舎利奉迎記と日本（倭）法隆寺金堂釈迦三尊像光背銘

1、百済弥勒寺塔の舎利奉迎記

まず、百済弥勒寺塔の通称「舎利奉安記」原文と日本語訓読文は、次のとおりである。

【原文】

（表面）①竊以法王出世随機赴
　感應物現身如水中月
②是以託生王宮示滅雙
　樹遺形八斛利益三千
③遂使光曜五色行遶七
　遍神通變化不可思議
④我百済王后佐平沙乇
　積徳女種善因於曠劫
　受勝報於今生撫育萬
　民棟梁三寶故能謹捨
　淨財造立伽藍以己亥

（裏面）　年正月廿九日奉迎舍利
⑤願使世世供養劫劫無
盡用此善根仰資大王
陛下年壽與山岳齊固
寶暦共天地同久上弘
⑥正法下化蒼生又願王
后即身心同水鏡照法
界而恒明身若金剛等
虚空而不滅七世久遠
並蒙福利凡是有心
倶成佛道

〔注〕①〜⑥は、つぎの【日本語訓読文】と対応させて筆者が付記した。ただし、⑥については、便宜上、変則的な付記となっている。

【日本語訓読文】

①竊（ひそか）に以（おもんみ）るに、法王の出世は、機に随いて感に赴き、物に応じて身を現すこと、水中の月の如し（二行各九字）。

②是を以て、王宮に託生し、雙樹に示滅し、遺形の八斛、三千に利益す（二行各九字）。
③遂に、光曜すること五色、行遶すること七遍にして、神通變化し、不可思議ならしむ（二行各九字）
④我が百済王后は、佐平沙乇積徳の女として、善因を曠劫に種（う）え、勝報を今生に受け、万民を撫育し、三宝に棟梁たり。故に、能く謹みて浄財を捨し、伽藍を造立し、己亥年正月廿九日を以て、舎利を迎え奉る。
⑤願わくは、世世供養し、劫劫盡くること無く、此の善根を用て、仰ぎて大王陛下を資（たす）けたてまつり、年寿は山岳とともに斉固、宝暦は天地とともに同久にして、上は正法を弘め、下は蒼生を化さしめんことを。
⑥又願わくは、王后即身、心は水鏡に同じく、法界を照して恒に明るく、身は金剛の若（ごと）く、虚空に等しくして滅せず、七世久遠、並びに福利を蒙り、凡是（およそ）有心、倶に仏道を成ぜんことを。

この記文は、表面末尾から裏面にかけて「己亥年」とあるので、一応、六三九年に製作されたものとみられる。この年は、『三国史記』によると百済武王四十年、『日本書紀』によると舒明十一年、そして唐太宗貞観十三年に当たる。なお、以上の記文は、現在、「舎利奉安記」と呼び慣わされているが、記文のなかの「奉迎」という表現を採って「舎利奉迎記」と呼ぶのが記者の意思に即した忠実な命名となろう。よって、本稿では以後、「舎利奉迎記」と称することにしたい。

この舎利奉迎記は金製にして、縦一〇・三㎝、横一五・三㎝、厚さ〇・一三㎝とされているが、縦一〇・五㎝、横一五・五㎝とする報告もあり、まだ統一見解はないようである。(1)総字数は一九三字であり、表面十一行、裏面十一行からなる。したがって、表裏面ともに一行九文字を基本とするが、例外が裏面にみられる。つまり、裏面一行目は十文字、同十行目は八文字、同十一行目は四文字である。また、同三行目は、「用」と「善」の字の間に「此」の文字を右に補い、「大」の字の前には空格が認められそうである。

よって、正格な表面に比して、裏面はやや斉一性に欠くと言える。しかし、それにも必然性があろう。なぜなら、一行目の場合は、「奉迎舎利」の「舍」と「利」の二文字を切り離したくなかったからであろう。言い換えれば、「奉迎舎利」という四文字のまとまりに対して強いこだわりがあったことを示唆している。三行目については、結果的に九文字となっているが、当初、空格分を一文字として九文字分（文字としては八字）であったところに、「此」の字を追刻し、文字としては九字になったということである。このような錯綜気味の経緯は、まず、空格を設けたこと、ついで、「大王」という語を分断したくなかったことに起因していよう。ついで、十行目と十一行目との関係は、仏教表現にかかわる文章の切れ目を考慮したものとみられる。また、末尾十一行目の四文字形式は、後述する王興寺舎利銘の場合と類似しており、金石文に例は多い(2)。

このように、裏面における行字数の不整合性には、それなりの理由が想定できる。しかし、このような不整合性については、さらに、別な見方もできる。つまり、【日本語訓読文】で指摘したように、表面の六行（①②③）までは、二行ごとのまとまりをもった文章になっているが、それ以降は、このような形式が崩れていることである。要するに、「法王」を説くところは、文章形式上でも内容上でも行字数に目配りした企画性に富むものとなっているが、現実の世界や人々の記述になると、そのような企画性が失われていったか、失効していったことになる。もっと言えば、語の連結が改行によって分断される現象が頻繁に起きており、そのなかで、先述したような行字数の乱れが一部で生じているのである。

しかし、その乱れは、むしろ逆に、語の連結を尊重し、語の連結にこだわりをもったゆえに生じた例外現象であるとも言える。つまり、改行に頓着なく文や語が記述されていくなかにあって、特定の語の連結を分断することなく刻み込むために生じた矛盾の産物であった言えよう。その意味では、表面の七行目以降から裏面にかけて字数配列の乱れがあるところは、逆に、記者が大いなるこだわりを懐いたところであったとみることができよう。その箇所は、先述のように、「奉迎舎利」であり、「大王」であり、「有心」であり、「倶成佛道」である。

もちろん、当初から行字数を熟考した上で整えられている六行（①②③）までが、記者にとって尊重すべき特別な意味をもっていたことは言うまでもない。そうすると、表面の七行目以降は、さきのような例外を除いて、記者の重要視するところではなかったかのように思われるかもしれない。しかし、そのような評価は適切であるまい。なぜなら、その範囲は、表裏面全体の過半に及んでおり、この箇所こそが、さきの例外現象を内包しながら、また、表面の六行（「法王」を説く）までを前置きとしながら、現実的な意味を大いに発信しようとしていたものとみられるからである。

2、法隆寺金堂の釈迦三尊像光背銘

つぎに、比較対照のために、日本（倭）の法隆寺金堂釈迦三尊像光背銘原文と訓読文を記すと、次のとおりである。

【原文】

法興元卅一年歳次辛巳十二月鬼
前太后崩明年正月廿二日上宮法
皇枕病弗悆干食王后仍以労疾並

著於床時王后王子等及與諸臣深
懐愁毒共相發願仰依三寶當造釋
像尺寸王身蒙此願力轉病延壽安
住世間若是定業以背世者往登浄
土早昇妙果二月廿一日癸酉王后
即世翌日法皇登遐癸未年三月中
如願敬造釋迦尊像幷俠侍及荘厳
具竟乗斯微福信道知識現在安隠
出生入死随奉三主紹隆三寶遂共
彼岸普遍六道法界含識得脱苦縁
同趣菩提使司馬鞍首止利佛師造

〔注〕末尾十四行目の「菩提」の「提」は、当初、「使」と刻みはじめ、のち「提」に改めたもようである。

【訓読文】

法興元の丗一年、歳は辛巳に次（やど）る十二月、鬼前太后、崩ず。明年正月廿二日、上宮法皇、枕病して弗悆（ふつよ・ふよ）なり。干食王后、仍て以て労疾し、並びて床に著（つ）く。時に、王后王子等、諸臣と及與（ともに）、深く愁毒を懐き、共に相（あい）発願すらく。仰ぎて三宝に依り、当（まさ）に釈像を造りて、尺寸の王身、此の願力を蒙り、転病延寿し、安住世間たらん。若（も）し、是れ、定業にして、以て背世せば、往きて浄土に登り、早（すみやか）に妙果に昇らんことを、と。二月廿一日癸酉、王后、即世し、翌日、法皇、登遐す。癸未年三月中、願いの如く、敬みて釈迦尊像并びに侠侍、及び荘厳具を造り竟る。斯の微福に乗（よ）り、信道の知識、現在安隠にして、出生入死、三主に随い奉り、三宝を紹隆して、遂に彼岸を共にし、六道に普遍せる、法界の含識、苦縁を脱するを得て、同じく菩提に趣かんことを。司馬鞍首止利仏師をして造らしむ。

この銘文中にみえる「辛巳」は六二一年であり、『日本書紀』の推古二十九年となる。『三国史記』では百済武王二十二年、そして、唐高祖武徳四年に相当する。また、「癸未」は六二三年であり、『日本書紀』の推古三十一年となる。『三国史記』では百済武王二十四年、そして唐高祖武徳六年に相当する。よって、この銘文ないし造像の作成は、一応、六二三年としておきたい。もし、そうであれば、さきの舎利奉迎記より、ほぼ十六年前の製作となる。

一方、この銘文は、一辺三四・二㎝の正方形区画に刻まれており、この規格性に対応して十四行各十四文字となっている。したがって、総字数は一九六字である。[3] ただし、空格（闕字）はない。また、このような規格性が、そのまま隋から初唐にかけての宮人墓誌などにみえることは、かつて指摘したとおりである。たとえば、隋大業十年（六一四）六月四日付「宮人席氏墓誌」、同十二年（六一六）月日付「宮人徐氏墓誌」、唐武徳七年（六二四）七月十四日付「郭敬墓誌」などがある。[4] このことは、この釈迦三尊像ないし光背銘が、当初、どこに安置されていたのか、あるいは、いかなる理由で作製されたのかという問題に示唆を与えるであろう。

3、文字数と舎利銘・造像銘・墓誌銘

百済弥勒寺の舎利奉迎記と、日本（倭）の法隆寺金堂釈迦三尊像光背銘とは、それぞれ異なる環境と事由のもとで記されており、また、形態も違うのであるから、安易に比較し得るものではない。そもそも、日本（倭）には、舎利のことを語った舎利銘のようなものは、古代において存在しないのである。

にもかかわらず、ここで比較しようとしたのは、いくつかの共通性や影響関係が認められるからである。たとえば、ほぼ十六年の差があるとは言え、両者が記されたとみられる時期が近いということも、そのひとつとなろう。しかし、そのような表面的な事象の近似性に注目するだけでなく、それらをいかに理解すべきなのか、つまり、どこまでがどのように共通し、どこからいかに異なるのかということが問われるべきである。

そこで、まず、両者の字数に注目したい。なぜなら、舎利奉迎記では一九三字、釈迦三尊像光背銘では一九六字が刻まれており、これは偶然かもしれないが、総字数が近似しているからである。

このうち、百済のいわゆる舎利銘の場合は、陵山里寺跡の「丁亥」年（五六七：昌王・威徳王）銘舎利龕が二十字（左右各十字）、王興寺跡の「丁酉」年（五七七：同王）銘舎利函が二十九字（五行各五字。六行目のみ四字）、そして、弥勒寺跡の「己亥」年（六三九：武王）銘舎利奉迎記が一九三字であるから、七十年強の間に徐々に字数が増えていることになる。(5) とくに、後二者の間の六十年強で、字数はほぼ六・六倍に急増している。このような増加は、百済への仏教浸透度を計るひとつの指標になろう。

また、この間、百済王は昌王（威徳王）、恵王、法王、そして武王と続くが、隋との通交が五八一年（昌王代。隋文帝開皇元）から始まり、唐との通交が六二一年（武王代。唐高祖武徳四）ないし六二四年（武王代。唐高祖武徳七）から開

始されたことにも留意したい。(6)

一方、日本（倭）の造像銘の場合、船載品とみられる東京国立博物館蔵「甲寅」年（五九四：推古二）銘光背に五九字、同蔵「丙寅」年（六〇六：推古十四）銘菩薩半跏像台座框に三十四字、法隆寺蔵「戊子」年（六二八：推古三六）銘釈迦如来・脇侍像光背に四八字、東京国立博物館蔵「辛亥」年（六五一：白雉二）銘観音菩薩立像台座框に四十一字がそれぞれ刻まれている。これらによると、字数は概して三十～四十台であるが、増加の傾向はなく、むしろ変動が著しい。

以後、根津美術館蔵「戊午」年（六五八：斉明四）銘光背が六十二字、大阪府野中寺蔵「丙寅」年（六六六：天智五）銘弥勒菩薩半跏像台座框が六十二字、島根県鰐淵寺蔵「壬辰」年（六九二：持統六）銘観音菩薩立像台座框が二十二字、法隆寺蔵「甲午」年（六九四：持統八）銘銅版造像記（表裏）が八十二字、大分県長谷寺蔵「壬歳次摂提格」（七〇二：大宝二）銘観音菩薩立像台座框が三十五字をそれぞれ刻んでいる。これらによると、およそ七世紀後半では、字数が倍増して六十～八十台になるが、いわゆる京畿内以外の場合は、二十～三十台にとどまるようである。

しかし、百済の舎利銘字数にみられるような突出した急増はない。したがって、日本（倭）の場合は、百済とは異なる仏教の浸透ないし受容が展開したものとみられ、その速度の緩やかさ、諸地域への拡散などが注目される。

ただ、この間、文永八年（一二七一）の『河内国古市郡西林寺縁起』が引用する「宝元五年己未」（推定六五九：斉明五）銘金銅阿弥陀像光背には一三六字が記されていた可能性がある。(7) また、奈良県長谷寺蔵の法華説相図（六八六：朱鳥元、六九八：文武二など諸説あり）には三一九字が刻まれていたものとみられる。(8) さらに、七世紀後半以降と推測されている法隆寺金堂薬師如来坐像光背銘は九十字からなる。すると、七世紀後半には、百字前後から三百字を越えるものまでが例外的にあらわれたことになる。しかし、その範囲でも、次第に増加していったというわけではなく、全体的な範囲に位置づけてみると、やはり、文字数には、規則性のない変動があったと思われる。

そこで、あらためて件の釈迦三尊像光背銘に立ち返ると、その字数一九六は、たしかに百済弥勒寺の舎利奉迎記の字数一九三に近似しているが、日本（倭）のなかでは、むしろ例外的であり、強いて言えば、六五九年（斉明五）とみられる河内西林寺の阿弥陀像光背銘の一三六字にもっとも近い。すると、これに近い時期、あるいは、例外的に字数の多い造像銘があらわれてくる七世紀後半に、かの釈迦三尊像光背銘は作成されたのではないかという懸念が生じてくる。しかし、字数については変動が認められるので、速断は避けたい。

むしろ、以下のことに留意しておきたい。まず、字数の近似性から言えば、舎利奉迎記と釈迦三尊像光背銘とは、仏教理解に関する百済と日本（倭）との同時代的な結びつきを強調することになるが、それは、百済一般と日本（倭）一般の関係ではなく、ともに王家という限定付きである。ついで、そのような限定付きであるにせよ、舎利奉迎記の場合は、七十年強の間に百済王家自身が、舎利への理解を基軸として仏教をどの程度に浸透させていったのかを推認できる位置づけにある。しかし、釈迦三尊像光背銘の場合は、前後の日本（倭）で類例をみず、また、その基準となる顕著な推移傾向も想定しにくい。さらに、事態を複雑にしているのは、先述のように、この造像銘が日本（倭）における造像銘の系譜を越えて、隋や初唐の墓誌銘の形態に酷似しているということである。もちろん、百済や朝鮮三国にみられる造像銘の系譜にもそのままつながらない。

今、このように比較してみると、百済では、とにかく舎利信仰を標榜しながら一貫性のある仏教受容を王家が進展させたことになるが、日本（倭）の一部の王家では、隋や初唐の墓誌銘を造像銘に転化させることで仏教受容を模索・表明する場合があったことになる。しかし、いずれにせよ、釈迦三尊像光背銘は、日本（倭）における造像銘の系譜にそのまま位置づけることができず、現行の資料分類を越えた多様な転化現象を想定させる性格のものである。

さらに、このような転化現象にも、そのまま継続の系譜はみられない。この点においても、釈迦三尊像光背銘は孤立的であるが、やがて、あらたな造像銘と日本型墓誌銘との交差がうかがえるのは興味深い。すなわち、日本（倭）で出現してくる墓誌銘は、釈迦三尊像光背銘が参照したとみられる中国型の墓誌銘とはまったく異なり、銅板の短冊型を基本とする。しかし、このような短冊型の墓誌銘に類似した造像銘が日本（倭）に現れてくるのである。それが、既述の法隆寺蔵「甲午」年銘銅版造像記である。

この六九四年（持統八）の銅版造像記が、本来どのような状態にあったのかは不詳であるが、縦横の法量は、縦二三・一cm、横五・〇cm、そして、上枘長さ九・五cm、下枘長さ二・七cmとされる。そして、表面三行（各行二十三・二十二・二十四字）、裏面一行（十三字）に文字があり、少なくとも表面には二本の縦界線が刻まれている。

一方、狭義の墓誌銘で現存最古とされるものは、三井記念美術館蔵の「戊辰」年（六六八：天智七）銘船王後首墓誌である。(9) これは、縦二九・七cm前後、横六・八cm前後の銅板であり、表面四行（各二十一・二十二・二十一・二十二字）、裏面四行（各二十三・二十一・二十・十二字）に計一六二字（表面八十六字、裏面七十六字）が刻まれている。また、明確な縦界線の痕跡はないが、文字の行列に乱れはない。ただ、この墓誌銘の成立時期については、天武朝末年以降、八世紀初頭までとする見解もある。

以後、骨蔵器型を除いて、このような銅板短冊型墓誌銘が続く。その基本型は、かの船王後首墓誌銘にあり、総じて唐大尺にもとづく縦一尺、横二寸に近い。(10) 片や、六九四年の銅板造像記の法量は、これよりやや小さく、あるいは、南朝尺（二五cm未満）にもとづく可能性もある。(11) しかし、いずれにせよ、両者が銅板短冊型であり、尺度の規範に相違が予想されるとは言え、法量に大差があるわけではない。要するに、類似した形態が造像銘と墓誌銘の双方に現れたことになる。

さらに注意したいのは、件の銅板造像記と船王後首墓誌とが、ともに百済系渡来人のものであり、かつ表裏面に文字を整然と刻んでいることである。このことは、百済における界線の文化とも連動しよう。早くは、「乙巳」年（五二五）銘百済武寧王墓誌・同買地券、「己酉」年（五二九）銘同王妃墓誌に縦界線が引かれており、買地券と王妃墓誌は表裏の関係にある。(12) 降って、百済晩期の「□寅」年（推定「甲寅」：六五四）銘砂宅智積堂塔碑にも、縦横界線が施されている。(13) もちろん、この間、弥勒寺の舎利奉迎記には界線が引かれておらず、日本（倭）で作られた船王後首墓誌にも界線の痕跡はない。しかし、後者に文字列の乱れがないことは既述のとおりであり、この点では、件の釈迦三尊像光背銘も界線はみられないが、文字列に乱れがないことと一致している。

このようにみてくると、七世紀後半ないし末に、同じ銅板短冊型の造像銘と墓誌銘とが日本（倭）で現れてくるのは、共通の背景にもとづくところがあるのではなかろうか。つまり、六六三年の白村江の敗戦以後、死をめぐる百済の金属（銅や金など）板短冊型表現が日本（倭）にもたらされ、それが造像銘として採用されるとともに、中国型とは異なる日本型墓誌銘を誘発したのではないかということである。

もし、そうであれば、ここにも、あらたな転化現象が起きたことになる。そして、日本（倭）におけるその後を見通すならば、銅板短冊型の造像銘は継承されないので、形態上、そのような造像銘は日本型墓誌銘へと収斂されていったとも言える。あるいは、また、造像銘としては異常に多い釈迦三尊像光背銘の字数と、日本型墓誌銘としてはこれまた極めて多い船王後首墓誌銘の字数とが比較的接近しているのは、それぞれの規範が異なるとは言え、本来的に釈迦三尊像光背銘が墓誌銘の転化でもあったことへと跳ね返ることにもなろう。

この点、件の舎利奉迎記とともに埋納されていた多くの金製小型板が、縦長の短冊型にして、文字を刻んでいることに留意したい。(14) このような小型板（鉄板）は日本でもみられるが、それは無文字であり、(15) 百済のような小型板の形態系譜は別な方向へ、つまり日本型の墓誌を誘発する方向へとすすんだ局面もあろうか。一方、舎利奉迎記は横長であるから、日本の縦長の短冊型墓誌へと直結していく形態系譜を想定するのは難しいであろう。

二、女性（とくに配偶者と母）の身位呼称表記

1、弥勒寺舎利奉迎記と法隆寺釈迦三尊像光背銘とに共通する「王后」

つぎに、両金石文に共通する身位呼称表記、あるいは、百済で使用されていたとみられる身位呼称表記と釈迦三尊像光背銘および両金石文との諸関係について問題視したい。ここでは、まず、女性（配偶者・母）の身位呼称表記のなかで「王后」を取り上げることにする。

この「王后」という用語は、両金石文に共通してみられる。舎利奉迎記では「百済王后」「王后」とあり、釈迦三尊像光背銘では「干食王后」「王后王子」「王后」とあって、これらの「王后」は、もちろん「王の后」の意味である。

ところが、百済の残存資料はもちろんのこと、百済の場合よりも資料を多く残している日本（倭）でも、「王后」の用例は稀有である。このことに連動するかのように、中国王朝において、興味深い例がみられる。たとえば、『晋書』二文帝紀によると、魏のもとにあった司馬昭が晋王になると、その「王妃」は「王后」にあらためられたというのである（咸熙元・二年条）。これは、禅譲をひかえ、「帝者之儀」に准じようとした個別のケースであろう。言い換えれば、この場合の「王后」は、一種、特異な立ち位置にあって、いわば「王妃」と「皇后」の間を埋めるかのような関係性を示す身位呼称表記となる。この点、舎利奉迎記が、後述する「大王陛下」と合わせて「王后」を持ち出し

ていることに注意しておきたい。

もっとも、「王后」用法は、日本（倭）や百済で、他にまったく例がなかったわけではない。たとえば、天平十九年（七四七）の「法隆寺伽藍縁起幷流記資財帳」には「王后敬造」とある。ただし、これは、問題の釈迦三尊像光背銘の表現を模倣したに過ぎない。むしろ、ここで留意すべきは、『日本書紀』斉明四年是歳条注或本に「義慈王・王后・太子」とあることである。なぜなら、これは百済使の言とされており、また、「義慈王」とは別に、単独で「王后」という用法がみられるからである。すると、この「王后」は、百済において、あるいは日本（倭）に渡来した百済系の人々の間で、ある時期、用いられていた可能性が出てこよう。

しかし、翻ってみるに、このような「王后」の用法は、そもそも仏教にかかわるテキストのなかで、自然にしばしば登場してくる。当該の両金石文が、ともに仏教関連のものである以上、この事実は無視できないであろう。

たとえば、梁の僧祐（四四五〜五一八）撰『釈迦譜』一は、『仏説普曜経』に依りながら、「太子」（釈迦）が降生した母胎（白浄王の夫人）を、度々、「王后」と記している。そして、その「王后」は「猶天玉女、護身口意、強如金剛」であるというのである（大正蔵経五十）。また、同じ梁の宝唱らが天監十五年（五一六）に編纂した『経律異相』四の「託生王宮」（「託」を「現」とする異本もある）においても、さきの「普曜経」や「釈迦譜」に依拠して、同様の意味で「王后」と記し、「金剛」であることに及ぶ（大正蔵経五十三）。

このように、「王后」という用語が、梁で編集されたテキストのなかの釈迦降生譚に登場することは注目される。それは、もちろん、「王の后」という意味であるが、釈迦からみれば降生した母胎としての「王后」でもある。また、「託生王宮」や「金剛」という言辞が、かの舎利奉迎記にみえることは、舎利奉迎記の「王后」はもちろんのこと、その全文にわたって、上記のような釈迦降生譚、ひいては『経律異相』の影響を示唆していよう。ちなみに、『経律異相』十・十一は「随機現身菩薩部」になっており、舎利奉迎記の「随機赴感、應物現身」も、これを記憶の基底においていた可能性があろう。

以上によると、「王后」呼称は、「帝者の儀」に准じる含意をもって中国諸王朝の世俗秩序社会で使用される場合がある一方で、釈迦の降生譚の集成がすすむ中国南朝（とくに梁）では、釈迦の母胎（母）をさす語として採用（翻訳）され、かつ流布する傾向にあった。後者は、いわば仏教世界の表現であって、前者とは区別されるべきであるが、相互の関係性も認められてよい。なぜなら、世俗秩序社会における「王后」用法をかりて、釈迦（太子）が降生する母胎（母）を表現しつつ、釈迦とその母胎（母）の尊崇化を別途に意図したものとみられるからである。ちなみに、その「王」（白浄王）は「大王」とも記されており、舎利奉迎記の「大王陛下」と「王后」との関係を想起させる。

弥勒寺舎利奉迎記の「王后」も、法隆寺釈迦三尊像光背銘の「王后」も、このような関係性のもとで登場してきたものと考えられる。後者の場合、とくに「王后」と「王子」が連記されており、さきにみた『日本書紀』の百済の例でも、「王后」と「太子」が連記されているが、これは、やはり、釈迦降生譚における「王后」（母）と「太子」（釈迦）との関係表現に示唆を得たところがあろう。しかし、それは、単なる表現上のことではなく、釈迦降生譚の成長とともに、現実の王家周辺における母子関係の自覚と認識もあらたに形成されていくという相互作用が起きており、ここに、「仏教」文明化の過程の一面をみることができる。ただ、少なくとも日本（倭）において、このような「王后」用法がのちに継承されないのは、各種の理由が想定できるが、上述のような意味での「仏教」文明化の一段階が終わったことにも一因があろう。

一方、件の舎利奉迎記の場合は、「王后」の「王子」「太子」が現実には登場せず、両者の関係の存否自体が問われてくる。しかし、後述するように、これに替わって、「王后」と「法王」との緊密な関係性が力説され、百済の特徴をあらわしている。

2、法隆寺釈迦三尊像光背銘の「太后」

このことに連動して、つぎに「太后」を取り上げたい。この「太后」は、釈迦三尊像光背銘に「鬼前太后」とあり、「王后」と連携するはずであるが、舎利奉迎記にはみえない語である。しかし、舎利奉迎記の場合、「太后」を用いる必然性が銘文にないだけであって、「太后」用法を避けたとか、知らなかったということには、必ずしもならないであろう。

この「太后」については、中国諸王朝の場合、「王后」よりも多くの事例を残しているかのようである。そして、たとえば「始皇帝母太后」（『史記』六秦始皇本紀）とあるように、皇帝の母をさす例が少なくない。そうすると、「皇太后」との関係が問われてくる。たとえば、『漢書』九十七上外戚伝六十七上は、「帝母」を「皇太后」、「（帝）祖母」を「太皇太后」、「（帝）嫡」を「皇后」と称するというのであるから、「太后」と「皇太后」とは同義になり、「皇太后」の省略形が「太后」であると言うこともできる。たしかに、「后」とは、とくに「天子之妃」をさす表記であるとされており（上記『漢書』顔師古注、『独断』上、『礼記』曲礼下など）、「太后」と「皇太后」との同義性も首肯できよう。と同時に、「天子」（皇帝）でない「王」の「后」、つまり「王后」という身位呼称表記の違和感も浮き彫りになってくる。ところが、「太后」と「皇太后」との差異も考慮される局面がある。

たとえば、東晋のもとで禅譲を受け、宋朝を起こすことになる劉裕（武帝）の場合をみてみよう。すなわち、『宋書』一・二・三武帝本紀上・中・下や同四十一后妃列伝（孝懿蕭皇后諱文寿伝）によると、劉裕の「継母」（父の「継室」）である蕭文寿は、劉裕が「豫章（郡）公」になると「豫章公太夫人」と称され、劉裕が「宋公」になると「宋公太妃」、そして、劉裕が「宋王」になると「(宋)王太妃」と改称され、さらに、劉裕の禅譲直前には、「王太妃」から「太后」にかわる。これと同時に、また、「王妃」は「王后」に、「世子」は「太子」になり、ここでも、「王妃」から「王后」への変換がみられる。かくして、劉裕が即位すると、かの「太后」(「王太后」「宋王太后」)は、さらに「皇太后」にあらためられるが、実際には「太妃」と通称されることが多かったもようである。ちなみに、劉裕にとって蕭文寿は「継母」であったが、彼は、この「継母」によく尽くし、「継母」「継室」自身も「太妃」として「母儀之徳」をよく発揮したという。

以上の経緯によると、「太夫人」、「太妃」、「太后」、「皇太后」へと変化していった身位呼称表記は、それぞれ劉裕の身位の変化に連動して、その母(継母)を呼んだものであった。つまり、劉裕が「豫章(郡)公」の時は「太夫人」、「宋公」の時は「(公)太妃」、「宋王」の時は「(王)太妃」、そして、劉裕の禅譲直前は「(王・宋王)太后」、劉裕の即位後は「皇太后」となるのである。すると、ここでも、即位直前の「王」の母(継母)である「太后」は特異な位置を占め、「(公・王)」の母(継母)である「太妃」と、即位した皇帝の母(継母)である「皇太后」との狭間に位置づけられる。この点は、さきにみた「王后」の場合と同様であり、「太后」と「王后」とは、連携した身位呼称表記とみられる。

そうすると、「王后」がただちに「皇后」でないのと同様に、「太后」もそのまま「皇太后」ではないことになる。つまり、上述の例に関する限り、「王后」も「太后」も、「皇帝」位が予定されてはいるものの、あくまで「王」である者の配偶者を、また母(継母)をさす用法であった。そして、その同一女性が、子(継子)の「皇帝」位就任とともに、「皇后」、「皇太后」になるのが一般的であるが、それまでの長い経緯と事由を踏まえて、なお「皇太后」を「太妃」「太后」と通称する場合もみられたのである。その意味で言えば、「太后」は「皇太后」の単なる省略形ではなく、「皇太后」の前段階のいささか特異な呼称である「太后」を踏襲したことになろう。

このような「太后」と「皇太后」との差異については、また、別な形でも認められる。たとえば、『晋書』三武帝紀や同三十一后妃列伝上などによると、武帝即位にともない「皇太后」と「太后」とが並存することになった。つまり、武帝（司馬炎）の実母である王元姫は、既述のように、武帝の父である文王（司馬昭）の即位直前に、文王の「王妃」から「王后」にあらためられた。そして、武帝即位後（即位を実現できなかった文王の死後）、彼女は「太妃」とも称されたが、文王に「文皇帝」が追尊されると同時に、さらに「皇太后」となる。

ところが一方、文王の兄弟である忠武侯（追尊景王）も、武帝即位とともに、「景皇帝」を追尊され、「景皇帝夫人」とされていた羊徽瑜は、さらに「景皇后」となる。そして、弘訓宮にあって「弘訓太后」と呼ばれたのである。ちなみに、彼女には子がいなかった。すると、晋建国の武帝時代当初、「皇太后」と「太后」とが並立していたことになる。前者の「皇太后」は武帝の実母、後者の「太后」は武帝の叔父の配偶者であり、「皇太后」と「太后」とは区別されていたのである。あるいは、「妃」「后」と、「夫人」との差異が反映していた局面もあろうか。

さらに、いまひとつの例を上げておきたい。同じ『晋書』七成帝紀～九簡文帝紀や同三十二后妃列伝下（康献褚皇后伝）などによると、瑯邪王の「妃」となった褚蒜子は、瑯邪王が即位（康帝）すると「皇后」になり、夫の康帝が亡くなって子が即位（幼帝の穆皇帝）すると、「皇太后」として実権を行使した。そして、穆皇帝の死後、異系統の皇帝がつづくなかで彼女はさらに実権を行使したが、今度は「太后」と呼ばれたようであり、簡文皇帝のもとでは「崇徳太后」とされている。

したがって、この場合も、皇帝の実母として「皇太后」と呼ばれたが、子である皇帝の死後、異系統の皇帝がつづくことになって、「太后」に改称されたことになる。ここでも、「皇太后」と「太后」とには区別が認められるのである。

今、以上のことに倣うなら、釈迦三尊像光背銘の「太后」は、「王妃」でも「皇后」でもない「王后」と連携して、「太妃」でも「皇太后」でもない、いささか特異な位置づけの身位呼称表記となる。しかし、「王后」と「太后」とが連携した用法であることは確かであるから、「王后」とともに既述のような仏教関係のテキストにも配慮する必要が出てこよう。事実、かの『釈迦譜』二も、『仏母泥洹経』に依拠しながら「仏生七日」にして「太后」が薨じたというのである。さらに、『経律異相』七も、これと同文を載せている。

また、同じ『経律異相』三十一では、『仏説㮈女祇域因縁経』に依拠しながら㮈女と男子祇域との因縁譚を述べ、「太后」と「王后」のことに及ぶ。すなわち、㮈（奈）樹のもとで生まれた㮈（奈）女が、洴沙王との間に祇域をもうけ、祇域はひとたび洴沙王の太子となる。その後、洴沙王に男子が生まれたため、祇域は王のもとを去って医薬の術をきわめ、難病を治癒していく。その途次、無作為な殺人行為に及ぶ因縁的な難病の某王を治癒すべく、「仏」の助言に加えて、その王の「母」である「太后」（「大后」とする異本もある）と「婦」である「王后」との協力を仰ぐことで、無事、治癒を果たしたという。

この『仏説㮈女祇域因縁経』は、後漢代の安世高訳による一巻の短編であり、そのなかで「太后及王后」「太后・王后」の関係が集中的に語られていくという特徴をもつ。また、隋の法経らが編纂した『衆経目録』三（大正蔵経五十五）や、唐代の靖邁撰になる『古今訳経図紀』二（同）などによると、西晋代の竺法護訳も出たもようである。この経の流布度をはかることは難しいが、上記の諸要件を考慮すると、王家で注目された可能性は否定できないであろう。ちなみに、のち天平勝宝年間から宝亀年間にかけての日本では、この経が聖武周辺で、さらには讃岐国美貴郡などで、療病や仏伝、女人などとのかかわりをもって注目されていたことが知られている。(16)

そこで、上述のことを踏まえると、釈迦三尊像光背銘の「太后」も「王后」と組み合わさって、仏教関連のテキストに淵源をもち、さらには百済経由で導入された可能性が出てこよう。その際、「王后」の場合と同じように、中国諸王朝におけるいささか特異な「太后」用法のありかたが、間接的に影響を及ぼしていたことを妨げるものではない。しかし、これについては、そもそも「皇」制の存否とも対応する局面があり、その意味では、仏教関連のテキストからの影響を積極的に認めてよいであろう。

3、「太后」と「大后」

「太后」用法に関しては、「王后」の場合とは異なり、日本側の記録にも例が少なからず見出せる。たとえば、『懐風藻』智蔵伝に「太后天皇」、『日本霊異記』上の二十五には「大后天皇」とあって、「太」と「大」の字の混用がみられるが、いずれも持統をさしている。このような混用は、たしかに伝写本や木簡・金石文などにもしばしばあり、[17]件の釈迦三尊像光背銘にある「太后」の「太」という字自体も、二画目に接して点が打たれていて、「大」の字と見誤りがちである。事実、のちの『上宮聖徳法王帝説』は「大」の字としている（ただ、銘文を実見した上で書かれたものかは定かでない）。しかし、「太后」という語と「大后」という語が、それぞれ別に存在することは確かである。

では、その関係をどのように理解すべきであろうか。この点で参考になるのは、『日本書紀』天智六年二月戊午条において、「皇太子」（即位直前の天智）が埋葬直後の亡き斉明を「皇太后天皇」と呼んだとされていることである。この「皇太后」は、大宝公式令平出条の「皇太后」規定を『日本書紀』に投映させたものではあるが、持統をさす「太后天皇」ないし「大后天皇」の場合も、かの「皇太后天皇」（斉明）の例と比較対照させてみることができよう。

その際、中国諸王朝の例に准じて、以下の原理を確認しておきたい。すなわち、「皇后」とは、もちろん「皇」（日本では天皇）の「后」という意味であるが、「皇太后」とは、彼女の子が即位して、その立場から母を言ったものであり、子としての「皇」からみた「太后」となる（令集解公式令平出条古記など参照）。したがって、同じ「皇」でも、配偶者としての「皇」と、子としての「皇」との違いがあり、「皇」の立ち位置は転換するのである。

そこで、まず、さきの持統における「太」と「大」の字の違い、あるいは混用に関して言えば、漢詩集である『懐風藻』と、「朱鳥七年」などと記す説話集『日本霊異記』との資料的性格の差異を考慮しておきたい。つまり、『懐風藻』が記す「太后」のほうが、正格な漢語に忠実なはずであり、「大」の字を不用意に「太」の字に変換したとは考えにくいのである。

ところが、つぎに、「皇太后」ではなく、「皇」の字を欠く「太后」になっているのは、なぜであろうか。それは、言うまでもなく、斉明の場合とは異なり、公式令で規定された「皇太后」をそのまま採用していないことを示している。にもかかわらず、正格な漢語への配慮があったとすれば、既述のような中国諸王朝で知られる「太后」の例（仏教関連のテキストの影響もある）を念頭に置いていた可能性が高い。つまり、「皇太后」とは区別される「太后」なのであり、その根幹は、実子が「皇」位にないことに求められる。たしかに、持統の場合は、斉明とは異なって、実子が「皇」（天皇）位につくことはなかった。

しかし、ここで、あらたな問題が浮上してくる。たしかに、『懐風藻』は、中国諸王朝での「太后」用法に準拠しながら「太后天皇」と記したものとみられ、「大后」を不用意に「太后」へ書き換えたり、誤写したのではないと考えられる。しかし、そのことは、『日本霊異記』のように「大后天皇」として伝えられる場合が別途あったことを積極的に否定するものではない。そこで、つぎに、「大后」呼称表記について比較検討しておこう。

周知のとおり、「大后」用法は『古事記』のそれが著名であるが、(18)『日本書紀』その他でも確認できる。ただ、『日本書紀』の場合は例外的であり、雄略二十年条注所引「百済記」の「大后」と、天智四年二月丁酉・三月癸卯朔各条の「間人大后」、同十年十月庚辰条の「大后」（倭姫王）、そして継体六年十二月条の「故大后息長足姫尊」とに限られる。しかも、後三者の場合、他の箇所では「皇后」とも記されており（大化元年七月戊申条、白雉四年是歳条、同五年十月癸卯朔条、天智七年二月戊寅条、天武即位前紀、神功摂政前紀など）、『日本書紀』の通例表記である「皇后」に置き換えることが可能であったもようである。ただ、「百済記」に「（国）王及大后・王子等」とあるのは、百済において「王后」の意味に類似した「大后」呼称表記が存在し、それが日本（倭）に伝えられたかとも思われる。

では、日本（倭）側の「大后」は、「天皇」制度下の「皇后」を単に言い換えたものなのであろうか。そこで、まず、例外的な『日本書紀』の例に注目すると、「大后」（倭姫王）も「間人大后」も子の存在が確認できないので、いわゆる即位にかかわる実子の存在を前提にして「大后」と言われたのではあるまい。事実、『古事記』に頻出する「大后」のうちで子がいないと伝えられたものもいる（雄略段など）。

すると、「大后」は出自に由来するのか。たしかに、さきの「大后」たちは王家の出身であるが、『古事記』仁徳段で「大后」とされた「石之比売命」は「葛城之曾都毗古」の子女であり、王家の出身とは言われていない。天寿国繍帳銘にみえる「大后」の「吉多斯比彌乃彌己等」も、「巷奇大臣」（蘇我稲目）の子女であって、王家の出身ではなかった。

そこで、あらためて、「大后」の主要な条件が問題になるが、その手掛かりは、まずもって、さきの天寿国繍帳銘に求めるのが順当であろう。なぜなら、そこでは、あわせて「后」呼称もみられ、「大后」呼称との差異がうかがえる可能性が出てくるからである。

かの天寿国繍帳銘で「大后」と記された者は三人いる。つまり既述の「吉多斯比彌乃彌己等」（キタシヒメ）と、

「等已彌居加斯支移比彌乃彌已等」（のち推古）、「孔部間人公主」との三者であり、このうち、後二者は、それぞれ、いわゆる敏達・用明の「坐某宮治天下」へと直結する形で登場してくる。すなわち、某宮を定めて「天下」を「治」める男君・配偶者（「天皇」とは表記されない）との不可欠な組み合わせとして、あるいは某宮での「治天下」行為を成り立たせる不可分の要件として「大后」は立ち現れるのである。逆に、「等已刀彌彌乃彌已等」（「大王」）の「后」とされた「多至波奈大女郎」には、このような「某宮」での「治天下」とのかかわりが示されていない。

ただ、最初に、いわゆる欽明（「天皇」表記を付す）の「大后」とされた「キタシヒメ」の場合は、いささか問題である。なぜなら、この「大后弟」である「乎阿尼乃彌已等」も、同「天皇」の「后」になったとされ、ここにも「大后」と「后」との区別があらわれるのであるが、ともに「某宮治天下天皇」の配偶者という文脈になっている。あるいは姉妹関係、あるいは婚姻の前後関係によって区別があるのかとも憶測されるが、判然としない。

そこで、『日本書紀』の記述を参考にしよう。それによると、天寿国繍帳銘で「大后」とされた「キタシヒメ」は、そもそも欽明の「五妃」の一人とされ、「正妃」の「皇后」とは区別されている。また、「元妃」（はじめの妃）でもない（以上、欽明元年正月甲子条、同二年三月条）。しかし、のち欽明陵に改葬された場面では「皇太夫人」となっている（推古二十年二月庚午条）。したがって、「キタシヒメ」は、「妃」とも「皇太夫人」とも「大后」とも命名されたことになる。

このうち、「皇太夫人」呼称表記については、子の推古即位を前提とした上で、後宮官員令および公式令で規定された「夫人」（三位以上）や「皇太夫人」の呼称を逆に反映させた結果とみられる。一方、「妃」呼称表記については、後の令規定をそのまま踏まえたものとは言いがたいが、「五妃」という人員は、あたかも令規定の「妃二員」（四品以上）と「夫人三員」との総数に匹敵し、かつ、「五妃」の内訳も王家出身二人、臣家出身三人に分かれており、これまた、令制下での作為的介入の痕跡をうかがわせる。

さらに、このような呼称表記の事由とは別に、あらためて留意すべきことは、「キタシヒメ」が欽明と合葬されたということ自体の意味についてである。彼女がいつ亡くなったのかは不明であるが、とにかく合葬によって、その身位が欽明と不可分であることを喧伝したことは間違いない。しかも、その合葬陵は、さらに修復構築がつづき、新型の稀有な陵として広く知られ、記憶されていったのである（推古二十八年十月条）。

要するに、「キタシヒメ」は死後、とくに推古二十年（六一二）に欽明と合葬されて以後、その身体は欽明のもっとも近いところに位置し、その身位は欽明の「某宮治天下」の一環として組み込まれたことになる。かくして、「后」と区別される「大后」としての要件を付与されたのであり、その段階は、「皇太夫人」であること、ひいては「妃」であることよりも、さかのぼることが考えられる。もっとも、「大后」認識の醸成は、推古や蘇我氏の動向と無関係ではなく、『日本書紀』の編纂主体や過程とは異なるところにあったとみるべきである。

そうすると、「大后」とは、その生死を越えて、あるいは実体と認識とを混同させながら、「坐某宮治天下」ないし「某宮治天下」の不可欠な存在、ひいては、その営為そのものでさえある（男君主の）配偶者を言い表わしていた。これを、より具体的に言えば、その男君主である配偶者のもっとも至近にいて、つまり「某宮」をともにしながら「天下」のマツリゴトを担う一方の配偶者であったことになる。

以上のことを踏まえると、『日本書紀』で例外的な記述となる「間人大后」ともう一人の「大后」（倭姫王）とについても理解し易くなろう。すなわち、後者の「大后」（『万葉集』二の一四七～一四九・一五三各題詞では「太后」と混乱がある）は、そもそも「洪業」（ヒツギ）の「付属」が期待される存在として記述されており、いわば「治天下」の可能性がある存在として描出されている（天武即位前紀参照）。このような事態を生ずる根拠は、まさに既述のような「大后」そのものの在り方に由来しており、配偶者たる男君：天智の死後、さらなる環境が整えば、いわゆる「大后天皇」として記録ないし記憶されるようなことが起こり得たはずである。それが、また、「大后」の「大后」たる所以であり、したがって、未遂の「大后天皇」は少なくなかったものと思われる。

「間人大后」の場合も、これに似た状況があった可能性がある。彼女は、舒明と宝皇女（のち皇極・斉明）の間の女子とされ、孝徳の「皇后」に立てられたという（舒明二年正月戊寅条、大化元年七月戊辰条）。しかし、その後、彼女は、母である「皇祖母尊」、兄弟である「皇太子」（中大兄）さらには「皇弟」（大海人）らと難波を去り、倭飛鳥河辺行宮に至る。すると、孝徳は「国位」の放棄を決断して「山碕」に宮を造りはじめ、「間人皇后」を「吾が飼う駒」にたとえた歌を彼女に贈ったとされる。その歌には、他の「人」に「見」る（近く接触する）ことになった「皇后」への複雑な想いが込められていた（白雉四年是歳条）。

以後、彼女は、さきの母や兄弟と行動を密にし（同五年十月癸卯朔条）、天智四年（六六五）二月に死去した。そして、彼女のために三三〇人を度したのであるが、この一連の記事こそ、「間人大后」と記された箇所にほかならない（既掲条）。そして、二年後の忌日に合わせるかのように、彼女は母（斉明）と合葬され、「皇孫大田皇女」（中大兄の子、大海人の配偶者）も、その前の墓に埋葬された。近江遷都、さらには天智即位が挙行されたのは、この直後である（天智六年二月戊午・三月己卯条、同七年正月戊子条とその註）。

この一連の記述は、多くのことを教えてくれる。まず、孝徳と間人とは、難波の宮における「治天下」を分有・共有しており、間人が宮から退去・離脱したことは、同時に「治天下」の瓦解を意味していたとみられる。ついで、間人と母（斉明）との合葬は、至近にある両者の関係を確証したことになるが、この合葬ないし間人の死が、重大な出来事として受け止められたことは、容易に例をみない数多くの得度者を生んだこと（天武十一年の日高皇女のための出家者は一四〇余人）、そして、直後に近江遷都と天智即位がおこなわれたことに端的にあらわれており、ここにこそ、まさに「大后」の死として記憶された所以があろう。

要するに、間人は難波から退去した以後も、「大后」（「皇后」呼称が追記される）として「治天下」の可能性をつねに秘めた存在であり、いわゆる「大后天皇」として記録ないし記憶される選択肢があり得たものとみられる。逆に言えば、近江遷都と天智即位は、その選択肢がなくなることを必要としていたことになる。と同時に、大田と大海人との配偶者同士によって構築されつつあった、あらたな「治天下」への可能性が、太田の死去によって、ひとたび崩れたことも、近江遷都と天智即位を断行させた一因とみられる。

このように理解することで、なぜ、倭姫王や間人が「大后」と称され、表記されたのかが首肯できるようになる。すなわち、「坐某宮治天下」「某宮治天下」を男君・配偶者と分かち合う必須の存在ないし営為者そのものが「大后」と言い表されたのである。しかも、そこには、合葬などを介在として、生死を越えた、あるいは実体を越えた、「キタシヒメ」のような「大后」認識も生まれている。また、伝承要素が強い「大后」（オキナガタラシヒメ）にしても、「サニハ」型の「マツリゴト」を担う枢要な人物として登場する。(19)

これを、より具体的な現象の側面から言い換えれば、同じ宮区域にある配偶者同士の至近的な結びつきが、「大后」たる所以を保証していたことになる。ただ、そこで、「吾が飼う駒」から連想されるような従属関係をそのまま了解すべきではあるまい。そもそも、「駒」（馬）は、男君と「意」や「預識」を通じ合う存在として、また生命をともにする存在として「夫人」にたとえられることがあったからである（『上宮聖徳太子伝補闕記』）。つまり、「吾が飼う駒」の贈歌は、むしろ、両者の強い（はずの）結合を述べたものであり、その結合の破綻が、そのまま「治天下」の破綻につながるという意味になる。

したがって、このような同宮的な結合は排他的でもあり、自ずと嫉妬深い「大后」伝承を生むことになる。たとえば、「大后」である既掲の「石之日売命」は、「甚多嫉妬」とされ、他の「妾」は「不得臨宮中」という（仁徳段）。また、『古事記』允恭段の「大后」は、『日本書紀』允恭紀において「皇后」（忍坂大中姫）としてあらわれるが、そこでは、「弟姫」（衣通郎姫）が「宮中」に「近」づけない状態をつくる「皇后之嫉」ぶりが描出されている。つまり、この姉妹は、本来、「母」の「家」（近江坂田）にいたが、姉の忍坂大中姫は「皇后」になって、允恭と「王宮」を形成した。その後、妹が允恭に請われたが、容易に「王宮」へは入れなかったというのである。なお、妹の衣通郎姫は、「妾、常近王宮、而昼夜相続、欲視陛下之威儀」と望んだと語られているが、このことは、逆に、「王宮」区域にあって、常に男君：配偶者とともにあることが「皇后」「大后」の要件であることを示唆していよう。

以上のような「大后」のあり方、つまり、男君：配偶者との同宮区域における「治天下」の結合関係は、さきの「吾が飼う駒」の歌にある「見る」用法のように、「相見」（舒明即位前紀、法隆寺金堂釈迦三尊像台座裏墨書など）、「相知」（雄略二年十月癸酉条など）、「（随身）視養」（雄略九年三月条など）の関係であるとも言える。だからこそ、「大后」は、亡き男君：配偶者に成り代わって「天皇」になる可能性が潜在していたのである。

しかし、それが、男女の個人的な関係に終始したものでないことは言うまでもない。たとえば、「親族部」ないし「祖」のいる「国」を支持基盤とし（『釈日本紀』十三所引「上宮記」）、部民（名代・子代）制も大きな貢献をするのである。ただ、今は、その問題に立ち入らないことにする。

このように、「大后」用法をみてくると、「太后」との差異は自ずと明らかであろう。つまり、あえて図式化して言えば、「大后」の場合は、同宮区域において男君：配偶者と「治天下」を共有・分有する横軸の関係を基本としている。これに対して、「太后」の場合は、とくに実子の身位を基点とした母認識として立ち現れてくる呼称表記であり、その意味で言えば、縦軸の関係にある。したがって、両者を不用意に混同して扱うべきではない。にもかかわらず、現実の歴史では、混同されることがあった。それは、「大后」が多く子をもうけるからである。しかし、たとえ混同されることがあるにせよ、それは、あくまで混同であって同一ではなく、その意味においても「大后」と「太后」の概念区別を前提としていなければならない[20]。

4、「太后」「太皇后」「大后」としての光明子

ここで、日本側において、「太后」用法を数多く記録させた人物である藤原光明子の場合を取り上げ、法隆寺釈迦三尊像光背銘の「太后」用法へと立ち返ることにする。

実は、日本史上、実際に「皇后」称号と「皇太后」称号とを帯したのは、光明子がはじめてである。前者については、『続日本紀』天平元年八月戊辰条、同壬午条宣命、天平十三年の国分寺建立詔（『類聚三代格』三）その他で知られ、後者については、天平勝宝四年の東大寺大仏開眼会で使用された「礼服櫃木牌」[21]や同八歳のいわゆる「国家珍宝帳」[22]などで知られている。ただ、「礼服櫃木牌」の場合は、「大上天皇」「皇大后」と連記され、「太」が「大」の字になっているので、「太」と「大」の字の混用がここにもみられる。

しかし、ともかく、令ではじめて規定された「皇后」や「皇太后」の呼称は、光明子の立后以後を待たなければ実現せず（それも容易なことではなかった）、その間は、もっぱら『日本書紀』のなかで施行されていった。以下、上述のような歴史的位置づけをもつ光明子の場合に注目して、はじめに、彼女の崩伝を取り上げることにする。

『続日本紀』天平宝字四年六月乙丑条の光明子崩伝によると、最期に「皇太后」となった彼女は、聖武が皇太子の時、「妃」となり、神亀元年の聖武即位とともに「大夫人」（正一位）となった。そして、彼女と聖武との間に生まれ

た皇太子が夭死した直後の天平元年（長屋王の変直後）、「大夫人」を「皇后」にあらためたとする。さらに、彼女の女子である「高野天皇」（孝謙）の記述を登場させて、彼女（光明子）は「太后」と表記されていく。

もとより、この崩伝には、いくつかの問題がある。まず、聖武即位にともない「正一位」の「大夫人」になったというが、正しくは「正三位藤原夫人」と言われており（天平元年八月戊辰条、同壬午条の立后宣命）、これは、聖武の母（宮子）を「夫人」から「大夫人」（正一位）に改称したことと混同したものとみられている（神亀元年二月丙申条など）。つまり、聖武即位にともない、同じ藤原氏出自の母（文武の夫人）が「大夫人」（正一位）と通称され、妻にあたる光明子が「夫人」（正三位）と呼ばれたのである。時に、正三位とは、後宮官員（職員）令の「夫人」（三位以上）によく合致しており、宮子も、おそらく、この規定に準拠して叙位されていったものであろう（養老七年正月丙子条には従二位を授与するとある）。

このように、かの崩伝は、宮子伝との錯誤を含んでいる。しかし、もし中国諸王朝の例に倣うなら、宮子の「大夫人」は「太夫人」としなければなるまい。これが、つぎの問題である。

これについては、『続日本紀』神亀元年三月辛巳条で知られる論議が注目される。それによると、人々が宮子を「大夫人」と通称しはじめたことに倣って、その称を勅で追認したのであるが、公式令平出条によれば「皇太夫人」とあるべきであって、勅は「皇」の字を欠いている。そこで、この矛盾を穏便に解消するために、「文」では「皇太夫人」、「語」では「大御祖」（オホミオヤ）としたというのである。

この議論は、宮子が藤原氏出自であるため、「皇」の字を付すことが憚られたことに起因していたとみられがちである。しかし、一方で、令規定に準拠すれば、中国諸王朝の実例にも倣って、「大夫人」ではなく「太夫人」でなければならず、「大」と「太」の字の差異ないし錯誤にも注目が集まったはずである。なぜなら、文武の「夫人」であった宮子は、文武の死後、そして子の聖武即位にともない、聖武「天皇」にとっての母である「皇太夫人」でなければならず、不用意に「太」と「大」の字を混同してはならないからである。事実、このような「皇太夫人」は、既述のように『日本書紀』のなかの「キタシヒメ」をもって施行されている。

そこで、あらためて「大夫人」について留意されるのは、「皇」の字を憚ったことに加えて、そもそも、聖武の母は、擬制的ではあれ、皇位継承論理をもって、元明そして元正とみなされていたことである。[23] つまり、宮子は、聖武の実母であり、「大御祖」（オホミオヤ）ではあっても、聖武「天皇」の母とはみなされておらず、その意味においても「皇太夫人」とは称しにくい。そこで、文武の「夫人」から、亡き文武の「大夫人」と通称されはじめたということになる。したがって、不用意に「太」と「大」の字が混用されたのではなく、むしろ意識的な選択がなされたとみるべきであろう。

そうすると、聖武即位段階での宮子には、聖武の実母としての「大御祖」（オホミオヤ）、令規定に準拠した聖武「天皇」の母としての「皇太夫人」、日本の皇位継承論理（擬制的な創られた慣習）によって母子関係が疎外されたところに別途生まれた、あくまで亡き文武の「大夫人」（もと夫人）という三種の身位呼称表記が、実際には並存し得たことになる。なお、百済の例との関係については後述することになろう。

このように、光明子の崩伝は、いくつかの重要な問題をはらんでおり、そのなかに、問題の「太后」がみられる。この「太后」は、「高野天皇」（孝謙）の母をさすのであるから、一応、「皇太后」と同義に読め、「皇太后」の省略形とみることもできる。しかし、この「太后」は「皇太后」の単なる省略形なのであろうか。

実は、光明子を「太后」と表した例は他にも少なからず見出せる。それは、『続日本紀』天平勝宝元年十二月丁亥条の「天皇・太上天皇・太后」の「太后」、同天平宝字元年七月戊申条宣命の「太后」、同己酉条の「太后」、そして

『万葉集』十九の四二四〇題詞などがあり、いずれも孝謙の母（聖武太上天皇の妻）としての身位をさしている。

また、『東大寺要録』二の供養三が記録する天平勝宝四年四月の大仏開眼供養関連の記事では、四日に「太上天皇・太皇太后」が東大寺に行幸し、九日には「太上天皇・太后・天皇」が開眼供養に臨席したとする。このうち、前者の「太皇太后」は、一応、宮子をさすかのようであるが、なお「太后」（光明子）との錯誤も予想される。ただ、後者の「太后」は、明らかに光明子である。さらに、唐僧思託撰の『延暦僧録』仁政皇后菩薩（光明子）伝も、聖武没の記述に接続させて「太后」という。

ただ、このような「太后」は、「大后」と混同されて記された局面もあるが（天平宝字元年六月甲辰条、同七月戊申条宣命など）、本来的には区別すべきであり、「大后」とするのは適切でない。ただ、「太后」と「大后」とが混同されているのも事実であり、字形のレベルとは別に（いわゆる「国家珍宝帳」にみえる「太后」の「太」も、かの釈迦三尊像光背銘の「太」の字と同じように、二画目に接して点が打たれており、「大」の字とまぎらわしい）、その事由にも配慮が必要である。

しかし、少なくとも、聖武の死後、孝謙即位後の光明子をさして、しばしば「太后」と称し、そのように表記されていたことは確かである。そこには、単なる「皇太后」の省略形以上の意味があろう。すなわち、藤原氏出自ゆえに「皇」の字を憚る意識が潜在していた可能性もあるが、さきの宮子の例を参照して想定してみると、そもそも孝謙「天皇」の母として無条件に「皇太后」と言えないところが広く承知されていた可能性を考慮しなければなるまい。なぜなら、孝謙は「皇嗣」として広くは認知されていなかった局面があるからである（天平宝字元年七月庚戌条など）。かくして、孝謙「天皇」の母としての「皇太后」呼称表記が躊躇され、「太后」呼称が頻用されたということが想定される。

ただ、ここで、光明子が「太皇后」と記された特異な例に触れておく必要があろう。この呼称表記は、『続日本紀』

天平宝字六年六月庚戌条、同神護景雲三年十月乙未朔条の各宣命や、聖武天皇勅書銅版銘[24]などにみえ、「太后」に似ているのであるが、「皇」の字の有無が違う。また、一方で、「太皇后」は「皇太后」の変形か、「オオキサキ」の自在な表現か、「太皇太后」の簡略形かとも思われてくる。このうち、最後の「太皇太后」のことについては、「太皇后」と呼ばれた時期が孝謙の譲位後、淳仁そして称徳の代に当たるので、形式的には即位者の祖母として呼び慣わされたとみる仮説にもとづくものである。

しかし、ここでは、「太后」との整合性と、「皇」の字の有無とを等しく注視する立場から理解を深めたい。まず、天平宝字六年（七六二）宣命では、「朕（孝謙）御祖太皇后」が「日継」の途絶をおそれ、「女子（孝謙）」にあえてそれを継承させようとしたことを回想している。また、神護景雲三年宣命では、聖武が諸臣らに向かって、「太皇后」と「朕子太子」（称徳）とに奉仕するように語ったことを回想している。そして、勅書銅版では、「太上天皇、太皇后藤原氏、皇太子已下、親王及大臣等」が倶に彼岸に到ることを祈願しているが、これが天平十三年の国分寺建立詔にみえる「太上天皇、大夫人藤原氏、及皇后藤原氏、皇太子已下親王、（後略）」の転用改作であることは明らかである。

以上によると、「太皇后」は、すべて「太子」「皇太子」「日継」（いずれも孝謙・称徳）との関係のもとで言い表されている。言い換えれば、「天皇」の母としてではなく、「天皇」候補者（未遂の「天皇」）の母としてであり、しかも、その「天皇」候補者は「女子」としての不安と不確実性を内包していた。そこで、奇妙な「太皇后」表記が採用され、それは、さきに指摘した「太后」の意味合いに近い。ただ、「皇」の字の追加は、聖武の「皇后」であるということに依拠し、あるいは、そのことを引きずったものとみられる。もっと言えば、「皇后」に「太」の字を冠したのみということになり（「太」の字を間に挿入した「皇太后」とは違う）、この点は、国分寺建立詔の「皇后」が勅書銅版で「太皇后」へと改作されたことに顕著である。

しかし、いずれにせよ、「太皇后」呼称も「太后」呼称も、孝謙・称徳の母としての光明子の身位がいかに複雑かつ不確定なものであったかを吐露したことになり、それは同時に、孝謙・称徳の身位が不確実なものであったことに起因していたと考えられる。したがって、「太后」とは、孝謙・称徳「皇」（天皇）の不確実性ゆえに「皇」の字が省かれ、「太皇后」とは、聖武「皇」（天皇）の確実性のみに依存して、「皇（后）」の字ないし語をそのままの形で温存したことになろう。しかし、つまるところは、共通の理由にもとづくのである。そして、また、「太后」が「大后」と混用される局面についても、「皇太后」になりきれない曖昧さ、あるいは「皇后」、もしくは旧態の「大后」でありつづけなければならない事由に由来するところがあろう。この点、宮子の「大夫人」や、持統の「大后天皇」および「大皇后天皇」（『日本霊異記』上の二六）も参照に値する。

このような事態は、「夫人」から「皇后」へと飛躍させた光明子の立后宣命から既に読み取れるところがある。それによると、聖武が「天皇」になったということを前提にしつつも、そのこと自体で立后がただちに可能になったわけではなかった。なぜなら、彼女が「皇太子」（夭死）の「婆婆」（母）になったこと、「独知」るべきではない「天下政」において「しりへの政」を「並坐」しておこなってきたこと、あるいは、これからもおこなうであろうこと、そして、その先例は「大后」（既述）として記憶されてきた葛城氏出身の「イハノヒメ（皇后）」にあることが立后の根拠に上げられているからである。

今、これらの根拠から推し量れることは、まず、光明「皇后」とは、未遂の「天皇」（夭死「皇太子」）の母であることによって保証される変型「皇后」であり、さらには、「皇」制以前の「太后」の可能性を想起させる。ついで、同宮区域で「治天下」を共有・分有する「大后」型であることが強調されている。したがって、この立后段階で、すでに「太后」と「大后」との混同が準備されていたのであり、そこには、自ずと「皇」制以前の形態が基盤にあったとみるべきである。

このことは、光明子が日本史上初の「皇后」ついで「皇太后」になったことと連環していよう。つまり、「皇」(天皇)制の人為性とそれにともなう未完性を吐露したことになり、この点では、中国諸王朝において「皇」の字を欠落させる変則的な「太后」称号などの出現と近似する局面が結果的に浮上してくる。しかし、その原因となる基盤は異なっており、日本(倭)では、そもそも「皇」制を経験していないところに基盤があり、中国諸王朝では、「皇」(皇帝)制が自明の前提になっていたところに基盤があって、両者の現象結果は同じでも、その発生過程には一種の顚倒関係が認められるのである。

かくして、光明子を典型例とし、かつ歴史的に重層的な意味や性格をはらんだ「太后」呼称の初見が、日本(倭)においては、かの釈迦三尊像光背銘のそれであったことに立ち返ることになる。この間、その意味や性格にも変化が想定されるが、これまでの検討との関係を踏まえると、あらためて以下のことが指摘できる。

第一は、件の光背銘の「太后」は、いわゆる子(「上宮法皇」「法皇」)の立場から、あるいは次世代(「王后」「王子」)の立場からの言い方であり、その意味では縦軸関係にもとづいた表現となる。言い換えれば、いわゆる横軸関係の「大后」とは区別される「太后」なのであるが、実は、「鬼前太后」と記された「鬼前」が何を意味するのかによって、「大后」と「太后」との混用が早くみられる実例であった可能性も出てくる。この点では、この「鬼前太后」に該当するとされる最有力者の「孔部間人公主」が、天寿国繡帳銘では「大后」と表記されたこととの関係が問われよう。

第二は、かの「太后」が「皇太后」とは記されていないことである。これについては、中国諸王朝の場合に類似して、「皇」(天皇)制を前提としながら「皇」の字を意図的に欠落させた事態を想定することも不可能ではないが、ここは、そもそも「皇」制が成り立っていない段階であるがゆえの「太后」であったとみるのが妥当であると考える。

ただ、これとの関連で第三に指摘したいのは、「皇」の字を欠く「太后」、ひいては「王后」「王子」呼称表記と、「皇」の字をもつ「法皇」呼称表記との不可解な連結である。これについては、銘文中で他に「皇」の字が一切登場しないこと、「法皇」という表現は、想定される歴史的段階では他に類例がない孤立したものであること、などを考えると、やはり、不用意に「皇」制を認めるべきではあるまい。むしろ、ここでは、仏教関連の既述のようなテキストに由来して、かつ百済経由で採用した「太后」や「王后」「王子」などの表記を再現した傾向が認められる一方で、それとは別途に、「法皇」表記は、「法王」呼称表記を参照しながら日本（倭）で独自に考案されたものとみられるのである。そして、両者を結ぶ不可解な、あるいは調和を欠いた文脈が創出されたことになる。

以上のように、釈迦三尊像光背銘の「太后」は、のち光明子に典型例がみられる「太后」の先駆をなすものであって、いわゆる縦軸関係を言い表わし、場合によっては横軸関係の「大后」との混用もみられる可能性があるという点において連続性が認められよう。しかし、「皇」制の存否にかかわる文脈の成り立ちの差異は大きい。

5、百済武寧王妃墓誌の「太妃」と日本の「皇太妃」

女性の身位呼称表記については、さらに考えるべきところが残されているので、再び百済の場合から掘り起こしたい。なぜなら、百済では、かの舎利奉迎記をさかのぼる段階で「王后」呼称表記は確認できないのであるが、かわって、「己酉年」（五二九）銘の武寧王妃墓誌には「百済国王太妃」とあり、同古墳出土の「庚子年」（五二〇）銘の銀釧には「大夫人」とあるからである。

ただ、前者の「太妃」は「大妃」と釈読されることが多い。現状では、この区別を判断することは難しいが、同銘文中の「大墓」の「大」と比較すると、「太妃」と読まれる可能性はある。[25] しかし、かりに「大妃」であったとしても、後述するように、ここは「太妃」の意味にとるのが適切であろう。これに対して、後者の「大夫人」は、これまでの釈読にしたがうべきであり、「太夫人」ではない。また、その意味からしても妥当である。そうすると、同一女性の身位呼称表記が、「大夫人」から「太妃」へと変化したことになる。

この変化については、以下の推移に留意したい。つまり、梁普通二年（五二一）、武寧王（余隆・斯摩）は、梁武帝から「使持節都督百済諸軍事寧東大将軍百済王」を授けられた。その後、「癸卯年」（五二三）に亡くなった武寧王は、「乙巳年」（五二五）に現「大墓」に埋葬された。一方、武寧王の件の配偶者は、「丙午年」（五二六）に亡くなり、「己酉年」（五二九）に現「大墓」に埋葬された。この間、武寧王の子である聖王（明）が即位し、梁普通五年（五二四）、梁武帝から「持節督百済諸軍事綏東将軍百済王」を授けられている（『梁書』五十四百済伝、『三国史記』百済本紀武寧王二十一年十二月条、上記墓誌など）。

今、この推移によれば、武寧王が五二一年に上記の冊封をうける「寧東大将軍」以前から、件の配偶者は「大夫人」であった。ところが、武寧王が亡くなり、子の聖王が即位してから「太妃」と称されたものとみて矛盾はあるまい。このような「太妃」については、魏晋宋代にみられる「（公・王）太妃」ひいては「王妃」の例をさきにあげたことがある。なかでも、「太妃」の場合は、子としての「公」「王」の立場から母を呼ぶ表記であった。

そこで、さらに中国王朝の例を補うならば、たとえば、『三国志』二十魏書二十の武文世王公伝や同一・二の武帝・文帝紀、同五の后妃伝などによると、曹操（魏公・魏王）の「夫人」卞氏は、魏建国の曹丕（文帝）の母であるが、諸子撫育の「母儀之徳」をもって特別に「王后」とされ、夫の曹操の死後、「魏王」を継承した実子の曹丕によって「王太后」となり、さらに、後漢献帝から帝位を譲られた文帝によって「皇太后」（「太后」ともある）と称され、やがて「太皇太后」と言われた。一方、同じ曹操の環「夫人」は、彭城王拠を生み、文帝の時代には「太妃」と呼ばれていた。さらに、同じ曹操の杜「夫人」は、中山恭王袞を生み、やがて「太妃」と称されている。

以上の例によると、まず、王の「夫人」が「后」（王の后）にのぼり、その王の死後、実子が王位をつぐと「王太后」、皇位（帝位）につくと「皇太后」と言われたことになる。つまり、ここでも、子の立場から母としての「太后」そして「皇太后」が出現する。ついで、同じ王の「夫人」でありながら、皇位につかない王の母となった場合には、「太妃」と称され、「太后」や「皇太后」とは区別されていた。これは、皇位にない、つまり王位のままの子の立場から称したものとみられるが、同時に、先王（「太妃」の亡き夫）の特別な「后」ではなかった。ただし、「妃」と称されていたことを妨げるものではない。

なお、『晋書』三十一后妃列伝上の元夏侯太妃伝や同六元帝紀、同三十八の琅邪王仙・覲伝などによると、琅邪武王の子である覲（恭王）の「妃」となった光姫は、実子が父の王位をつぐと「王太妃」とされた（実子は、その後、元帝として即位する）。この場合の「王太妃」も、王位についた子の立場から呼ばれたものであるが、父である先王の「妃」であったことを妨げるものではない。また、『隋書』八礼儀志三以下には「太妃」が頻出するが、同礼儀志五所引の梁天監二年（五〇三）令にみえる「諸王太妃・妃」も、諸王の母である「太妃」、諸王の配偶者である「妃」ということになる。

今、このような例に従うと、かの「百済国王太妃」とは、百済国の王（聖王）の母である「太妃」という意味にとるのが適切である。言い換えれば、中国王朝の皇帝とは峻別される百済国の「王」の母という意識が濃厚であった。そうすると、「大夫人」であった彼女は、武寧王が前例のない「寧東大将軍」（梁天監七年の改定[26]）を冠して「百済王」になったことで、あるいは「妃」として認識されたものかと思われるが、武寧王の死後、子の聖王が梁の冊封を受けて「百済王」（寧東大将軍ではない）として認知されたことにともない、「太妃」と言われはじめたものとみられる。

ところが、日本（倭）では、「太妃」の用法は容易に見出しがたい。ただし、のち、大宝年間もしくは大宝二年（七〇二）や慶雲元年（七〇四）の藤原宮・京木簡に「皇太妃（宮職）」がみえる。[27]また、『続日本紀』大宝元年七月壬辰条の「皇大妃」も同様であるが、ここでは「皇太妃」と記されず、「皇大妃」とある。したがって、「皇太妃」と「皇大妃」とは混用されており、本来は、公式令平出条規定のように「皇太妃」と記すのが正しい。

これらの「皇太妃」は、いずれも、亡き草壁の配偶者にして、子の文武「天皇」の母である阿閇（のち元明）をさしている。そして、大宝公式令平出条に「太皇太后」「皇太后」「皇太妃」「皇太夫人」「皇后」などの使用規定がみられるなかで、もっとも早く使用が確認できるのは、「皇太妃」呼称だけであった。しかし、また、のちに使用されつづけることのなかった呼称でもあり、その意味では特異な位置を占めている。中国王朝でも、その特異さが論争になっている（『晋書』三十二后妃伝下や同七・八成帝紀・哀帝紀など）。

この特異な「皇太妃」が、「皇」（天皇・皇子）制の定立を前提とした呼称であることは言うまでもない。そして、中国諸王朝の例に准じて言えば、子の文武「皇」からみて母を「皇の太妃」（欽明二年三月条注には「母妃」という言い方がみえる）と言ったことになるが、それが「皇太后」でないのは、件の母が「皇の后」（「天皇」の后）ではなく「皇の妃」（草壁「皇子」の配偶者：王の妃）であったことに由来していよう。この点、百済の「太妃」が、子の百済「王」からみて母を「（王）の太妃」と称し、その彼女は、おそらく前百済「王」の「妃」であったことにもとづくであろうことと類似したところが認められる。その意味で言えば、日本側の「皇太妃」呼称の成り立ちに、百済の「太妃」呼称が影響を及ぼしている可能性があるが、「皇」制の存否による違いが認められる。この差異は、中国王朝との関係が両国で異なる歴史を歩んできたことに大きな理由があろう。

6、日本（倭）における二種の「妃」

そこで、日本側の「妃」呼称の観点から、これについて論及しておきたい。そもそも、「天皇」の女性配偶者については、大宝後宮官員令に「妃二員」（四品以上）、「夫人三員」（三位以上）、「嬪四員」（五位以上）が上げられている。ところが、この規定については、以下のことを考慮しなければならない。第一は、当時、女性「天皇」がつづくなかにあって、この規定が適応される男性「天皇」は、当面、あるいは結果的に、文武をおいてほかにはいなかったということである。かりに、これに似た規定が浄御原令にあったとしても、そのことに変わりはない。第二は、「妃」が、もっぱら「天皇」の女性配偶者として位置付けられており、「皇子」（王）の「妃」に関する令規定は編まれていないということである。そして、第三は、当初、唯一の男性「天皇」文武の配偶者が、実際にはどのように構成されたのかということである。

今、これらの諸課題について、第三の具体的な事例を手掛かりにして検討を加えたい。まず、文武に「皇后」はいなかった。かわって、藤原朝臣不比等の娘（宮子）を「夫人」に、紀朝臣竈門の娘と石川朝臣刀子の娘を「妃」にしたとされ（文武元年八月癸未条）、文武の死後、かの石川・紀の「二嬪号」を除いたという（和銅六年十一月乙丑条）。ただ、ここに「妃」と「嬪」との矛盾があり、最初の「妃」は「嬪」の誤りではないかとみられている。(28)

たしかに、文武即位にかけた文武元年八月癸未条の記事は、最初に「夫人」を記し、つぎに「妃」を記しているが、この記載順は、いかにも不自然である。そのことからも、「妃」と「嬪」の錯誤説は肯けるのであるが、一方、即位にかけた配偶者の記事は、婚姻の「先後」を捨象してまとめて記載する方法がとられており（継体元年三月癸酉条注）、それを同時点の事実として鵜呑みにしてはならない。また、二人の「妃」というのは、令規定にみえる「妃二員」によく対応しており、これは、果たして偶然であろうか。

さらに、既掲の『続日本紀』大宝元年七月壬辰条は「皇大妃・内親王及女王・嬪封各有差」とし、慶雲四年四月壬午条詔は「親王已下四位已上、及内親王・諸王・嬪・命婦」らへの「益封」を述べている。ここで「嬪」とされているのは、大宝禄令嬪以上条の「嬪以上」つまり「妃」「夫人」「嬪」をさしているかのようであるが、いずれにも「以上」という語がないので、やはり「嬪」に限定して読むべきであろう。すると、この「嬪」は、さきの石川・紀出自の二女性をさすものと思われ、やがて「二嬪号」を除くとされたのも、その「号禄」(既掲禄令)を除くことに等しいことになる。

以上のことを整合的に理解すると、石川・紀出自の二女性は、少なくとも大宝元年七月以降は「嬪」であった。しかし、令規定によると「嬪」の人員は四名とされており、知られる限り、その人員は満たされていない。ところが、文武即位時の記事に従うと、かの二女性は「妃二員」の令規定に合致している。そこで、令規定を意識した潤色説、「嬪」との単なる錯誤説などが浮上してくるが、少なくとも確実なのは、石川・紀出自の「嬪」が二人おり、「夫人」として宮子がいたことである。これを逆に言えば、「妃」の存在がもっとも曖昧で稀薄なのである。

この「妃」の曖昧さや稀薄さは、さきに指摘しておいた第二の課題にかかわってこよう。すなわち、「妃」は「天皇」の女性配偶者としてのみ法的に位置づけられたが、そのような使用例は、文武の不確実な例を除いて、『続日本紀』では皆無に近い。たとえば、桓武の「夫人」(従三位)藤原旅子は死後、「妃」と「正一位」を贈られたが、それは、あくまで「贈妃」である(延暦五年六月丁亥条、同七年五月辛亥条薨伝)。加えて、令で規定された「妃」の品位も遵守されていない。

これ以外では、光明子が聖武の「儲弐の日」に「妃」となったこと(既掲崩伝)、井上内親王が光仁の「龍潜の時」

に「妃」となったこと（光仁即位前紀）、藤原乙牟漏が桓武の「儲宮」にある時に「妃」となったこと（延暦九年閏三月甲午条）が記録されているのみである。これら三人の女性は、配偶者の即位とともに「皇后」ないし「夫人」になるが、「妃」になったのは、それ以前の皇太子（皇子）時代のことであった。また、その出自も、令で規定された「妃」のそれに合致しない者が多い。

このように、後宮官員・職員令で規定された「天皇」の配偶者たる「妃」は、令の規定どおりには存在せず、逆に、「天皇」の皇太子（皇子）時代の配偶者として理解されていた。そして、即位後、その「妃」は「皇后」になる場合があるが、光明子のように「夫人」になる場合もあった。そうすると、文武の「妃」になったとされる石川・紀出自の二女性も、文武即位前の皇太子（皇子）時代の「妃」であり、即位後は、令規定にもとづいて「嬪」に当てられた可能性が出てくる。これに対して、宮子も皇太子（皇子）時代の「妃」であり、即位後、令規定の「夫人」になったのか、即位後、あるいは聖武を出産した大宝元年以降（大宝令発足期と重なる）、にわかに「夫人」となったのか、いずれかであろう。文武元年八月癸未条の記述の仕方からすると、後者の可能性が高いのであろうか。

かくして、令で規定された「天皇」の配偶者たる「妃」と、即位前の皇太子（皇子）時代の配偶者たる「妃」とは区別される必要がある。前者は、あくまで人為的かつ非現実的な身位呼称であり、それまでの社会慣習や認識を、故意に「天皇」との関係に吸い上げ、収斂させたものと言える。これに対して、後者は、その旧態の慣習や認識にもとづく身位呼称である。しかし、ここに、二種の「妃」の混乱と錯誤が生じる余地があり、かの文武の配偶者をめぐる記事は、まさに、その痕跡の好例と言えよう。現実の配偶者自身も、即位前後の隔てなく存在するのであるから、なおさらである。

ちなみに、『日本書紀』にみえる「勾大兄皇子」の「妃」「太子妃」（継体七年九月条以下）、「山背大兄」の「其妃并子弟等」「子弟妃妾」（皇極二年十一月丙子朔条）、「軽皇子」の「寵妃阿倍氏」（皇極三年正月乙亥朔条）、「古人大兄」とその子の「妃妾」（大化元年九月丁丑条注）、「皇太子妃蘇我造媛」（大化五年三月是月条）、「皇子大津」の「妃皇女山辺」（持統称制前紀）などの「妃」は、『続日本紀』が記す「妃」と同じように、「皇子」（大兄・皇太子・王）の配偶者であって、「天皇」の配偶者ではない。出自も、令規定に拘束されるものではなかった。

また、『日本書紀』には、二種の「妃」の混同がみられるが、その区別を推し量ることのできる痕跡も認められる。たとえば、天武二年二月癸未条は、天武の配偶者一覧記事であるが、その内訳は「皇后」（もと「正妃」）一人、「先の「妃」一人、「次妃」二人、「夫人」三人、その他（「姫王」「娘」）三人となっている。このうち、「次妃」二人（「皇女」）と「夫人」三人（「大臣」家）は、「妃二員」「夫人三員」とする令規定に準拠して編集されたものと考えられる。しかし、「正妃」（「皇后」）一人と「先」の「妃」（故人）一人との姉妹は、明らかに即位前の大海人皇子時代の「妃」である。ここに、二種の「妃」の混同と区別の足跡を見出すことができよう。

さらに、大海人皇子時代の「妃」が二人の姉妹であることは注目される。なぜなら、他に「二妃」や姉妹の配偶者がみられるからである。たとえば、宣化元年三月壬寅朔条の「前正妃」（「皇女」「皇后」）と「前庶妃」（大河内氏）、欽明二年三月条の「五妃」のうちの姉妹（蘇我氏）、大化元年七月戊辰条の「二妃」（阿倍氏出自の「元妃」と蘇我氏出自の「次妃」）、天智七年二月戊寅条の「四嬪」のうちの姉妹（蘇我氏）などの例をあげることができる。(29)

最後の「四嬪」記事は、令規定の「嬪四員」を投映して編集したものとみられる。なぜなら、そのなかの姉妹の一人は既述の「皇太子妃」にあたり、「妃」とも称されている。なお、この姉妹以外の「嬪」の一人「橘娘」は、「阿倍夫人」（天武十年二月戊辰条）とも言われていた。このように多様な身位呼称が別に記録されていることを鑑みれば、やはり「四嬪」記事は、令規定の「嬪四員」をもって人為的に束ねたものとみてよい。

これら二人の「妃」、あるいは姉妹の配偶者を伝える記事は、「妃」の出自を規定した令に則って記されているわけではない。ということは、令規定の「妃」の形態とは異なる「妃」ないし配偶者のあり方が示されているものと考えられる。にもかかわらず、二人の組み合わせがみられるのは、やはり令規定の「妃二員」とも無関係ではないことを物語るであろう。その関係とは、以下のように考えられる。すなわち、男君に対して二人の、あるいは姉妹を含む二人の配偶者を設定するという慣習が令制以前からあって、その慣習を令規定の「妃二員」として二次的に定めたということである。かくして、二種の「妃」が錯綜することになったものとみられる。

ただ、その際、第一次段階の男君（大兄・皇太子・王など）に対する配偶者が、本来、「妃」と呼ばれたのかは、また別の問題となる。むしろ、この場合に「妃」として記録されたのは、先述の中国諸王朝の「諸王太妃・妃」の例や、百済国「王」の「太妃」ないし「妃」の例に倣って表記した可能性が高い。つまり、「皇」（日本では「天皇」相当）でない身位の男君に対する有力な配偶者にあてられた呼称として「妃」呼称表記が採用されたものとみられるのである。

問題の「皇太妃」とは、このような二種の「妃」の局面を兼ね備えている。ひとつは、「天皇」でない皇子・王（草壁）の有力な配偶者としての「妃」であり、中国諸王朝や百済の例に倣った「諸王太妃・妃」となる。しかし、もうひとつは、「皇」制の定立を踏まえた「天皇」（文武）の母となる「皇太妃」であり、これは、あらたな令規定に準拠したものである。しかし、同じ令規定でも、官員令にみえる「天皇」の「妃」規定とは切り離して、別の令規定（公式令）を適応した呼称表記となる。そうすると、令規定との関係から言えば、整合性を欠く矛盾をはらんでいたことになり、ここに、過渡的性格が濃厚にうかがえるのである。かくして、この矛盾を克服する方法のひとつとして、草壁を准「天皇」に変換することがすすめられ（慶雲四年四月庚辰条、天平宝字二年八月戊申条勅、文武即位前紀）、「皇太妃」の「妃」は、令規定にもとづく「天皇」の「妃」へとすり替えられようとしていた。

7、百済の「大夫人」と「夫人」

女性の身位呼称表記の比較検討の最後として、さきにみた百済の「大夫人」をあらためて取り上げることにする。もし、これが「太夫人」であるなら、中国王朝の例に倣うと、列侯の妻を「夫人」と言い、その列侯の死後、子がまた列侯になった場合に、もと「夫人」は「太夫人」と呼ばれたという理解が参考になろう（『漢書』四文帝紀七年十月条如淳注）。しかし、かの銘文は「太夫人」ではなく「大夫人」と読めるので、別な理解が求められる。

この「大夫人」については、『日本書紀』斉明六年七月乙卯条所引「高麗沙門道顕日本世記」のなかの「或曰」に「君大夫人妖女」とあり、百済義慈王の配偶者をさしている。彼女のことは、別に「王后」（既掲）、「其妻恩古」（同斉明六年十月条注）、さらに「妖婦」（「唐平百済国碑銘」）などとも言われていた。

このうち、「妖女」と「妖婦」は、ともに彼女をはげしく糾弾した呼称であり、かつ、両者の表現や文意に類似点がみられるので、「日本世記」の「或曰」は「唐平百済国碑銘」に由来したものか、少なくとも、両資料の間に緊密な関係が想定されよう。また、「其妻恩古」の「恩古」は、一応、名前のように受け取れるが、「夫人」を「ヲリクク」と言い（『釈日本紀』十八秘訓三欽明）、『周書』四十九百済伝が、百済王の「妻」「妃」を「於陸」（ヲリク）と号するとされていることを参照するなら（オロク・オルク・オリクなどともいう）、かの「恩古」は単なる名前ではなく、義慈王の「妻」「妃」ないし「夫人」の意味に由来する可能性もあろう。

しかし、いずれにせよ、件の彼女は「妻」「婦」と言われ、かつ「王后」「君大夫人」などと多様に表現されていたことになる。そして、ここで留意したいのは、「妻」は「百済王義慈・其妻恩古・其子隆等」、「婦」はさきのように「妖婦」、「王后」は既述のように「義慈王・王后・太子」、「君大夫人」は「君大夫人妖女之無道」とそれぞれ記述されていることである。つまり、「妻」は「子」との関係を付帯させ、「婦」は評語を冠し、「王后」は「太子」との関係を意識してあらわされたものと言える。このうち、「王后」については、釈迦降生譚とのかかわりが認められることを指摘しておいたが、そこでも、単なる「子」ではない「太子」との関係性によって言われており、釈迦降生譚とのアナロジーが作動していよう。

一方、「君大夫人」の場合は、「妖女」ないし「妖婦」であるところの「君大夫人」ということになる。したがって、「女」や「婦」とは異なる範疇の用法として、同一人物を二重に表現することに貢献している。そして、この場合は、『論語』季子の所説が参考になろう。(30) すなわち、そこでは、「邦君之妻」を「君」が称する時は「夫人」、「夫人」が自称する時は「小童」、「邦人」や「異邦人」が称する時は「君夫人」、「異邦」に対して称する時は「寡小君」ということである。

件の「君大夫人」は、おそらく、『論語』のこのような記述を念頭に置いて記録されたものとみられる。ただ、「夫人」ではなく「大夫人」であるから、そこには単なる「夫人」と異なる意味があろう。そこで、「夫人」と「大夫人」の区別についてみておきたい。

たとえば、「夫人」を「オリクク」と読むことを指摘した既述の『釈日本紀』は、欽明七年是歳条所引の「百済本記」の記事を取り上げたのであるが、そこには、高句麗のことが記されていた。すなわち、「狛王」に「三夫人」があって、それは「正夫人」と「中夫人」と「小夫人」とに分かれており、それぞれの所生の子をめぐる王位継承の戦乱が起きたという(「正夫人」に子はいない)。

この高句麗王の「三夫人」のなかの「正夫人」が、百済の「大夫人」に相当するとすれば、「大夫人」とは、王の複数の「夫人」のなかの最上位に位置していたことになる。しかし、これについては、さらに考慮すべきところがあそれは、王の配偶者のみを「大夫人」と言い、王以外の他の「邦人」の配偶者を「夫人」と称した可能性はないのかということである。

たとえば、『日本書紀』雄略二年七月条所引の「百済新撰」によると、百済から「慕尼夫人女」が日本（倭）に送られ、「適稽女郎」と言われたという。彼女については不明であるが、百済で「夫人」呼称が存在していた証左になろう。また、さきに例示したことがある「丙寅」年（六〇六：推古十四）銘の菩薩半跏像には「高屋大夫為分韓婦夫人名阿麻古願南无頂礼作奏也」とあり、「高屋大夫」が、死別した「韓婦夫人」のために造像したものと読める。

ここで言う「韓婦」の「韓」とは、『日本書紀』にみられる「韓人」（欽明十七年十月条注）や、「韓婦」「韓語」（敏達十二年是歳条）の用法によると、とくに百済をさしている。したがって、「婦」（既婚女性）は「韓」にかかり、「夫人」は「高屋大夫」にかかるという二重構造をもつ。そして、後者の場合、「夫人」は「大夫」と対をなし、「大夫」の配偶者が「夫人」と表記されたのであろう。このような「夫人」呼称は、百済の影響を受けている可能性が高いとともに、「夫人」は王のそれではなく「大夫」の配偶者となる。

ついで、すでに取り上げた「戊辰」年（六六八：天智七）銘の船王後首墓誌には「婦　安理故能刀自」とある。つまり、王後首の配偶者を「婦」と言い、その名ないし通称を「アリコのトジ」と呼んだことになる。倭語の「トジ」（刀自）と漢語の「夫人」との関係は後述のとおりであるが、「アリコ」も、実は、既述の「オリクク」「オロク」「オルク」「オリク」などと言う「夫人」の意味に由来したものではなかろうか。とすれば、「婦　安理故能刀自」とは、王後首の配偶者にして「アリコ」（夫人）の身位（第三の「品」である「官位大仁」を帯した男性の配偶者）にふさわしく、かつ、倭語で「トジ」と呼ばれた女性ということになろう。この例も、百済系であった。また、かの第三の「品」に注視するなら、のち令規定の「夫人」が「三位以上」とされた必然性もうかがえよう。

このようにみてくると、百済では、王の配偶者を「大夫人」と称し、一定身分の者の配偶者を「夫人」と称して、それぞれ区別していた可能性が浮上してくる。その際、王の配偶者には「夫人」の序列があって、その最上位を「大夫人」と称したこと、しかし、それ以外の身位の者の配偶者には「夫人」呼称のみがあり、とくに「大夫人」呼称は設けられなかったことも想定されようか。そして、このような「夫人」呼称は、少なくとも百済から日本（倭）に導入された可能性が高く、倭語の「（オホ）トジ」とも対応するところがある。

8、「夫人」呼称と「トジ」からみた日本（倭）女性の身位表記

日本（倭）の女性（とくに配偶者と母）身位をめぐる呼称表記のうち、やはり百済の影響を受けたと思われる「夫人」呼称は、他の呼称にくらべて、より流布し、かつ各種の展開をみせたものと推認される。そこで、この点を考慮しつつ、これまでのまとめの意味もこめて、以下、指摘しておきたいことがある。

第一は、日本（倭）において、「夫人」ならぬ「大夫人」の表記は稀有であるが、かわって「オホトジ」が知られている。たとえば、天武の二人の「夫人」（ともに「藤原夫人」）を「大原大刀自」、「氷上大刀自」とそれぞれ通称していた（『万葉集』八の一四六五、同二十の四四七九各題詞）。また、長屋王家木簡のなかにも「石川大刀自」「石川（河）夫人」、あるいは「阿倍大刀自」「□（倍ヵ）夫人」などの例があり、漢語の「夫人」と倭語の「大刀自」との互換性がみられる(31)。

これらの例によると、「刀自」が「夫人」、「大刀自」が「大夫人」にそれぞれ由来するか、対応するわけでもなく、実際には「夫人」を「大刀自」と言っている。さらに、さきの「石川（河）夫人・大刀自」に「嬪」の呼称表記を付した例もあり、既述の「四嬪」と「夫人」との関係をも参照すると、「夫人」と「嬪」との現実的な互換性がうかが

える。逆に言えば、「夫人」呼称の総括性ないし汎用性と流布度が知られることになる。

そこで第二は、これに関して、あらためて既述の宮子の「大夫人」称号が想起されてくる。さきに、「(皇)太夫人」呼称表記との関係を指摘したのであるが、ここでは、さらに、宮子の「大夫人」呼称が、百済にみられた「大夫人」呼称の記憶を基盤として登場してきたことも念頭におく必要があろう。

その際、この「大夫人」呼称は、文武の配偶者の最上位ないし唯一性を確保し、文武の死後、その身位を保証しようとするものであったろう。しかし、それが令規定の枠を越えるものであるにもかかわらず、ひとたび可能であったのは、百済の慣習などの記憶に負うところがあったからだと考えられる。さきにみた宮子の「大夫人」呼称論議は、このような百済の「大夫人」呼称とのかかわりを記録の表面に残すことはなかったが、実際には、令規定とそれ以外の文化層との錯綜した関係が基底に潜んでいたものとみるべきであろう。

第三は、令規定の「妃」や「嬪」をも包摂することになる、あるいは「妃」「夫人」「嬪」の序列化のなかに位置付けられない「夫人」概念が、すでに令規定の認識のなかにみられる。すなわち、後宮職員令所引の古記は、度々、『漢書』九十七上外戚伝六十七上の「妾皆称夫人」を引いて、「妃」「夫人」「嬪」がすべて「夫人」であるとの理解を示している。このことは、同じ古記の問答で「嬪以上三色夫人」とあることからも明らかである。つまり、令規定にみられる狭義の「夫人」と、「妃」「夫人」「嬪」の「三色」を包み込んだ広義の「夫人」との二種に理解されることがあったのである。

このような「夫人」概念の重層性は、「妃二員」「夫人三員」「嬪四員」の配偶者構成や序列編成の構築方法ともかかわってこよう。唐制では、一部で変化はあるものの、皇后のもとに「貴妃・淑妃・徳妃・賢妃」の四人が「夫人」とされ(開元初年、「恵妃・麗妃・華妃」の「三妃」をもって「三夫人」とする)、そのつぎに「九嬪」などが置かれていた

（『唐会要』三内職、『旧唐書』五十一后妃伝上、『唐六典』十二、『通典』三十四など）。このような唐制は、日本の令規定に大きな影響を及ぼさなかったものと考えられるが、「妃」「夫人」「嬪」の各呼称が存在し、かつ「妃」（「夫人」）と「嬪」の序列がみられるとともに、「四妃」（「三妃」）を「夫人」（「三夫人」）と総称することは留意される。

しかし、日本の令規定とのかかわりでさらに留意すべきは、唐以前の形態である。隋では、「貴妃・貴嬪・貴姫」を「三夫人」とし、その下に「九嬪」などがつづいていた（『隋書』七礼儀志六）。これをさかのぼると、晋武帝の時に、漢魏の制に倣って「貴嬪・夫人・貴人」の「三夫人」制を敷き、そのもとに「九嬪」などを置いた。以後、南朝では、個別の呼称に変動はみられるものの、基本的には「三夫人」制と「九嬪」制などは遵守されている。そして、とくに「三夫人」制のなかでは、「妃」「夫人」「嬪」の各語を付す呼称が組み合わせを異にしながらも継続していた（『南史』十一后妃伝上など）。

以上の概略を踏まえると、日本の令規定の「妃二員」「夫人三員」「嬪四員」のうちで「夫人三員」とは、そもそも、唐より前の中国諸王朝が規範とした「三夫人」制の伝統に啓発された可能性があり、さらには、「妃」「夫人」「嬪」の三種構成自体も、かの「三夫人」制の影響をうけていよう。かくして、「夫人」呼称が、「妃」「夫人」「嬪」の総称として理解される道筋がみえてくるのである。

一方、その過程において、既述した高句麗の三「夫人」制の記憶も想起されたであろう。また、百済王の「大夫人」が、高句麗と同じような三「夫人」制の最上位とすれば、百済での「夫人」制の記憶も貢献したに違いない。しかし、百済との関係に注視すれば、王家に限定されない「夫人」呼称の流布が日本（倭）の社会へ幅広く浸透し、倭語の「（オホ）トジ」との対応を示しながら定着の裾野を広げていったことに留意したい。令規定は、この裾野を「天皇」の配偶者編成という形で吸い上げ、男性「天皇」による各種配偶者の占有化を表象したものと考えられる。「三位以上」とされた「夫人」は、既述のように、このような足跡を残すものであろう。

なお、個別の「妃二員」についていては、これまた既述のように、令制前における倭の慣習を、つまり、姉妹を含むこともある二人の配偶者たる第一次的な「妃」の慣習を継承したところがあろう。また、「妃」と「夫人」の序列化については、武寧王の配偶者から知られるように、「大夫人」から「（太）妃」へとすすんだ百済の遺習が説得力を増した可能性がある。さらに、「妃」「夫人」「嬪」の総員が九人とされているのは、唐にも至る中国諸王朝の「九嬪」制が影響を与えている可能性があろうか。

日本の男性「天皇」の配偶者編成規定が、以上のように成り立ったものとすれば、その全体の枠組みとしては、主に唐より前の中国諸王朝の形式的側面に啓発されたところが認められる。しかし、その内実は、倭の慣習や、百済（高句麗も加わる）のとくに「夫人」呼称が、倭の「大夫」層周辺へ広く浸透したことに基盤を置いていたと考えられる。

しかし、第四に指摘すべきことが残されている。それは、仏教関連のテキストとのかかわりである。なぜなら、「大夫人」その他の「夫人」呼称は、これらのテキストに少なからず登場しているからである。たとえば、さきに取り上げた『経律異相』三十は「諸国王夫人部」であるが、そこには「（阿育王）夫人」「王后」「正后」などとともに「五百夫人」のなかの「（国王）大夫人」が登場し、また、「第二夫人」もみえる。このほか、王の「大夫人」は多く登場し（同巻十四、巻二十六、巻三十九など）、「大夫人」（「第一夫人」）「第二夫人」そして諸「夫人」の序列もみられる（同巻二十三）。また、「最大夫人」も現れてくる（巻三十二、巻三十四、巻四十二など）。

このように、『経律異相』には、崇仏にかかわる王の「大夫人」が数多く記録されている。その「大夫人」呼称は、省略されて「夫人」とも呼ばれるが、逆に、「第一夫人」として最上位に位置付けられることも多い。「最大夫人」とは、「大夫人」の極致を言い表したものであろう。

ところが、このような「大夫人」は、隋開皇十一年（五九一）、闍那崛多らによって訳了された『仏本行集経』に頻出する。この経は、仏伝の集大成として知られるものであるが[32]、とくに「太子母摩耶夫人」（釈迦の母。同巻十一、大正蔵経三）を度々「摩耶大夫人」ひいては「最大夫人」「第一最大夫人」などと呼んでいる（同巻三、巻六〜巻十一、巻二十五、巻三十五など）。

かくして、「大夫人」と各種「夫人」呼称は、崇仏や太子出産の因縁譚などを語る仏教関係のテキスト（類書）に、そして仏伝類に継承拡大しながら記憶されていったものとみられる。かの百済武寧王の配偶者が「大夫人」と称された経緯については、このような仏教関係のテキストにもとづくものか否か明らかにしがたいが、その後、仏教関係のテキストや仏伝などの影響をこうむりながら、ながく記憶されていった可能性は否定しがたい。その記憶は、百済にとどまることなく、日本（倭）へも及んだとみるのが自然であろう。

三、「王」の身位呼称表記

1、舎利奉迎記の「大王陛下」と長谷寺法華説相図銘の「天皇陛下」

これまで、百済弥勒寺西塔の舎利奉迎記と日本（倭）の法隆寺金堂釈迦三尊像光背銘、および関連資料にみえる諸君主の女性配偶者や母としての身位呼称表記について検討してきた。そこで、今度は、それに対応する男性君主や釈迦の身位呼称表記の観点から考えてみたい。

まず、百済の舎利奉迎記では、百済王を「大王陛下」と記し、これとは別に「法王」が現れる。このうち、「大王陛下」は、きわめて例外的な表記である。たとえば、後漢の『独断』上によると、「漢天子」は「皇帝」と号し、「臣民」はこれを「陛下」と言うとある。また、「陛」は堂にのぼる「階」であり、その「陛側」には常に「近臣」がいる。そこで、「群臣」は「天子」を名指しすることをせず、つねに「陛側」つまり「陛下」にいる「近臣」を通じて「天子」に告げるので、「天子」つまり「皇帝」に対して「陛下」という語を用いるようになった。「殿下」「閣下」「執事」などの用語も、これに准じているという。

この説明は簡にして要を得ており、中国諸王朝に出現する「皇帝」は、たしかに「陛下」ないし「皇帝陛下」と言われた。つまり、中国王朝の慣習に倣うなら、「大王陛下」は異例の用法にほかならない。もちろん、それは、あくまで中国王朝の例を基準にした場合のことであって、やがて日本（倭）でも、長谷寺法華説相図銘に例外的な「天皇陛下」が登場してくるという類似の現象がみえる。そうすると、「大王陛下」も「天皇陛下」も例外的というべきではなく、それぞれ個別的な呼称（群）というべきであろう。

この法華説相図銘の成立をめぐっては、既述のように諸説あるが、今、注目したいのは、この図銘が、「舎利」を最上層に置く「千仏多宝仏塔」の造作を説き、それは「感縁」に通じて「釈天真像」が降りてきたかのようであるとし、また、「金輪」を超えて「逸多」（弥勒）に等しい「聖帝」であること、その「聖蹟」が「永保」「不朽」「天地等固」「法界無窮」ならんことなどを強調していることである。すなわち、舎利（釈迦）とその塔を中軸とした仏教世界を構想していくなかで、「聖帝」「聖蹟」を鮮明化し、ついに個別の「天皇陛下」呼称を編み出したのである。言い換えれば、中国王朝の世俗的な秩序観念（冊封・朝貢関係）に拘束されることなく、あるいは、そのような秩序構想を相対化しつつ、異文明としての仏舎利世界の構築に依拠しながら、誇大な君主像を自前で生み出そうとしていたのである。

日本（倭）における「天皇陛下」の出現には、このような構造が存在していたことを重視すべきである。そして、これよりさかのぼる百済の場合でも、かの舎利奉迎記にあらわれた「大王陛下」の意味を同じように熟慮すべきであろう。このことは、すでに指摘した「王后」呼称とも対応しており、かの「王后」が「王妃」でも「皇后」でもない、これまた特異な位置づけをもつことと符合している。もちろん、そこには仏伝を含む仏教関係のテキストからの採用がうかがえるが、逆に、そこにおいてこそ、釈迦出現の仏教世界を借りて、自らの君主（キサキも含む）像を構築しようとした意識と意図が知られるのである。

このような構造ないし「しくみ」は、南斉末期の陸杲が撰した『繫観世音応験記』末尾の百済に関する追記からも推察できる。この追加記事は、「百済武広王」（武王）代の益山（弥勒寺と同地域）で、唐貞観十三年十一月、「帝釈精舎」が焼亡したことを伝えたものであり、おそらく、かの舎利奉迎記が納められた時期からさほど降らない段階の追筆とみられる。記者は、百済に精通した人物であろう(33)。

その記事によると、七層の塔の礎石中には「種々七宝」と、「仏舎利」を納めた「水精瓶」、銅版に記した「金剛般若経」を納める「木漆函」などが安置されていた。ところが、焼亡後、かの「水精瓶」と「木漆函」のみは難を免れていたが、瓶内の舎利が見当たらない。そこで、瓶を「大王」のもとへ返し、「大王」が「法師」を請うて「懺悔」をおこなったところ、「仏舎利六粒」が現れたというのである。かくして、「大王及諸宮人」らは、ますます「敬信」を加え、造寺と舎利安置をすすめたとある。

ここで、武王が「大王」と言われていることに、まず注目したい。ほぼ同時期の弥勒寺舎利奉迎記にみえる「大王陛下」とも、よく符合するのである。もちろん、「陛下」用法の存否という違いはあるが、それは記者の立ち位置の相違でもあるから、今は、当該期の百済で「大王陛下」呼称が表記される必然性を優先的に考えることにしたい。

そもそも、舎利奉迎記は、「大王陛下」の「年寿与山岳斉固、宝暦共天地同久」を願うとするが、さかのぼって沈約の「南斉皇太子礼仏願疏」にも「惟願籍此功徳、奉資皇帝陛下、寿与南山共久」などとある（『広弘明集』二十八、大正蔵経五十二）。また、後述する『歴代三宝紀』十二は、亡き隋の太祖武元皇帝の国忌日設定にかけて「同天地而長久」と言う（大正蔵経四十九）。降って先述の日本（倭）の長谷寺法華説相図銘にも、類似した表現の痕跡が認められる。したがって、かの舎利奉迎記の当該記述がとくに例外的であるわけではなく、例外的なのは、「皇帝陛下」を「大王陛下」に変換したことである。

ただし、この変換には、媒介があったことを想定したい。それは、「大王殿下」の用法である。これについては、王氏の「懺悔礼仏文」（『広弘明集』十五）に「南平大王殿下」「大王殿下」（梁太祖の子）、「皇太子殿下」、「諸王殿下」、そして「皇帝陛下」とあり、同じく「初夜文」（同上）にも「大王殿下」が繰り返されている。降って、初唐の武徳年間になると、のちに述べる法琳は「上秦王（論）啓」（『破邪論』上、『広弘明集』十一など）において、「陛下」とは別に「大王殿下」（秦王李世民）と記した。

このように、「（皇帝）陛下」とは別に「大王殿下」の用法が中国諸王朝にみられる。その場合の「大王殿下」は、もちろん皇帝ではなく、その特定の子をさすなどして区別がなされていた。そして、上記の諸例が、仏教儀礼の願文のなかに、あるいは僧による文（上程文書）のなかに記されていることは注意される。また、これに加えて、「大王」用法自体、『釈迦譜』『阿育王経』『経律異相』などの仏教関連テキストに頻出するのであり、さきの『破邪論』下にも「浄飯大王第一夫人摩耶」とある。また、同じ法琳撰の『弁正論』八では、「大王」と「小王」とを区別してみせる（大正蔵経五十二）。

とすれば、かの弥勒寺の舎利奉迎記が刻した「大王陛下」も、初唐に至る中国諸王朝の「大王殿下」用法を参照した可能性があろう。つまり、百済で創出された「大王陛下」呼称は、初唐に至る中国諸王朝での「皇帝陛下」呼称や「大王殿下」呼称を充分承知した上で、「皇帝陛下」でもなく、さりとて「大王殿下」でもない固有の位置ないし意味を意識して言い表わされたものと考えられる。そして、そこには、中国王朝の世俗秩序構想とは異なる仏教文明の世界に依拠するところが大きい。

にもかかわらず、六三九年（唐貞観十三）段階の百済で「大王陛下」呼称が特記されるに至ったのは、隋から初唐にかけての中国王朝と仏教文明との関係にみられる特異な歴史的段階の影響を、むしろ色濃く受けていたものとみるべきであろう。のちの日本（倭）で「天皇陛下」呼称が出現するのも、その後次的な展開とみてよいが、ここでは、百済の場合を問題視したい。

2、「七宝」と「三宝」

これについて、さきの「帝釈精舎」記事をさらに手掛かりにすると、「種々七宝」の存在ないし安置がつぎに注目されてくる。なぜなら、この「七宝」は、「転輪聖王」に代表される王の出現を表象するものだからである。このことについては、処々に散見するところであるが、念のために、その一部を抄出して紹介しておこう。

まず、梁代の『釈迦譜』一は、諸経を引きながら、いわゆる摩耶夫人から生まれた「王」のあり方を啓示している。つまり、「国」にとどまれば「転輪聖王」となり、「七宝」は自ずと至る。しかし、「国」を捨てて「出家」すれば「仏」になるという。また、同じ梁代の『阿育王経』三は、「転輪聖王」になると「具足七宝」と説く。さらに、同時期の『経律異相』二十四は「転輪聖王・諸国王部」であるが、諸経を引用しながら、「転輪聖王、成就七宝」、「王有七宝」、「昔有王、（中略）七宝具足」、「我今七宝成就」などと繰り返し説いている。同巻三十三では、「世尊」の発言として「昔我前世作転輪聖王、名曰南王皇帝七宝導従」ともある。

つづいて、隋開皇十七年（五九七）に費長房が撰述した『歴代三宝紀』六は、西晋の訳経として「転輪聖王七宝具足経一巻」と「転輪聖王七宝現世間経一巻」の存在を登載している。そして、隋代のことを記した同十二では、「勝天王経」を引いて「転輪聖王出世、則七宝常見」ともいう。この「勝天王経」（「勝天王般若波羅蜜経」）は、魏・斉・梁・陳にわたって「相継宣訳」されたとある（『歴代三宝紀』九）。

このように、「七宝」の具足は「転輪聖王」に代表される「王」の出現と存在を証す装置であった。つまり、「種々七宝」をもって、単に仏舎利の荘厳具であるというのは、本来的には間違いとなる。かくして、「帝釈精舎」の塔の下に納められていた「種々七宝」とは、武王が「転輪聖王」に匹敵する「王」であることを証すことにほかならない。あるいは、そのような「王」たらんとしていたと言える。しかし、一方で、このような「種々七宝」は、仏舎利の安置と組み合わさっており、つぎに問題となるのは、その組み合わせの意味とその変化である。

これについては、まずもって、さきの隋代の『歴代三宝紀』が参照に値する。この著述は、「一巻総目」「両巻入蔵」「三巻帝年」「九巻代録」の全十五巻からなり、「歴世仏法縁起」の性格をもつ（巻十五）。そして、その分かり易い特徴は、冒頭の「三巻帝年」が釈迦伝および訳経史などを「帝年」順に配列した年表形式にあらわれている。このような形式は初の企画であり(34)、いわゆる「転輪聖王」ないし「七宝」と、釈迦ないし「三宝」とを対比させながら、組み合わせで分かり易く理解しようとした、あるいは、させようとした意図が明白である。この意図は、のち俗社会にも広く浸透したもようであり、『隋書』経籍志三雑家にも「歴代三宝紀三巻　費長房撰」として取り上げられている（旧・新『唐書』へも継承）。「三巻」とは、冒頭の「帝年」表をさすにちがいない。

しかし、冒頭三巻の浸透にとどまらず、同形式を文章化した「九巻代録」を含む全十五巻がやはり流布した。なぜなら、『続高僧伝』二達摩笈多伝は、費長房の「三宝録一十五巻」の撰述に言及し、それは文帝の勅によって公布されたこと、その後、大いに「流伝」したことを述べている（大正蔵経五十）。かくして、『歴代三宝紀』は「三宝録」とも呼ばれ、「開皇三宝録」とも言い伝えられたのである（『開元釈教録』七、大正蔵経五十五など）。

この「開皇三宝録」は、その名のとおり、北周の廃仏を経て、隋における「我皇興復三宝」（巻十二）を賞賛したものであるが、それは同時に、隋に至るまでの諸王朝の「三宝」興隆や復興の歴史を記述したものにほかならない。したがって、冒頭「三巻」でも、簡潔に「起浮図復三宝」（「三宝」は「仏法」とも言われる）、「三宝再興」、「興三宝」などの語が繰り返されていく。また、巻十一では、「三宝記十巻」や「三宝集十一巻」を特出して、それぞれ「三宝」とは「仏史・法伝・僧録」ないし「仏・法・僧」のことであるとし、巻十五では、隋文帝の興復する「三宝」を「仏」「経」「僧」とみる。

このように、『歴代三宝紀』（『開皇三宝録』）は、「三宝」の歴史や復興に並々ならぬ執念を燃やしている。しかし、ここであらためて問題なのは、その「三宝」と「七宝」の関係、つまり、仏法と、転輪聖王を典型とする王との関係にある。この点、隋代について記した巻十二と、最後の巻十五とが注目されよう。

それによると、まず、「像運建立、寄在帝王」、「教興寄在帝王」、「朕位在人王、紹隆三宝」とある。つまり、「人王」である「帝王」の出現によってこそ、「像運」「三宝」は興隆するという。しかし、一方、この「人王」は、「輪王人主」とも言われ、「受如来記、紹転輪業、統閻浮提」とされる。ここに、理想的な「王」と「三宝」との関係が啓示されているが、「転輪聖王」の「出世」が「七宝」の「常見」にほかならないことを説いた「勝天王経」を再び引用して、「若仏如来不出世、一切衆生受大苦、（中略）将知世間値好国王、恒聞仏法是不思議」とも述べている。すなわち、「仏如来」ないし「三宝」の「出世」と、「転輪聖王」「好国王」ないし「七宝」の「出世」とは不可離の相互依存関係にあることを主張したのである。したがって、巻十五にみえる「仏以正法、付嘱国王」や、巻十二で言われる「我皇帝」の「護持三宝」のみを取り出して、一方向的な解釈を施すべきではない。

言い換えれば、「仏如来」「三宝」の「出世」は、「転輪聖王」「好国王」「七宝」の「出世」によって、はじめて自覚され、促されるのであるが、逆に、「転輪聖王」「好国王」「七宝」の「出世」は、「仏如来」「三宝」の「出世」をかりて、その存在価値を高めるのである。この関係は循環するものであり、つまるところ、「仏如来」「三宝」と「転輪聖王」「好国王」「七宝」とを、ともどもに強調し、相互に誇大化していく作用を帯びていたとみるべきである。かくして、この場合の「出世」（世間に出現することであり、いわゆる出家ではない）とは、「仏如来」「三宝」と、「好国王」「転輪聖王」「七宝」との双方にかかるのであり、両者を並行して誇大化していく共有のキーワードにほかならない。

このような回路は、開皇十四年（五九四）撰の法経らによる『衆経目録』が、「皇帝大檀越、雖復親綜萬機、而耽道終日、興復三宝、為法輪王」（巻七）と記していることとも符合する。また、晋王時代の楊広（のち煬帝）が、「如来応世、（中略）結集法蔵、帝釈輪王、既被付嘱」（「宝台経蔵願文」、『広弘明集』二十二）と述べたこととも矛盾しない。

百済の「帝釈精舎」の場合にしても、このような回路をもって理解できよう。すなわち、武王の出現と存在は、「種々七宝」を具足した「転輪聖王」の「出世」に仮託され、その誇大化が「大王」呼称に反映される。しかし、その誇大化は、「三宝」の「出世」によってはじめて促され、保証される性格のものであった。その「三宝」とは、言うまでもなく「仏舎利」であり、「金剛般若経」であり、「経」は「法舎利」とも言われた[35]。そして、これら具象物の不燃、堅固、再発見、安置こそが「三宝」の「出世」を意味するのである。

件の「帝釈精舎」の塔下には、このような「七宝」と「三宝」との相互依存世界が凝集されていたはずである。その「七宝」は理想的な「大王」たる武王の「出世」を表象し、「三宝」は「仏如来」の「出世」を表象する具体的な「モノ」であり、いずれが欠けても「出世」が成り立たない関係で結ばれていた。そして、この両者の完備ないし兼備によってこそ、はじめて武王と「仏如来」との誇大化がともに実を結ぶのである。

隋王朝の登場は、このような関係性ないし回路を自覚させる歴史的役割を果たした。あるいは、後述するように、その確かな準備段階であった。かの「帝釈精舎」も、この点に関しては、その影響下にあったとみるべきであろう。そして、同時にまた、「種々七宝」が仏舎利の荘厳具であるという一般的通念から脱却して、まずは、「好国王」の荘厳具であると認知することからはじめ、「三宝」との具体的な関係性へと理解をすすめなければならない。

3、初唐の「法王」

隋代で明確に準備され、百済の「帝釈精舎」にも反映されたとみられる既述のような回路は、実は、初唐になって、さらに鮮明化し、独自の展開をみせる。

それは、老子と同じ李姓の王朝である唐の台頭とともに、道教と仏教の緊張が高まり、仏教側の反撃が激しさを増してきた事態のもとでおこった。あるいは、老子の誕生よりも釈迦の降誕年をさかのぼらせることを通じて、それは過激化していった。(36) その言表こそが、道士傅奕による武徳四年（六二一）の廃仏奏上に反論した法琳の『破邪論』（武徳五年撰）であり、また、法琳（六四〇年・貞観十四没）がその後、著した『弁正論』である。

これらは、のち、斯界において、ながく記憶され、参照されつづけたが、そもそも、傅奕の言動も彼自身によって「遠近流布」させ、「人間酒席」で競って「戯談」にのぼったともいう（『破邪論』序）。一方、これに反撃を加えた『破邪論』も、「家蔵一本」とさえ言われ、その流布がこれまた推し量られる（『集古今仏道論衡』丙、大正蔵経五十二）。

ただ、反面、李姓王朝の厳しい環境のなかで、法琳の全体的な著作は「未流布」とされる（陳子良の『弁正論』序）。これは矛盾した評価であるが、劇的で短編の『破邪論』に関しては、傅奕の論とあわせて、やはり一定の流布をみたものと思われる。

まず、『破邪論』は、隋文帝代を高く評価し、その継承を訴える。すなわち、「如来大檀越主」たるべき「陛下」（唐高祖）は、「文帝開皇之時」に倣うべきであるというのである（大正大蔵経では巻上末尾、国訳一切経では巻下、その他『広弘明集』十一など）。また、費長房撰の「三宝録」を賞賛している（巻下）。

しかし、あらたな展開もみられる。それは、「如来大檀越主」たるべき「陛下」を宣揚することに比例して、あるいは、その比例の度を越えてまで、「如来」「仏」の誇大化が先鋭化してくる。つまり、「法王」呼称のあらたな登場がそれであり、「号仏為法王也」と明言するようになった（巻下）。このことは、のち道宣が麟徳元年（六六四）に撰述した『集古今仏道論衡』内でも繰り返され、「法王応物、爰標仏陀之号」とも言われた。この背景には、「仏」「釈」を「法王」「法王之位」とし、「老君」「道」を「柱史」「柱史之員」として、道教・老子を貶め、仏教・釈迦を高めようとする論理や戦略が見て取れる（同丁　続附）。

また、『破邪論』上は、『漢法本内伝』なる偽書を持ち出して、「法王」の存在を宣揚する。その偽書によると、後漢明帝が摩騰に「法王出世、何以化不及此」と問い、これに対して摩騰は、「仏雖不往、光明及処、或五百年、或一千年、或一千年外、皆有聖人、伝仏声教而教化之」（巻上、『集古今仏道論衡』甲など）と答えた。つまり、「法王出世」と言っても、その「化」の及ぶ範囲、あるいは、その「仏」の「往」く範囲には限りがある。けれども、その「光明」は遠く、長く、「聖人」を介して及ぶというのである。

ここで説かれた「光明」が、仏舎利のそれでもあることは、容易に察知できる。事実、同じ巻上は、これまた偽書である『呉書』を持ち出して、呉王と康僧会との問答を紹介する。すなわち、「仏有何神験也」と呉王が問い、これに答えて康僧会は「遺有（身カ）舎利、応現無方」と言う。ついで、呉王は「若得舎利、当為起塔」と述べ、ほどなく「舎利」を得た。その「舎利」は「五色曜天」にて、「堅」く「不燃」であり、「光明」は「照曜宮殿」とされ、呉王は、これに感嘆して建初寺を造り、人々を得度出家させたというのである。

これら『漢法本内伝』と『呉書』との趣旨は、よく符合している。すなわち、「法王出世」の地と時が、たとえ遠く隔たっていようとも、その「法王」の「遺身」である、堅固で燃えない「舎利」は、はるか遠くまで、また、後まで「光明」を放ちつづける。したがって、この「光明」をこうむるべく、その「舎利」を迎えて建塔すれば、それは取りも直さず、「法王出世」の再現にほかならないというわけである。

つづいて、『弁正論』では、さきの『歴代三宝紀』に倣って、唐王朝に至るまでの「十代奉仏」を列挙する（巻三～五）。そのなかでも、とくに隋文帝が「棟梁三宝」であったことを賞賛し（巻三）、これを継承すべき「今上皇帝」（太宗）への期待を綿々と綴っている（巻四）。そして、その一方で「法王本記」なる書を持ち出してくる（巻六）。ここに、「棟梁三宝」たるべき「我皇」ないし「皇帝陛下」と、舎利の光明に表象される「法王」ないし「我皇」「法王出世」との相互依存関係が力説され、この関係は、それぞれの存在価値をさらに宣揚することによって補強されようとしていた。それは、永徽元年（六五〇）に道宣が撰した『釈迦方志』のなかで、「凡人極位名曰輪王、聖人極位名曰法王」と陳述されていることにもよくあらわれている（大正蔵経五十一）。また、「法王」の宣揚については、法琳につ いで傅奕への反撃を加えた明槩の「決対」論も参照に値する。すなわち、「我釈迦応世、徳位（力カ）独高、（中略）王中法王、位居百王之上」と喧伝し、あわせて、その「法王」たる「仏」の舎利へと言い及び、「聞仏有舎利八斛、用表遺身」というのである（以上、『広弘明集』十二）。この論理も、法琳が持ち出した『漢法本内伝』や『呉書』などのそれと同一であった。

ただ、ここで、念のために付言しておかなければならないことがある。それは、「法王」呼称が、また、「転輪聖王」呼称が、この段階で突然あらわれたというのではない。また、両者の関係にしても、この段階でにわかに指摘されたわけでもない。しかし、初唐（隋も含む）以前、梁の天監十一年（五一二）に訳出された『阿育王経』によると、阿育王は「大王」とも「転輪王」とも「法王」とも呼ばれた。また、聖武天皇筆の『雑集』に収められている「周趙王集」の「道会寺碑文」には、「是曰人王、兼称法王」とある。[37]かの「周趙王」とは、北周太祖文帝（宇文泰）の子である宇文招（五八〇年・大象二没）をいい、[38]北周の「皇帝」「我皇」を「人王」とも「法王」とも呼んだことになる。この北周の例は、「帝王即是如来」（『広弘明集』十所収の任道林上表など）へと飛翔していくであろう。

以上によると、南北朝時代までは、「大王」「転輪王」「人王」ないし皇帝と、「法王」ひいては「如来」との間にかなりの曖昧さがあり、混然とした未分化の局面が存在していた。ところが、隋代を準備期間として初唐に入ると、それが燦然と分かたれるようになった。しかも、相互の分離は、両者の没交渉を謳うものではなく、むしろ逆に、両者の依存関係によってこそ、分かたれた両者それぞれの存在価値を高め、喧伝するという回路を生み出したのである。それは、また、北周の廃仏を経験することによって、ついで、唐の李姓王朝の台頭という反仏教的な環境を経験することによって、強烈な運動となったことを見逃すべきではない。かくして、「法王」は、ここにあらためて創出されるのでる。

4、舎利奉迎記の「法王出世」と「大王陛下」

これまでの考察を踏まえて、百済弥勒寺塔の舎利奉迎記の性格とあらたな課題を指摘したい。すでに触れたように、この舎利奉迎記は、さかのぼる梁代の『釈迦譜』や『経律異相』などの影響を基底にもっている。しかし、『歴代三宝紀』を編み出した隋文帝の時代、そして、初唐の影響を色濃く受けていることは否定しがたいであろう。なぜなら、傅奕の激しい仏教攻撃を受けて、仏教のあらたな構築を必死で企てた法琳らの反論とその論調を、六三九年（唐太宗貞観十三に当たる）成立の舎利奉迎記は承知していた痕跡が認められるからである

たとえば、『破邪論』下は、「大唐聖朝正信君子」の「論」として「応物現身、如水中月」と述べているが、この一文は、かの舎利奉迎記のそれにまったく等しい。また、傅奕に反論を加えた既述の明槩が、「聞仏有舎利八斛、用表遺身」と述べたことは先にみたとおりであるが、舎利奉迎記の「遺形八斛」は、これに近似している。(39)さらに、舎利奉迎記の「光曜五色」も、『破邪論』上が引く『呉書』の「五色曜天」に近い。『破邪論』に頻出する「大王殿下」や「陛下」も、舎利奉迎記の「大王陛下」を導き出すことに貢献したであろう。

しかし、このような個別の句や節との類似性もさることながら、舎利奉迎記には「法王出世」と「大王陛下」の関係が登場し、これに「王后」が加わってくる。この三者の枠組みをいかに理解すべきであろうか。それは、また、初唐の法琳らの論とまったく等しいのであろうか。そこに、百済としての差異や独自性はないのであろうか。これは、あらたに浮上してくる課題である。そこで、今一度、「帝釈精舎」に関する既掲の『繋観世音応験記』末尾追記と比較してみたい。

その追記によると、「種々七宝」のことや「大王」呼称は記されているが、「法王出世」のことや「陛下」用法はみられない。この点は、「帝釈精舎」塔下に納められた『金剛般若経』（鳩摩羅什訳）に、「法王」「法王出世」や「陛下」がみられず、かわって「七宝」が頻出し、「転輪聖王」も登場することとよく符合している。したがって、「種々七宝」のことを特筆し、かつ「大王」と称した『繋観世音応験記』末尾追記は、この『金剛般若経』の埋納を踏まえて、当

時の認識をある程度正確に記録したものであるとみてよいであろう。

これまで、「種々七宝」の具足をもって「転輪聖王」たらんとする「大王」武王と、舎利や経をもってする「三宝」との相互依存関係のもとで、両者の誇大化を宣揚する意図や意識があることを既に想定しておいた。そこには、また、『歴代三宝紀』を生み出した隋代の影響がうかがえる。ところが、ここに、あらたな課題が浮上してくる。それは、件の『金剛般若経』が、「七宝」や「転輪聖王」について否定的な発言をし、その限界をむしろ強調していることである（大正蔵経八）。すると、「種々七宝」を誇る「帝釈精舎」の造営と、そこに納められた『金剛般若経』の教説との間には根本的な矛盾があることになる。それはまた、「七宝」に表象される「大王」「転輪聖王」と、「三宝」ないし舎利との相互依存関係および相互誇大化の回路が、隋代のようには作用していなかった可能性へと導きかねない。

このような矛盾や差異の可能性が、あらたな課題となる。しかし、これについては、『金剛般若経』の教説をいかに受け取ったのかという問題へと展開するであろう。なぜなら、その教説によると、「七宝」や「転輪聖王」を全面的に否定しているわけではなく、この形象的存在に勝るのが『金剛般若経』の教説自体であり、その「四句偈」であり、この経をもって「塔」をなし、恭敬・作礼すべきであるというのである。また、中国社会で編集された『金剛般若経』の各種霊験譚（隋代以降が多い）によると、免罪、延寿、不燃、などの「金剛」に象徴される多様な効能が『金剛般若経』には求められていた(40)。

今、このような教説と霊験譚とを考慮すると、「帝釈精舎」の場合も、これらと必ずしも矛盾することはないであろう。すなわち、「種々七宝」の埋納は、ある種の壮大な方便・方法・手段であり、目的ではないということになる。究極的には、その「種々七宝」と、それを具足成就した「転輪聖王」たる「大王」武王が、舎利と組み合わさった『金剛般若経』の埋納自体によって、むしろ、その形象さえも越える存在へと高められようとしていたとみれば問題あるまい。

では、弥勒寺の舎利奉迎記の場合は、どうであろうか。これは、さきの「帝釈精舎」の場合との連続性がやはり認められてよいが、さらに、初唐で顕著となった「法王」のあらたな創出を受けて、また同時に、「皇帝陛下」や「大王殿下」呼称から「大王陛下」呼称への変換を導き出して、「法王」と「大王陛下」との相互誇大化、つまり相互「出世」を確認し、宣揚しようとしていたとみられる。かくして、「帝釈精舎」の場合と弥勒寺の場合とでは、連続性をはらみながらも、あらたな進展が認められるのである。しかし、「帝釈精舎」において、「転輪聖王」としての「大王」に形象を越える超然化の意図が想定できるとすれば、「大王陛下」への道筋は、すでに準備されていたとも言える。それは同時に、舎利や経（法舎利）に収斂される「三宝」認識から、「法王」呼称に収斂される「三宝」認識への変容をともなう道筋へと辿り着くのである。

上述のような道筋の到着点は、たしかに、弥勒寺の舎利奉迎記によく示されている。それによると、「法王出世」（王宮に託生）から、「示滅」後、「遺形八斛」の「舎利」となり、その「舎利」を「奉迎」という順序が開示されている。しかし、この順序については、さきにみた初唐の偽書に准じて理解すれば、「光曜五色」の「舎利」を遠くから「迎」えることで、これまで「法王出世」にもかかわらず、その「化」が充分に届かなかったところ（弥勒寺の地である益山ないし百済）に、あらたな「法王出世」をもたらす、あるいは「法王」が「往」くことになるという意味に置きかえることができる。そして、それに呼応して、「大王陛下」のいわば不朽の「出世」が期待できるというわけである。

この場合の不朽の「出世」とは、「年寿」と「宝暦」とに表象される。しかし、それにとどまることなく、「上は正法を弘め、下は蒼生を化す」という。この一節については、法雲の『法華経義記』や伝上宮王撰の『維摩経義疏』などに近似した用法があることが指摘されているが、仏教経論関係において「蒼生」の用法は珍しいとする見解もみられる。[41] たしかに、「正法を弘め」ることと、「蒼生を化す」こととの関係には注意が必要であろう。

この「蒼生」については、『尚書』益稷に「禹曰、兪哉、帝、光天之下、至于海隅蒼生、万邦黎献、共惟帝臣」とあり、「光天之下、至于海隅、蒼蒼然生草木、言所及広遠」と説明されている（伝）。つまり、「帝」の「光」が、いわゆる天下の隅々にまで広く遠く及んで、「草木」を青々と茂らせることにたとえて、「蒼生」と言い、それはすべて「帝」の「臣」であるという。言い換えれば、この「蒼生」とは、「帝」ないし君主の優良な統治の証しである「光」によって育成される対象とその様態をいうのであり、基本的には理想的で広大な統治の概念を基盤にもっている。

その実例は、度々取り上げてきた隋文帝の統治表現に顕著である。たとえば、『歴代三宝紀』によると、開皇十五年（五九五）の「衆経法式」十巻の勅撰では「主思政化、拯救蒼生」（巻十二）と述べ、巻十五の上表文では、「受如来記、紹輪王業、統閻浮提」ところの文帝をもって「建善舟檝、済抜蒼生、斯実曠古一代盛歟」とたたえている。また、『国清百録』二の「隋高祖文帝勅書」は「法輪重転、十方衆生、倶獲利益、（中略）朕尊崇正法、救済蒼生」と述べ、同四の「勅報百司上表賀口勅」は「得道之後、擁護国土、利益蒼生」と言い、同じく「玉泉寺碑」では、「我大隋皇帝、（中略）父愛蒼生、君臨赤県、天地同其大徳、日月合其重光」とたたえられる（大正蔵経四十六）。

今、これらによって確認できるのは、一方で「正法」を「尊崇」する転輪聖王としての隋文帝と、一方で「蒼生」の救済を通じて「閻浮提」「国土」を統治する「皇帝」としての隋文帝のあり方が賞賛されていることである。

これに加えて、後者の「蒼生」については、日本（倭）でも、「畜産」（家畜）とは区別されて「顕見蒼生」（ウツシキアヲヒトクサ）と表記され（『日本書紀』神代上五段第十一の一書、同八段第六の一書ほか）、各種の生産食糧を「食」して「活」きる人々、あるいは療病の対象となる人々、そして「経営天下」のもとにある人々をさしていた。それはまた、

「元元蒼生」とも言われ、生産の豊穣をもたらし、生産の豊穣に与る天下の人々を祝福した用法でもあった（同安閑二年正月壬子条詔）。このような『日本書紀』の記述を編集中であった和銅四年（七一一）の六月乙未（二十一日）付けの詔でも、かの「蒼生」とは、適切な雨に恵まれて生産と消費が保証されるべき人々をさす用語として使われている（『続日本紀』）。

残念ながら、百済における「蒼生」の他の用法は知り得ない。しかし、『尚書』に淵源をもち、隋文帝の統治評価に実例をみ、やがて日本（倭）でも受け入れられた「蒼生」用法と大きくずれることはないであろう。とすれば、弥勒寺の舎利奉迎記が「大王陛下」に期待した「上は正法を弘め、下は蒼生を化す」とは、隋文帝のあり方に範を仰ぎ、また、その隋文帝のあり方を唐の「陛下」や「大王殿下」が継承すべきことを強く訴えた初唐の法琳らの言論活動に影響を受けたものと推察できる。その際、隋文帝時代の末期におこなわれた諸州舎利塔建立事業の最中、新羅や高句麗とともに、その舎利の分配に与った百済側の記憶も大きく左右していたに違いない（『広弘明集』十七の「応舎利感応表并答」）。

このように検討してくると、「光曜五色」の「舎利」を遠くから「迎」えることで、あらためて「法王出世」をもたらし、その「法王」文明圏に参入した「大王陛下」が、今度は、その「光」に依拠して、それを、さらに「広く遠い」ところまで、また永く変わらず及ぼすことに期待が寄せられたことになる。ここに、「大王陛下」の不朽の「出世」が望まれたわけであるが、その「出世」とは、統治下の人々を、あるいは既存の統治をさらに拡大させた範囲の人々を青々と茂らせること、つまり、豊かな生産と消費の安泰を保証される人々たる「臣」を（さらに）生み出すこと、要するに「蒼生」たる人々ないし様態を創り出すことによって約束され、証されるものであったと理解できよう。

5、舎利奉迎記の「王后」と「法王出世」

ところが、ここで大きな課題に遭遇する。それは、舎利奉迎記の「棟梁三宝」である。

これについては、さきに『弁正論』が隋文帝をたたえて「棟梁三宝」と述べたことを指摘しておいた。このことは、初唐の法琳らによって増幅された隋文帝の統治評価に倣った舎利奉迎記の主潮とも矛盾しないかのようである。しかし、実は、この「棟梁三宝」とは、「大王陛下」のことではなく「王后」のことをさしている。つまり、「法王」と「大王陛下」との相互依存関係のもとで、それぞれの「出世」を誇大化しようとする意識と意図をもつと考えられる舎利奉迎記ではあるが、「大王陛下」の「出世」が、隋文帝のそれに単に倣ったわけではないことを知るのである。

この事実は、舎利奉迎記が、隋文帝の登場と、それを増幅させた初唐の反道教運動に大きな影響を受けているとしても、百済固有の特徴ないし隋や初唐との差異を示唆している。それは、「王后」が大きな存在として、ここに介在していることである。もっとも、隋文帝の時も、文献皇后の果たした役割は大きいが（『広弘明集』十七の「舎利感応記」、『歴代三宝紀』十二、『隋書』六十九王劭伝など）、彼女が「棟梁三宝」と言われたことはなかった。そこで、最後に、この「王后」を加えた「法王」と「大王陛下」との三者関係が、あらたな問題となる。

かの「王后」は「佐平沙乇積徳の女」というが、まず、「又願、王后即身心同水鏡、照法界而恒明」とあるところに注目したい。読みについては、対句であることを考慮した私案を示しておいたが、実は、後述するように、課題の残るところである。[42]しかし、いずれにせよ、ここでは、「水鏡」がキーワードになるであろう。

たとえば、『弁正論』（大正大蔵経では巻四、国訳一切経では巻五）は、「人倫之水鏡、天下之楷模」「人倫水鏡、当世杞梓」と述べ、この場合の「水鏡」は模範・規範というような意味になる。しかし、舎利奉迎記の「水鏡」は、これと無関係ではないにしても、いささか相違するところがあろう。むしろ、既掲の「応舎利感応表并答」のなかにみえる「幽州表」が、舎利を納める「石函」を磨いて「両面以水洗之明、如水鏡、内外相通」と報告している「水鏡」の意に近いかのようである。

しかし、以上の範囲からみても、「水鏡」の意味は単一でない。したがって、ここでは、舎利奉迎記の全文から、あるいは、とりわけ「法王出世」に関する一文との関係から理解するのが妥当であろう。なぜなら、「法王出世」について「随機赴感、応物現身、如水中月」とあり、「王后」の「心」ないし「身心」が「水鏡」のようであるとすることと合わせて、「水」「月」「鏡」の連携のもとで総合的に理解されるべきだからである。

かの「応物現身、如水中月」については、さきに確認したように、『破邪論』下が記録している（『広弘明集』十一にも所収）。すなわち、「諸仏大人」（釈迦を含む）は「言像」や「情慮」ではとらえられないこと、「形同法性、寿等太虚」であることを述べたものであり、「仏真法身、猶如虚空、応物現形、如水中月」（隋代の編集である『合部金光明経』五の四天王品など）の意味するところと同じである。

このことを踏まえると、かの舎利奉迎記は、「法王出世」を限定的な固有の実体・実相と理解すべきではないことを説いている。その意味において、「如水中月」とは、「水」であって「水」ではない、「月」であって「月」ではないことを、あるいは、「水」であって「月」であり、「月」であって「水」であることを言ったことになる。この真意については、費長房も加わって開皇十七年（五九七）に合集された既述の『合部金光明経』をさらに参照すると理解し易い（大正蔵経十六）。

その巻四讃嘆品によると、「大梵天王」が「如意宝光耀菩薩」の「菩提行」について質問したという。すると、「菩薩」は「若水中月、能行菩提行」などと答え、「一法」はあっても「実相」はないものだと述べている。つまり、水の中の月のように、「水」でも「月」でもなく、また、「水」であり「月」でもあるような、固有の実体や様態ではとらえられないのが「菩提行」であるというのである。しかも、このように答えた「菩薩」は、本来「女人」「女形」であり、「転」じて「梵天身」になった者であったとされている。

また、巻八讃仏品では、「道場菩提樹神」の「讃」として、「是故我今、渇仰欲見、声聞之身、猶如虚空、焔幻響化、如水中月」とある。この場合も、「声聞」の「身」は「虚空」のようであり、「水中の月」にたとえられるという。そして、かの「菩提樹神」も、これまた「女」とされている。

このようにみてくると、「如水中月」には独自の意味があり、「言像」や「情慮」では認定できない、また、「実相」のない「虚空」「太虚」の様態ないし価値、あるいは「仏真法身」を根拠として言い表した比喩的用法であった。そして、そのなかに「法王出世」も「菩提行」も「声聞の身」も含まれており、とりわけ「女人」「女形」、あるいは、それから「転」じた「身」も含まれていた。

一方、「水鏡」についても、『合部金光明経』一の三身分別品において、「譬如日月無有分別、亦如水鏡無有分別、光明亦無分別、三種和合故得有影、（中略）故応化二身、如日月影和合出生」とされ、さらに「譬如無量無辺水鏡、依於光故空影得現種種異相、空者即是無相」という。ここでは、「化身」「応身」「法身」の「三身」のあり方と関係が問題視されているが、とにかく、「日と月」「水と鏡」「光と明」、そして「日月」「水鏡」「光明」をそれぞれ識別してとらえるのではなく、これら「三種」の「和合」によって「影」が「出生」するということを優先的に重視すべきであるという。

また、かりに「水鏡」を中心にして言えば、「光」によって「種種の異相」である「空影」が生まれるが、それは「無相」にほかならないと説く。しかし、さきの「三種和合」を踏まえると、この場合の「光」とは「光明」であり、

「日月」でもあって、実は「水鏡」でさえあることになろう。そして、これらから「無相」の「影」「空影」が「出生」するのであるが、「法王出世」とは、まさに、このような「出生」の典型と言える。

しかし、それは「法王出世」のみを典型としない。「王后」についても、これに似たことが言えよう。まず、「水鏡」が「水」と「鏡」とに識別されないとすれば、「王后」の「身」と「心」も分離されないことになって、「身心」(「身」と「心」)こそが「水鏡」に同じであるとも読める。ただ、「心」=「水鏡」「照」「明」、「身」=「金剛」「虚空」「不滅」という対句構成にこだわれば、別な解釈が出てくるが、その場合、「身」がさらに「虚空」であるというのは、「実相」的な「金剛」ひいては「不滅」であることとの不調和を思わせる。

しかし、つぎに、「女」として「出生」した「身」が、「無相」の「影」である「虚空」、つまり「如水中月」であるというのであれば、半面での了解は可能となる。さらに、また、「王后」の「心」が「水鏡」となって「照」「明」をもたらし、「善因」を積み、ひいては「棟梁三宝」となることによって、その「水中の月の如」き「身」が「金剛」「不滅」としての「身」になるという論理が見て取れる。それは、かの「法王出世」が「水中の月の如」き「影」としての「身」であるとしても、「光曜五色」なる舎利を文字通り「遺形」として残すという、「無相」と「実相」とをめぐる逆説的な論理に近い。もっとも、その「遺形」でさえ「影」ということなのかもしれないが。

このように、「法王出世」と「王后」のあり方とを対照させてみると、仏教特有のロジック世界を共有し、分かち合っていることがよく分かる。それは、相互に識別しがたい「日月」と「水鏡」と「光明」とからなる「三種和合」の「影」、つまり「水中の月の如」き「虚空」「無相」の「身」認識であるが、その基底に絶対的ではあるが実体としてではない「仏真法身」が想定されていたことは言うまでもない。そこに、「法王」呼称があらわれるのである。しかし、そのような「虚空」「無相」の「身」認識は、「身」や「形」の擬似「無相」、つまり「実相」的な形相への転換をもって逆説的に確証されようとしていたのである。

以上のような理解が可能であるとしても、舎利奉迎記の作者や関係の社会および人々が、その通りに理解していたのかは定かでない。にもかかわらず、舎利奉迎記を読む限り、「法王」と「王后」とを記述する時には、仏教特有のロジックが展開されていることは疑えないところである。ところが、これに対して、「大王陛下」は異質の世界のなかにあり、「棟梁三宝」でさえなかった。今、このような三者の関係を踏まえると、隋・初唐の仏教運動の影響下にあって、「法王」と「大王陛下」との相互誇大化が百済でもみられるという事実に修正の必要はないが、あらたに、次のような諸関係を考える必要に迫られてくる。

四、まとめと課題

1、二層からなる百済の「仏教」文明化

上述のとおり、「法王」ないし「法王出世」の想定と「王后」の位置づけとは、不可分かつ緊密な関係で結ばれている。つまり、仏教特有のロジックが、この二者を中心にして展開されており、「法王」と「大王陛下」との関係のまえに、あるいは「王后」と「大王陛下」との関係のまえに、「法王」と「王后」との関係が優先しているのである。これについては、「王后」自身や「沙乇」氏の信心を個別的に反映させるとともに、西塔の建立という固有の事情にもとづくものとして解決することもできよう。しかし、そもそも、さかのぼる陵山里寺跡出土の「丁亥」年銘舎利龕には「百済昌王」の「妹兄公主供養舎利」とあり、王家の女性が舎利供養を積極的におこなっていたことが分かる。

したがって、のちの弥勒寺の舎利奉迎記が記述する「法王」「法王出世」と「王后」との緊密な関係も、単なる個別の事情に由来していたとは考えにくい。いわんや、その建立自体、百済王家にとっては公的事業であったことが舎利奉迎記そのものから明らかである。

問題は、なぜ、このような「法王」「法王出世」と「王后」との緊密な関係が表明されているのかである。その回答は容易でないが、「水中の月の如し」とはいえ、「法王」がひとたび「王宮に託生」したということと無関係であるとは考えにくい。

そもそも、「王后」呼称が、中国南朝の梁で編集された『釈迦譜』や『経律異相』などの釈迦降生譚に頻出すること、そこにはまた、「随機現身」や「王后」の「金剛」をたたえた箇所がみられることは、すでに指摘したとおりである。とすれば、「王宮」にある「王后」と、その母胎から生まれる「王子」との現実的な、あるいは現実に起こり得る母子関係が、「法王」の「出世」つまり「託生王宮」の仏教的ロジックと巧みに重ね合わされて理解されていった可能性を想定してもよいであろう。そして、この想定に従えば、釈迦降生譚である、いわゆる仏伝（物語）の編集や流布とともに、王家女性に支えられた百済仏教が成長していったのであり、そのひとつの到達点が弥勒寺の舎利奉迎記に見て取れることになる。また、その間、「女」としての「身」をもって「出生」したことも、仏教的ロジック展開のなかで自覚されるようになったものとみたい。

この観点からすると、やはり既掲の王興寺跡出土の「丁酉」年銘舎利函に亡き「王子」のためとあるのも参照に値しよう。この場合は、とくに「王后」のような「王宮」女性のことは記されていないが、「王子」と舎利との結びつきは、上述のような百済仏教の成長の一環であったとすれば理解し易い。

以上をまとめれば、舎利奉迎記から読み取れる百済の「仏教」文明化の過程には、少なくとも二層の積み重ねがあったことになる。まず第一次的には、中国南朝とくに梁代での釈迦降生譚ないし仏伝物語の集成を受けて、現実の「王宮」で展開される母子関係と共振しながら、「王宮」女性の積極的な参加を得て、「仏教」の文明化がすすんだ。ついで、第二次的には、隋・初唐における激烈な仏教運動の影響をこうむりながら、あらたに創出された「法王」と「大王陛下」との相互依存関係が志向され、両者の誇大化がすすんだ。ここに、あたらしい「仏教」の文明化をみることになるが、これら二層は、ともに仏舎利の埋納を中軸にして重なり合っており、弥勒寺の舎利奉迎記は、その重層的な「仏教」文明化を集約していると考えられるのである。

2、課　題

最後に、本稿では論及できなかった重要な問題に言及しておきたい。それは、これまで比較対象として意識してきた日本（倭）の法隆寺金堂釈迦三尊像光背銘のなかに、「法王」ならぬ「法皇」呼称表記が登場することである。しかも、この「法皇」は、百済はもちろんのこと、朝鮮三国でも、また中国諸王朝でもみられない呼称表記なのである。さらに、この光背銘には不可思議なところがある。すでに一部取り上げたように、そこでは「太后」「王后」「王子」が登場し、「上宮法皇」「法皇」をさすと思われる「王身」も表現されている。つまり、基本的には「王」を冠する個別的な呼称表記が列挙され、それは、仏教関係のテキスト（いわゆる仏伝に代表される）にもとづく可能性が高いのであるが、なぜか、例外的に「法皇」とされ、「法王」用法をみない。

もっとも、この銘文が記載どおりに「癸未」年（六二三）段階、もしくは、その後、さほど降らない時期のものであるとすれば、初唐の武徳年間に対応するとは言え、まだ、唐との通交が開始されていない段階であるから、初唐における「法王」（新「法王」）の創出事情を承知していなかった可能性がある。百済弥勒寺の舎利奉迎記が「法王」を登場させた六三九年段階との時差は、予想以上に大きかったとも言えよう。

しかし、かりに、このような時差を認めるとしても、「法皇」が、早くから知られていたはずの「法王」（旧「法王」）用法に近似していることは確かである。いわんや、銘文は、「王」を冠する個別呼称表記を頻用しているのであるから、その「法王」を避けてまで、あえて「法皇」を用いたと考えざるを得ない。これは、銘文中でも、きわめて不整合なところであるが、なぜ、このようなことが起きたのであろうか。ここに、百済の「仏教」文明化とは異なる、日本（倭）の「仏教」文明化の過程が見て取れるように思われる。

この問題は、日本の「天皇」呼称および「皇」制の定立過程とその意味を問うことに等しい。これについては、前半で、男性君主の配偶者・母の身位呼称を検討した際に、部分的に触れることがあったが、ここで、それを総括して論じる余裕がもはや残されていない。したがって、別稿に譲ることとし、ひとまずは擱筆としたい。

註

（1）　本書所収の裵秉宣氏論文を参照されたい。ちなみに、わずかな例をあげれば、国立文化財研究所・全羅北道編『弥勒寺址石塔　舎利荘厳』（二〇〇九年一月）は「一五・三×一〇・三㎝」、文化財庁・国立文化財研究所・全羅北道・益山市編『弥勒寺址石塔　舎利荘厳特別展』（二〇〇九年六～七月）は「一五・三×一〇・三×〇・一三㎝」、国立扶余博物館編『百済武王』（二〇一一年五月）は「一五・三×一〇・三×〇・一㎝」、国立中央博物館編『韓国古代文字展、文字とその後』（二〇一一年十月）は「一五・五×一〇・五㎝」とする。

（2）　新川登亀男「古代朝鮮半島の舎利と舎利銘文―飛鳥寺再考の準備として―」（鈴木靖民編『古代東アジアの仏教と王権　王興寺から飛鳥寺へ』（勉誠出版、二〇一〇年）。

（3）　奈良国立文化財研究所飛鳥資料館編『飛鳥・白鳳の在銘金銅仏』（同朋舎、一九七九年）。以下、飛鳥・白鳳期の在銘金銅仏については、本書による。
（4）　新川登亀男「法隆寺金堂釈迦三尊像光背銘の性格」（田中隆昭編『日本古代文学と東アジア』勉誠出版、二〇〇四年）。
（5）　前二者の銘文については、国立扶余博物館・扶余郡編『陵寺―扶余陵山里寺址発掘調査進展報告書』（二〇〇〇年）、国立扶余文化財研究所編『扶余王興寺址出土舎利器の意味』（二〇〇八年）、国立扶余博物館編『百済王興寺』（二〇〇八年）、鈴木靖民編『古代東アジアの仏教と王権　王興寺から飛鳥寺へ』（勉誠出版、二〇一〇年）など。
（6）　『隋書』一高祖紀上、『旧唐書』一九九百済伝、同一高祖紀、『三国史記』百済本紀威徳王二十八年条、同武王二十二年・二十五年各条など。
（7）　大東急記念文庫蔵。荻野三七彦「河内国西琳寺縁起（公刊）」（『美術研究』七九、一九三八年）、羽曳野市史編纂委員会編『羽曳野市史』一本文編1（一九九七年）参照。
（8）　片岡直樹『長谷寺銅板法華説相図の研究』（中央公論美術出版、二〇一二年）に研究史の整理がある。
（9）　奈良国立文化財研究所飛鳥資料館編『日本古代の墓誌』（同朋舎、一九七九年）、三井記念美術館編『美の伝統　三井家伝世の名宝』（便利堂、二〇〇五年）。
（10）　新川登亀男「墓誌の社会史～日本列島を中心にして～」（新川登亀男・高橋龍三郎編『東アジアの歴史・民族・考古』雄山閣、二〇〇九年）。
（11）　国立扶余博物館編『百済の度量衡』（二〇〇三年）など。
（12）　大韓民国文化財管理局編『武寧王陵』（三和出版社・学生社、一九七四年）、趙東元編『韓国金石文大系』二（圓光大学校出版局、一九八一年）、国立中央博物館編『韓国古代文字展　文字とその後』（二〇一一年）など。
（13）　趙東元編『韓国金石文大系』二（圓光大学校出版局、一九八一年）、国立中央博物館編『韓国古代文字展　文字とその後』（二〇一一年）など。
（14）　本書所収の裵秉宣氏論文を参照されたい。

（15）新川登亀男「墓誌の社会史～日本列島を中心にして～」（新川登亀男・高橋龍三郎編『東アジアの歴史・民族・考古』雄山閣、二〇〇九年）。
（16）新川登亀男「古代仏教と水稲文化―牛をめぐって―」（海老澤衷編『講座　水稲文化研究1　古代・中世仏教寺院の水田開発と水稲文化』早稲田大学水稲文化研究所、二〇〇五年）。
（17）伝写本については、後述のような例があるが、第一次資料においても、多胡碑の「左太臣」「右太臣」（「太政官」は正確に刻まれている）があり、「大宝」年号を「太宝」と書く木簡は多い（たとえば『飛鳥藤原京木簡』二の一四六五以下、『平城宮』七の一一二八五など）。「太宝」の場合は、その例の多さからして、「大」と「太」の字の混用という範囲を越えて、むしろ年号表記を「太宝」と理解していたとさえ思える。
（18）岸俊男「光明立后の史的意義―古代における皇后の地位―」（同『日本古代政治史研究』塙書房、一九六六年）。
（19）新川登亀男「『サニハ』型の『マツリゴト』―『伊予国風土記』逸文を読む（1）―」（大橋一章・新川登亀男編『「仏教」文明の受容と君主権の構築』（勉誠出版、二〇一二年）。
（20）近年、「大后」研究を含む論著として、たとえば荒木敏夫『日本古代王権の研究』（吉川弘文館、二〇〇六年）、仁藤敦史『古代王権と支配構造』（吉川弘文館、二〇一二年）などが刊行された。しかし、「大后」と「太后」あるいは「皇后」との関係については、とくに問題視されていないようである。
（21）松嶋順正編『正倉院宝物銘文集成』（吉川弘文館、一九七八年）。
（22）『大日本古文書』四の一二一以下。
（23）新川登亀男「『祖父』になった文武天皇」（同『日本古代文化史の構想』（名著刊行会、一九九四年）。
（24）東野治之「聖武天皇勅書銅版」（同『日本古代金石文の研究』岩波書店、二〇〇四年）は、この銅版が天平宝字七年ごろ、東大寺の塔に納めるべく作製されたという。
（25）大韓民国文化財管理局編『武寧王陵』（三和出版社・学生社、一九七四年）、金元龍『武寧王陵』（近藤出版社、一九七九年）、趙東元編『韓国金石文大系』二（圓光大学校出版局、一九八一年）、韓国古代社会研究所編『訳註韓国古代金石文』１（駕洛国史蹟開発研究院、一九九二年）、国史編纂委員会編『韓国古代金石文資料集』１（一九九五年）、国立中央博物館編『韓国古代文字展　文字とその後』（二〇一一年）など。

(26) 坂元義種「訳注中国史書百済伝」（同『百済史の研究』塙書房、一九七八年）。

(27) 奈良文化財研究所編『飛鳥藤原京木簡』二の一四七六・一四七七・一四七八・一五七四・一七三六（吉川弘文館、二〇〇九年）、同編『藤原宮木簡』三の一〇六五・一〇六六・一六三五（八木書店、二〇一二年）など。

(28) 新訂増補国史大系『続日本紀』当該条鼇頭、岸俊男「光明立后の史的意義—古代における皇后の地位—」（同『日本古代政治史研究』塙書房、一九六六年）、新日本古典文学大系『続日本紀』当該条注などをもって、「嬪」の誤り説が流布している。

(29) 姉妹の配偶者については、コノハナサクヤヒメ伝承（『古事記』上、『日本書紀』神代下九段第二の一書）、前掲イワノヒメ伝承などにもみえる。

(30) 『通典』三十四も、「君夫人」について、この『論語』季子を踏まえた説明をしている。

(31) 奈良文化財研究所編『平城京木簡』一（長屋王家木簡一）の二四一・二四二・五九六（吉川弘文館、一九五五年）、同編『平城京木簡』二（長屋王家木簡二）の一八二五・一八二六（吉川弘文館、二〇〇一年）など。

(32) 『国訳一切経』本縁部３「仏本行集経解題」（大東出版社、一九三四年）。

(33) 牧田諦亮『六朝古逸　観世音応験記の研究』（平楽寺書店、一九七〇年）。

(34) 『仏書解説大辞典』縮刷版「歴代三宝紀」（林屋友次郎記）（大東出版社、一九九九年）。本辞典では、入蔵録の失敗が強く指摘されているが、隋代の仏教認識を直接知ることのできる貴重な歴史資料として評価される。

(35) 新川登亀男「古代朝鮮半島の舎利と舎利銘文—飛鳥寺再考の準備として—」（鈴木靖民編『古代東アジアの仏教と王権　王興寺から飛鳥寺へ』勉誠出版、二〇一〇年）。

(36) 楠山春樹「老君伝とその年代」（同『老子伝説の研究』創文社、一九七九年）など。

(37) 合田時江編『聖武天皇「雑集」漢字総索引』（清文堂、一九九三年）。

(38) 小野勝年「『宸翰雑集』所収「周趙王集」釈義（一）」（『南都仏教』四十一、一九七八年）。

(39) 以上は、本書所収の瀬間正之氏論文でも指摘されている。
(40) 新川登亀男「古代朝鮮半島の舎利と舎利銘文—飛鳥寺再考の準備として—」(鈴木靖民編『古代東アジアの仏教と王権　王興寺から飛鳥寺へ』勉誠出版、二〇一〇年)。
(41) 本書所収の瀬間正之氏論文参照。
(42) とくに「即身」については議論があり、本書所収の崔鉛植氏論文を参照されたい。

三国時代（高句麗・百済・新羅）舎利荘厳具目録

2012年 10月 現在

周　炅　美
（橋本 繁　訳）

高 句 麗

（1）梧梅里金銅銘文板

1	名称	梧梅里金銅銘文板（朝鮮民主主義人民共和国国宝）
2	年代	高句麗、×和三年丙寅。546年（陽原王年間）２月26日推定。
3	出土場所	咸鏡南道新浦市梧梅里チョルゴル（寺谷）遺跡 1988年６月、渤海時代の寺院址と推定される建物址で出土。
4	概要	塔の銘文と推定される方形金銅板（長さ42cm、高さ19cm）１点。 現存銘文12行110余字確認。楷書、陰刻。 共伴遺物なし。
5	所蔵	朝鮮民主主義人民共和国・平壌、朝鮮中央歴史博物館
6	報告書	キムジョンヒョク「清海土城とその周辺の渤海遺跡」『朝鮮考古研究』77、1990年４月
7	参考文献	盧泰敦「４．新浦市チョルゴル址金銅版銘文」韓国古代社会研究所編『譯註韓国古代金石文第１巻（高句麗・百済・楽浪編）』駕洛国史蹟開発研究院、1992年 国立中央博物館編『北の文化遺産』図書出版三仁、2006年
8	銘文	×（破損）、□（文字不明） ×××××□□□□×枰三輪垂世耳 目所階是故如来□圓教於金河□ □□之妙宅現闇維□□□□ （迎ヵ）於後代是以××慧郎奉爲圓□

		大王謹造茲塔表刹五層（箱ヵ）輪相副 願王神昇兜率査覲彌勒天族倶会 四生蒙慶　於是頌曰 聖智契眞妙應羣生形言暉世 □育道成迷□□撤稟生死形 ×神会性則登聖明 ×和三年歳次丙寅二月廿六日 丙戌朔記首

（2）遼東城育王塔

1	名称	遼東城育王塔出土品
2	年代	高句麗聖王（年代未詳）
3	出土場所	遼東城育王塔。現在位置未詳。
4	概要	土で盛った三層塔のなかから杖と履物、そして銘文（上に梵書）が出土し、その場所に七層木塔を新たに建立したという記録がある。
5	所蔵	×
6	報告書	×
7	参考文献	『集神州三宝感通録』上、『三国遺事』巻三・塔像第四・遼東城育王塔条
8	銘文	×

百　済

（1）百済昌王銘石造舎利龕

1	名称	百済昌王銘石造舎利龕（国宝288号）
2	年代	百済、567年
3	出土場所	忠清南道扶余郡扶余邑陵山里廃寺址（史跡434号）

		1995年、木塔址心礎上面から出土。
4	概要	花崗岩製石造舎利龕１点。高さ74cm、縦・横各50cm。 心礎周辺から塑像仏片、金銀製環、金板、銀板、金糸、金銅鈴、ガラス玉、玉製品、土製玉など多数の供養具出土。
5	所蔵	国立扶余博物館
6	報告書	国立扶余博物館『陵寺　扶余陵山里寺址発掘調査推進報告書』本文、図面・図版、全２巻、国立扶余博物館・扶余郡、2000年
7	参考文献	国立大邱博物館『百済金銅香炉と石像舎利龕』国立大邱博物館、1998年
8	銘文	（左右に１行10字ずつ刻字） 百済昌王十三秊太歳在丁亥妹兄公主供養舎利

（２）扶余王興寺木塔址舎利荘厳具

1	名称	王興寺址舎利荘厳具
2	年代	百済、577年２月15日
3	出土場所	忠清南道扶余郡窺岩面新里王興寺址木塔址。 2007年10月、地下心礎内の舎利孔から舎利容器発見。 舎利孔周辺から各種供養具出土。
4	概要	石造蓋と舎利孔、青銅製円形合子、銀壺、金瓶。 各種玉類、銀製冠飾、玉片、北斉常平五銖銭、雲母装飾、金銀製鐶、銀製銙帯片、銅製箸、銅製釧など各種供養具。
5	所蔵	国立文化財研究所
6	報告書	国立扶余文化財研究所編『王興寺址Ⅲ—木塔址・金堂址発掘調査報告書』文化財庁、 2009年
7	参考文献	国立扶余博物館・国立扶余文化財研究所『百済王興寺』扶余、2009年 国立扶余文化財研究所『扶余王興寺址発掘物語』チンインジン、2009年

		鈴木靖民編『古代東アジアの仏教と王権―王興寺から飛鳥寺へ』東京、勉誠出版、2010年
8	銘文	（青銅製円形合子外面に陰刻で６行全29字） 丁酉年二月 十五日百済 王昌爲亡王 子立刹本舎 利二枚葬時 神化爲三

（３）益山弥勒寺石塔舎利荘厳具

1	名称	弥勒寺石塔舎利荘厳具
2	年代	百済、639年１月29日
3	出土場所	弥勒寺石塔１層舎利孔
4	概要	石彫舎利孔、金銅壺、金瓶、琉璃瓶で構成。 舎利孔内部から金製銘文板、青銅製合子６点、各種玉類、金製小形板、金製鑷、銀製冠飾、銀製銙帯片ほか、刀子、ガラス板、金製鐶など多数の供養具発見。
5	所蔵	国立文化財研究所
6	報告書	正報告書未刊（2013年刊行予定）
7	参考文献	文化財庁・国立文化財研究所・全羅北道『弥勒寺址石塔舎利荘厳』大田、文化財庁・国立文化財研究所・全羅北道、2009年３月 国立文化財研究所主催『百済仏教文化の宝庫　弥勒寺学術シンポジウム論文集』　大田、国立文化財研究所、2010年５月 国立文化財研究所建築文化財研究室企画『百済仏教文化の宝庫　弥勒寺』大田、国立文化財研究所、2010年５月（小図録）
8	銘文	省略

（４）益山帝釈寺木塔址舎利荘厳具

1	名称	帝釈寺木塔址舎利荘厳具
2	年代	百済、７世紀。639年11月以前
3	出土場所	全羅北道益山市帝釈寺址
4	概要	木塔址から石造心礎発見。舎利荘厳具にあたるものは見つからなかった。 『観世音応験記』によると、百済武広王の時の貞観13年（639）11月に、帝釈精舎が焼けた。その時、七層木塔心礎から、仏舎利を入れた水精瓶と、銅板に書いた金剛波若経の木漆函とが発見され、霊験を感得したあと、再奉安したという。
5	所蔵	心礎のみ帝釈寺に現存。現存遺物なし。
6	報告書	黄壽永「百済帝釈寺址の研究」『百済研究』４、1973年12月
7	参考文献	牧田諦亮『六朝古逸観世音應験記の研究』、平楽寺書店、1970年
8	銘文	×

（５）軍守里寺址舎利荘厳具

1	名称	軍守里寺址舎利荘厳具
2	年代	百済、６世紀末
3	出土場所	忠清南道扶余郡扶余邑軍守里寺址、1936年発掘。 木塔址地下心礎上面から出土。
4	概要	舎利容器はない。菩薩像および各種供養具のみ出土。 蝋石製如来坐像１点。高さ13.5cm。宝物329号。 金銅菩薩立像１点。高さ11.2cm。宝物330号。 各種玉類、瓦製光背片、枝形鉄器、土器片、金環など出土。
5	所蔵	国立扶余博物館
6	報告書	石田茂作「第四扶余軍守里廃寺址発掘調査」朝鮮古蹟研究会

		編 『昭和十一年度古蹟調査報告』京城、朝鮮古蹟研究会、1937年6月。
7	参考文献	国立中央博物館編『仏舎利荘厳』国立中央博物館、1991年。 金妍秀「百済の舎利荘厳について」『東垣学術論文集』2、1999年12月。
8	銘文	×

（6）扶余扶蘇山寺址金銅銙帯片

1	名称	扶余扶蘇山寺址金銅銙帯片
2	年代	百済、6～7世紀
3	出土場所	忠清南道扶余郡扶余邑旧衙里扶蘇山寺址 1980年の発掘で木塔址基壇心礎舎利孔外部から出土。
4	概要	舎利容器は発見されず、供養品とみられる金銅製銙板1点のみ発見。 この寺址は1942年、藤澤一夫が1次調査したが発掘報告書未刊。 西復寺址と呼ばれることもある。
5	所蔵	国立扶余博物館
6	報告書	国立文化財研究所編『扶蘇山城発掘調査報告書（1980、1983～1987年）』 国立文化財研究所、1996年
7	参考文献	金妍秀　「百済の舎利荘厳について」『東垣学術論文集』2、1999年12月
8	銘文	×

（7）扶余旧衙里寺址木塔心礎と石蓋

1	名称	旧衙里寺址心礎と石蓋
2	年代	百済、6～7世紀

3	出土場所	忠清南道扶余郡扶余邑旧衙里寺址 1942年の発掘調査で木塔址基壇内の心礎と石蓋発見。
4	概要	舎利容器は発見されず、方形舎利孔と四角板形石蓋のみ発見された。 1942年、藤澤一夫調査。報告書未刊。
5	所蔵	国立扶余博物館
6	報告書	未刊
7	参考文献	李殷昌「扶余旧衙里寺址心礎石」『考古美術』47・48、1964年 金姸秀「百済の舎利荘厳について」『東垣学術論文集』 2、1999年12月 李炳鎬「扶余旧衙里出土塑造像とその遺蹟の性格」『百済文化』36、2007年 2 月
8	銘文	×

（８）扶余金剛寺址舎利荘厳具

1	名称	扶余金剛寺址舎利荘厳具
2	年代	百済、 6 ～ 7 世紀
3	出土場所	忠清南道扶余郡恩山面琴公里金剛寺址（史跡435号） 木塔址心礎舎利孔底面から出土
4	概要	木の枝を編んで作った箱発見。内部出土遺物なし。
5	所蔵	現存せず
6	報告書	尹武炳『金剛寺―扶余郡恩山面琴公里百済寺址発掘報告』ソウル、国立博物館、1969年
7	参考文献	金姸秀「百済の舎利荘厳について」『東垣学術論文集』 2、1999年12月
8	銘文	×

新　羅

（1）慶州芬皇寺模塼石塔出土舎利荘厳具

1	名称	芬皇寺模塼石塔出土舎利荘厳具
2	年代	新羅、634年頃
3	出土場所	慶尚北道慶州市九黄洞芬皇寺模塼石塔 1915年石塔の2層塔心内部から出土。
4	概要	大型の方形石函のなかから舎利容器と各種供養具出土。 方形石函、銀合子、緑色ガラス瓶、舎利。 金銅製透彫装飾片、銀製耳栓、円形水精、銀製針筒、金銀製針、銅製香油瓶、沖縄産イモガイ、曲玉および管玉、常平五銖銭、崇寧重宝銭など各種供養具が石函内から発見される。
5	所蔵	国立慶州博物館
6	報告書	朝鮮総督府編『朝鮮古蹟図譜』巻3、京城、朝鮮総督府、1916年、図967-1077.
7	参考文献	国立慶州文化財研究所編『特別展芬皇寺出土遺物』グラフィックネット、2006年 周炅美「芬皇寺石塔出土仏舎利荘厳具の再検討」静齋金理那教授停年退任紀念美術史論文集刊行委員会編『視覚文化の伝統と解釈』芸耕、2007年
8	銘文	×

（2）慶州皇龍寺九層木塔址出土舎利荘厳具

1	名称	皇龍寺木塔址出土舎利荘厳具
2	年代	新羅、645年創建、720年、872年、1021年、1064年、1096年など数度にわたり重創される。 刹柱本記：統一新羅時代872年11月25日の重創記。

3	出土場所	慶州皇龍寺九層木塔址 1964年12月、心礎上面舎利孔盗掘後、1966年９月回収。 1966年10月心礎上面舎利孔内部調査。 1978年心礎下部発掘調査。
4	概要	心礎下部および心礎上面舎利孔で遺物が多数出土。 盗掘された後に回収された遺物としては、金合子、銀合子、銀製唐草文円形合子、中和三年銘金銅製円筒形函、金銅製内函（刹柱本記）など多数。 舎利孔内からは、金銅製外函、諸法因縁生銘銀板２枚、銀製八角舎利塔、 金銅製八角舎利塔などが発掘された。 心礎下部からは、唐白磁小壺と青銅合子、金銅製太環耳飾、青銅鈴、青銅針筒、各種装身具および玉類、刀子、鉄製道具類、穀物類など供養具多数出土。 心礎下部出土遺物は、創建期である645年頃の遺物であり、舎利孔内出土遺物および盗難回収品は創建期と重創期の遺物が混在している。そのうち、金銅製外函は、創建期遺物と推定される。
5	所蔵	国立慶州博物館、国立中央博物館
6	報告書	文化財管理局文化財研究所編『皇龍寺発掘調査報告書Ⅰ』文化財管理局、1984年
7	参考文献	『三国遺事』巻三・塔像第四・皇龍寺九層塔条。 秦弘燮「皇龍寺塔址舎利孔の調査」『美術資料』11、1966年12月 黄壽永「新羅皇龍寺九層木塔刹柱本記とその舎利具」『東洋学』３、1973年 周炅美「皇龍寺九層木塔の舎利荘厳再考」『歴史教育論集』40、2008年２月
8	銘文	〈刹柱本記１板〉：

皇龍寺刹柱本紀
侍讀 右軍大監兼省公 臣 朴居勿 奉教撰
詳夫 皇龍寺九層塔者
善德大王代之所建也 昔有善宗郎眞
骨貴人也 少好殺生放鷹摯雉雉出淚
而泣感此發心請出家入道法號慈藏
大王卽位七年 大唐貞觀十二年我國
仁平五年 戊戌歲隨我使神通入於西
國王之十二年 癸卯歲欲歸本
國頂辭南山圓香禪師禪師謂曰吾以
觀心觀公之國皇龍寺建九層率堵波
海東諸國渾降汝國 慈藏持語而還以
聞 乃命 監君 伊干龍樹大匠［百］濟阿
［非］等率小匠二百人造斯塔焉
鐫字僧聰惠

〈刹柱本記２板〉：
其十四年歲次乙巳始構建四月□□
立刹柱明年乃畢功 鐵盤已上 高［七］［步］
已下高卅歩三尺 果合三韓以爲□□
君臣安楽至今賴之歷一百九十□□
旣于文聖大王之代□□
旣久向東北傾 國家恐墜擬將改□□
致衆材三十餘年其未改構
今上卽位十一年 咸通辛卯歲恨其□
傾乃命親弟上宰相伊干魏弘爲□
臣寺主惠興爲聞僧及脩監典其人□
大統政法和尚大德賢亮大統兼政法

		和尙大德普緣康州輔重阿干堅其等 道俗以其年八月十二日始廢舊造新 鐫字臣小連全 〈刹柱本記３板〉： 其中更依無垢淨經置小石塔九十九 軀每軀納舍利一枚陀羅尼四種經 一卷卷上安舍利一具於鐵盤之上 明年七月九層畢功 雖然刹柱不動 上慮柱本舍利如何令臣伊干承 旨取壬辰年十一月六日率群僚而往 專令擧柱觀之礎臼之中有金銀高座 於其上安舍利琉璃瓶 其爲物也不 可思議唯無年月事由記 廿五日還 依舊置又加安舍利一百枚法舍利 二種 專命記題事由略記始建之源 改作之故以示萬劫表後迷矣 咸通十三年 歲次壬辰 十一月 廿五日記 崇文臺郎 兼春宮 中事省臣 姚克一 奉敎書 鐫字助博士臣連全 （刹柱本記は内外面に銘文があるが、外面銘文は872年の発願者および関係者の人名であるので省略した。）

（３）蔚山大和塔舎利奉安記錄

1	名称	大和塔舎利奉安記録
2	年代	新羅、７世紀
3	出土場所	×

4	概要	『三国遺事』に、慈蔵が唐からもたらした舎利の一部を大和塔に奉安したという記録が伝わる。大和塔の位置は正確には分からないが、蔚山広域市中区太和洞パンタンゴルにある太和寺址と推定されることもある。太和寺址には9世紀の 十二支像浮屠（宝物441号）が伝わる。
5	所蔵	×
6	報告書	×
7	参考文献	『三国遺事』巻三・塔像第四・前後所将舎利条
8	銘文	×

（4）通度寺金剛戒壇舎利荘厳具

1	名称	通度寺金剛戒壇舎利荘厳具
2	年代	新羅、7世紀
3	出土場所	慶尚南道梁山市下北面芝山里通度寺金剛戒壇
4	概要	本来、新羅の慈蔵が唐から伝えた舎利を奉安していたが、高麗時代の1235年に石函と琉璃筒から舎利4粒を発見して水精函子に換えて奉安したという記録が残っている。現在、通度寺には石造戒壇が現存する。内部は未発掘。
5	所蔵	舎利荘厳具現存例は不確実。
6	報告書	×
7	参考文献	『三国遺事』巻三・塔像第四・前後所将舎利条。
8	銘文	×

付記：新羅真興王年間に梁から伝わった舎利が興輪寺に奉安されたという『三国遺事』および『三国史記』の記録がある。しかし、現在、興輪寺の位置については議論があり、舎利については不詳である。関連記事は、以下の通りである。

1、「眞興大王即位五年甲子造大興輪寺、大清之初梁使沈湖將舍利」（『三国遺事』巻三・

興法第三・原宗興法条)。

2、「國史云、眞興王大清三年己巳、梁使沈湖送舎利若干立」(『三国遺事』巻三・塔像第四・前後所将舎利条)。

3、「十年春、梁遣使與入学僧覺德送佛舎利、王使百官奉迎興輪寺前路」(『三国史記』巻四・新羅本紀四・眞興王条)。

参考文献

国立中央博物館編『仏舎利荘厳』ソウル、国立中央博物館、1991年

国立文化財研究所美術工芸研究室編『感恩寺址東三層石塔舎利荘厳』ソウル、国立文化財研究所、2000年

国立扶余文化財研究所編『韓中日古代寺址比較研究（１）—木塔址篇』扶余、 国立扶余文化財研究所・文化財庁、2009年

国立扶余文化財研究所編『百済廃寺址学術調査報告書—扶余郡篇』扶余、国立扶余文化財研究所・文化財庁、2008年

おわりに

本書は、「はじめに」でも述べたように、科学研究費補助金（基盤研究（A））「文明移動としての『仏教』からみた東アジアの差異と共生の研究」の趣旨と目的を踏まえて刊行される。この科研の研究メンバーは、早稲田大学重点領域研究機構のもとにある東アジア「仏教」文明研究所（所長　大橋一章）の共同研究員と内外の研究協力者とによって構成されている。

これらの研究メンバーは、二〇一二年三月、韓国側の研究協力者に導かれながら、そろって韓国の百済故地その他を踏査した。公州・扶余・益山・全州そしてソウルの各博物館などで貴重な遺物や遺構を実見し、学ぶことができた。とりわけ、益山の弥勒寺址は鮮明な記憶として残り、その時の韓国滞在中にシンポジウムの企画が練られ、本書の出版へとつながっている。

ここに、ようやく本書が刊行された。シンポジウムの報告につづいて、本書へそれぞれ力作をお寄せいただいた執筆者の皆さんには厚くお礼を申し上げる。また、遺物および遺構の得難い写真を数多く提供してくださった韓国国立文化財研究所をはじめとする、内外の関係機関にも、この場をかりてお礼申し上げたい。さらに、研究協力者である韓国国立中央博物館の李炳鎬氏、シンポジウムの進行役を務めていただいた共同研究者の李成市氏、そして、事務運営担当の森美智代さんにも感謝したい。

なお、本書の刊行にあたっては、さきに述べた科学研究費補助金の恩恵を受けることができた。最後に、また、本書の出版に理解を示され、ご尽力いただいた汲古書院社長の石坂叡志氏と編集部の大江英夫氏にお礼申し上げる次第である。

二〇一三年三月

新川登亀男

執筆者一覧

【編者】

新川登亀男（しんかわ・ときお）
一九四七年生まれ。早稲田大学文学学術院教授。専門は日本古代史。
著書に『日本古代文化史の構想』（名著刊行会、一九九四年）、『日本古代の対外交渉と仏教―アジアの中の政治文化―』（吉川弘文館、一九九九年）、『日本古代の儀礼と表現―アジアの中の政治文化―』（吉川弘文館、一九九九年）などがある。

【論文執筆者（掲載順）】

裵秉宣（ペ・ビョンソン）
一九六〇年生まれ。韓国国立文化財研究所建築文化財研究室長。専門は韓国古代建築。
著書に『浮石寺』（デウォン社、一九九五年、共著）、『韓国建築史』（共著、技文堂、一九九六年）、論文に「弥勒寺の配置と建築遺構からみた百済の造営技術」（『百済仏教文化の宝庫、弥勒寺 シンポジウム論文集』国立文化財研究所、二〇一〇年）などがある。

崔鈆植（チェ・ヨンシク）
一九六六年生まれ。韓国国立木浦大学校史学科副教授。専門は韓国古代中世仏教史。
著書に『校勘 大乗四論玄義記』（韓国・仏光出版社、二〇〇九年）、『新アジア仏教史10 朝鮮半島・ベトナム』（共著、佼成出版社、二〇一〇年）、論文に「百済後期の仏教学の展開過程」（『仏教学研究』二八、ソウル、二〇一一年）、「六世紀東アジア地域の仏教拡散過程に対する再検討」（『忠清学と忠清文化』、公州、二〇一一年）などがある。

周炅美（ジュ・キョンミ）
一九六八年生まれ。韓国ソウル大学校考古美術史学科講師。専門は東洋美術史。
著書に『中国古代仏舎利荘厳研究』（一志社、二〇〇三年）、『冶匠』（民俗苑、二〇一一年）、論文に「八～十一世紀東アジア塔内陀羅尼奉安の変遷」（『美術史と視覚文化』一〇、二〇一一年）、「韓日古代仏舎利荘厳の比較研究」（『仏教美術史学』十二、二〇一一年）、「梁武帝の阿育王伝承具現と古代東南アジア」（『人文論叢』六七、二〇一二年）などがある。

大橋一章（おおはし・かつあき）
一九四二年生まれ。早稲田大学文学学術院教授。専門は東洋美術史。
著書に『天寿国繍帳の研究』（吉川弘文館、一九九五年）、『敦煌』（河出書房新社、二〇〇〇年）、『奈良美術成立史論』（中央公論美術出版、二〇〇九年）などがある。

瀬間正之（せま・まさゆき）
一九五八年生まれ。上智大学文学部教授。専門は上代文学。
著書に『記紀の文字表現と漢訳仏典』（おうふう、一九九四年）、『風土記の文字世界』（笠間書院、二〇一一年）、論文に「『頗解属文』の片鱗―〈百済・倭〉の文字文化―」（『日本研究』第十三輯、釜山大学校日本研究所、二〇一二年）などがある。

稲田奈津子（いなだ・なつこ）
一九七五年生まれ。東京大学史料編纂所助教。専門は日本古代史。
論文に「金光図書館所蔵『初拓好太王碑』と「水谷旧蔵精拓本」」（『東京大学史料編纂所附属画像史料解析センター通信』五八号、二〇一二年）、「解説　森川杜園『正倉院御物写』の世界」（『森川杜園『正倉院御物写』の世界』〔図録〕、東京大学大学院工学系研究科建築学専攻・東京大学史料編纂所画像史料解析センター編集・発行、二〇〇九年）、「奈良時代の天皇喪葬儀礼―大唐元陵儀注の検討を通して―」（『東方学』一一四輯、二〇〇七年）などがある。

【翻訳者】
橋本繁（はしもと・しげる）
一九七五年生まれ。早稲田大学非常勤講師ほか。専門は朝鮮古代史。
論文に「浦項中城里碑の研究」（『朝鮮学報』二二〇、二〇一一年七月）などがある。

金志虎（キム・ジホ）
一九七七年生まれ。日本学術振興会特別研究員。専門は東洋美術史。
論文に「当麻寺金堂本尊の制作について」（『早稲田大学大学院文学研究科紀要』五六第四分冊、二〇一一年）などがある。

鄭淳一（ジョン・スンイル）
一九七九年生まれ。早稲田大学大学院文学研究科外国人研究員。専門は日韓交流史。
論文に「延暦・弘仁・天長年間の新羅人来航者」（『早稲田大学大学院文学研究科紀要』五八第四分冊、二〇一三年）などがある。

『仏教』文明の東方移動
――百済弥勒寺西塔の舎利荘厳――

平成二十五年三月二十二日　発行

編　者　新　川　登　亀　男
発行者　石　坂　叡　志
印刷所　富士リプロ㈱

発行所　汲　古　書　院
〒102-0072　東京都千代田区飯田橋二―五―四
電　話〇三（三二六五）九七六四
FAX〇三（三二二二）一八四五

ISBN978－4－7629－6503－6　C3022